陈嘉映著译作品集

第 11 卷

个殊者相应和

陈嘉映 著

总　　序

　　商务印书馆发心整理当代中国学术，拟陆续出版当代一些学人的合集，我有幸忝列其中。

　　商务意在纵览中国当代学人的工作全貌，故建议我把几十年来所写所译尽量收罗全整。我的几部著作和译作，一直在重印，也一路做着零星修订，就大致照原样收了进来。另外六卷文章集，这里做几点说明。1.这六卷收入的，多数是文章，也有对谈、采访，少数几篇讲稿、日记、谈话记录、评审书等。2.这些篇什不分种类，都按写作时间顺序编排。3.我经常给《南方周末》等报刊推荐适合普通读者的书籍。其中篇幅较长的独立成篇，篇幅很小的介绍、评论则集中在一起，题作"泛读短议之某某年"。4.多数文章曾经发表，在脚注里注明了首次刊载该文的杂志报纸，以此感谢这些媒体。5.有些篇什附有简短的说明，其中很多是编订《白鸥三十载》时写的。

　　这套著译集虽说求其全整，我仍然没有把所写所译如数收进。例如我第一次正式刊发的是一篇译文，"瑞典食品包装标准化问题"，连上图表什么的，长达三十多页。尽管后来"包装"成为我们这个时代一个最重要的概念，但我后来的"学术工作"都与包装无关。有一些文章，如"私有语言问题"，没有收入，则是因为过于粗陋。还有一类文章没有收入，例如发表在《财新周刊》并收集在《价值的理由》中的不少文章，因为文章内容后来多半写入了《何为良好生活》之中。同一时期的不同访谈内容难免重叠，编订时做了不少删削合并。总之，这套著译集，一方面想要呈现我问学过程中进退萦绕的总体面貌，另一方面也尽量避免重复。

我开始发表的时候，很多外文书很难在国内找到，因此，我在注解中标出的通常是中译本，不少中译文则是我自己的。后来就一直沿用这个习惯。

我所写所译，大一半可归入"哲学"名下。希腊人名之为 philosophia 者，其精神不仅落在哲人们的著述之中，西方的科学、文学、艺术、法律、社会变革、政治制度，无不与哲学相联。所有这些，百数十年来，从科学到法律，都已融入中国的现实，但我们对名之为 philosophia 者仍然颇多隔膜。这套著译集，写作也罢，翻译也罢，不妨视作消减隔膜的努力，尝试在概念层面上用现代汉语来运思。所憾者，成就不彰；所幸者，始终有同好乐于分享。

这套著译集得以出版，首先要感谢主持这项工作的陈小文，同时要感谢李婷婷、李学梅等人组成的商务印书馆团队，感谢她们的负责、热情、周到、高效。编订过程中我还得到肖海鸥、吴芸菲、刘晓丽、梅剑华、李明、倪傅一豪等众多青年学子的协助，在此一并致谢。

陈嘉映
2021 年 3 月 3 日

己欲立而立人，己欲达而达人。

——孔子

目　录

2011

书是地图，是画，是歌 …………………………………… 1
哲学家与隐居生活 ………………………………………… 6
《普遍性种种》编者小纪 ………………………………… 19
《哲学美学宗教心理学问答录》编后记 ………………… 21
西湖的痕迹 ………………………………………………… 22
跳水救人时想什么了？…………………………………… 26
感谢与回应 ………………………………………………… 33
现代艺术及其他 …………………………………………… 60
我们这一代 ………………………………………………… 72
《Transcendental 的中译论争历史考察》序 …………… 78
《在的澄明》编后记 ……………………………………… 80
我们不再那样感受世界 …………………………………… 82
城市与文化 ………………………………………………… 114

2012

流金溢彩 …………………………………………………… 118

让教育更加纯粹 …………………………………… 121
说，所说，不可说 …………………………………… 124
教育与对话 …………………………………………… 129
读《湘水》杂志 ……………………………………… 137

2013

水之积也不厚 ………………………………………… 138
"全民腐败"刍议 ……………………………………… 143
《海德格尔》中译本序 ……………………………… 150
挽杨万贵 ……………………………………………… 152
等到小康之后 ………………………………………… 153
李学勤学术成就评议书 ……………………………… 156
生命的直白 …………………………………………… 158
《没有英雄的时代，我只想做一个人》序 ………… 159
陈湘安《文化法则与文明定律》序 ………………… 164
读《从黎明到衰落》 ………………………………… 167
言意新辨 ……………………………………………… 172

2014

实践/操劳与理论 ……………………………………… 230
读《无限与视角》 …………………………………… 250
伦理学有什么用？ …………………………………… 252
想象的共同体？ ……………………………………… 267

2015

陈德中《政治现实主义的逻辑》评议书 …………………… 271
《查理周刊》血案余想 …………………………………… 273
反思与过度反思 …………………………………………… 280
关于痛苦与灾难 …………………………………………… 317
读《最好的告别》 ………………………………………… 320
教育和洗脑 ………………………………………………… 322
行之于途而应于心 ………………………………………… 341
起而斗争未必声称"正义战胜邪恶" ……………………… 355
看洪凌画展 ………………………………………………… 364

2016

许钦松画册印象 …………………………………………… 367
传心术刍议 ………………………………………………… 369
邓仪和他的研究中心 ……………………………………… 373
出入马尼拉 ………………………………………………… 377
漫谈书写、书、读书 ……………………………………… 383
召唤爱思考的人来一道思考 ……………………………… 394
走出唯一真理观 …………………………………………… 404

书是地图,是画,是歌[1]

问:请写一段自己的读书的记忆,1200字左右。

答:夏天晚上,一帮孩子聚在院子里,瞪着眼张着嘴听嘉曜讲岳飞的故事,一上来讲到大鹏金翅鸟,讲到一帮徒众听佛法,那佛讲得"天花乱坠宝雨缤纷"。这些词儿好个迷人。正讲到好处,家里命回家睡觉。还缠着要他讲,嘉曜说,你干吗不自己去读。回屋拿出《说岳全传》,这是我读的第一本长篇小说。一发不可收,从学院图书馆借了,一本一本读下去。《水浒》《三国演义》《西游记》《三侠五义》《东周列国志》《隋唐演义》《封神榜》。《红楼梦》翻了翻,琐琐碎碎缠缠绵绵没个痛快劲儿,读不下去。

我和嘉曜两个都不爱睡觉,家里管着,装睡,父母一熄灯,我们就从枕头底下抽出书来读。星期天妈妈在家,我坐在她旁边念《三国》。妈妈熟悉书里的故事,她说外公最喜欢三国,从小给孩子们讲。我念不出的、念错的、读不懂的,听妈妈讲,妈妈也不知道的,就混过去。读着,念想着将来长大了,横刀立马,建一番功业,名扬天下。

别人借书,在借阅台填书单,管理员进书库去找。大概是管理员

---

[1] 本文整理自《绿城》2011年的书面采访。

们看这么个小人儿总来找大书，觉得好玩，特予优待，让我进书库，爬到踏凳上自己找书。只挑旧小说。有一次看到一本《晋阳秋》，以为是旧小说，拿回家一读，是近代故事，借来了就读读吧，也挺有意思。此后就读《林海雪原》《敌后武工队》《苦菜花》之类。《家》之类的书，不写打打杀杀，不爱读。外国书也读些，借来一本《罗密欧和朱丽叶》，扉页上铜版画，罗密欧小楼下跟阳台上的朱丽叶搭话，罗密欧一把络腮胡子，好生意外，和想象中的俊美青年满不是一回事，不明白朱丽叶怎么会爱上他。不过，西洋人带着剑谈恋爱，风风火火的，也带劲。

大人书之外，也看连环画小人书。少儿必读书里最难忘的是《十万个为什么》，每出一册，不分昼夜把它读完。我的科学小常识应有一半是从这套书里读来的吧。不知是不是这套书把我的兴趣引向科学。中学那两年，很少读小说了，《趣味数学》《怎样用圆规直尺作图》，读各种科普，生物进化，相对论，量子力学。不想横刀立马了，想设计宇宙飞船，到火星上去做科学考察。

"文革"扼杀了一个潜在的科学家。跟着嘉曜，跟着整个时代折腾了大半年，忽然厌倦了群众运动。家已迁到月坛，两个哥哥帮我在六楼顶上搭建了一所单独的小屋子，它是我第一个书斋。红卫兵大哥哥们知道我好书，把抄家掳来的书一捆捆送来。经历了一番天翻地覆，走过了新疆云南，心智变了，不再只读故事，开始读文学了。唐诗宋词、孔孟老庄、《史记》、《古文观止》。背诵了不少，虽然误过了童子功，毕竟还年轻，直到今天触景生情还能想起些古诗文来。中国小说里，尤爱《红楼梦》，外国小说里，尤爱《静静的顿河》。近代中国书，只读鲁迅，全集一本本读下来，还手抄了其中不少，自己写点小破烂也自觉不自觉地模仿。读过这些,潜移默化养出对文字的敏感,渐渐地,要文字好才爱读,文字不好就生抵触。这竟成了毛病,例如现在的文化批评吧,无论多么高明的理论,满眼生涩的新词儿,冗长古怪的句式,读不下去。

后来呢?后来读书,要学东西了,成了另一种读书。

问:你是什么时候成为作家的?是什么原因让你成为作家?

答:从小好写,亲旧知其如此,邀发表,一来二去,发表了不少,但算不上作家,发表的绝大多数应算论文一类,不过比较通俗,有些专业之外的读者。

问:描述一下你个人对书的感情?

答:自认为算个读书人,在书里讨生活。从小爱读书,应是天性使然,父亲学工科,做行政,家无余财,很少买书,就从图书馆借阅。"文革"时期,假大空茫无涯际,唯书中能找到一些真实,更把读书当成精神生长的主要养料。一卷在手,忘怀利欲。文字时代式微了,代之以信息、数码、图像,读书有所有这些都无法取代的东西。

问:举一部你最喜欢的作品?它对你产生了什么样的影响?

答:最喜欢?大费踌躇。就像问你最好的朋友是谁,每个朋友都那么独特,很难比。好吧,就举《红楼梦》吧。小时候读,读不下去。

十五岁读,迷上了。后来十年八年重读一遍,百变红楼,每次展现出新的内容。喜欢什么?说不尽,单说文字就喜欢不尽。我为好的文字着迷。外国即使有比红楼梦写得更好的,我的外文不够好,达不到能为文字着迷的程度。

最喜欢和产生影响不怎么搭。潜移默化的影响一定有,却罗列不出什么,反正从来没想过住进大观园。

问:通过读书,你对生活发现了什么?

答:在没开始生活之前,书是地图,你从书里找东南西北。自己有生活,书是画,把你感受到却无能表达的东西画到你眼前。活过了,书是歌,活过的岁岁月月都跟随这首歌那首歌存入记忆。

问:请给少年、青年、中年各推荐一本书,各写一段一百多字的小书评。

答:给少年:《安徒生童话》。美丽,沉静,忧伤。海的女儿,怀着缄默而挚热的爱情,没有嫁给王子"从此过上了幸福的生活",她化作浪花,在来自上苍的阳光里获得永恒。用这篇故事的开篇来形容安徒生童话吧:海水那么清,像最透明的玻璃,然而它很深很深,深得什么锚链都探不到底。所以,它适合少年,我们老人仍然爱读。

给青年:《史记》。有故事。不是白领职场故事——你朝九晚五在办公室里,差不多的男人女人,好容易回到家里,怎么还会去读那些杂七杂八的事?去读史记的故事吧,铿铿锵锵的故事,神采飞扬的故事。有文字,史家之诗骚。饭菜,果腹可矣,不一定要玉盘珍馐,书不是这样,本来可有可无,不是极品读它作甚。不消说,有历史。让我们知道,今人的残暴严酷阴谋诡计,古已有之,唯古人的高风亮节,今已难再。有精神有思想。精神和思想,只有连到古时才浑厚深邃;只盘桓在眼前事端,难免单薄孱弱。要是太忙,不能整本读下来,就挑些喜欢的篇章读。

给中年:《庄子》。人到中年,生活变得琐碎无趣。不全怪他自己。中年人上有老下有小,还担着一大堆社会责任,好不辛苦。读读庄子吧,大鹏扶摇,鼹鼠饮河,无论什么日子,都把它活出精气神来。可别以为庄子只是无所谓,那是有风骨的无所谓,不慕荣利,处浊世而自清,履难苦且自乐——若无风骨,所谓无所谓只是油滑而已。庄子可有一丝油滑?气之盈者,堂堂正正。

问:推荐一本自己的书。

答:刚推荐《史记》和《庄子》,还怎么推荐自己的书?若从命,提一本读起来最不费力的吧,《白鸥三十载》。其中或有一两篇不尽辱没汉语的文字。

哲学家与隐居生活①

《生活》杂志：关于隐居，我们都会想到隐逸山林，远离尘世，但是我最近听说的一件事也许是隐居的另类：有一个法国人曾经因抢劫银行被判入狱五年，他在狱中读哲学，主要是德里达的著作，之后成为德里达的学生，这个人现在在蓬皮杜艺术中心担任文化部主任。我想，他在监狱中的五年，也算是他隐居的五年吧。

陈嘉映：嗯，我在想……哪一点上他不太像隐居呢？隐居一般都是自愿的，他在监狱里说成隐居稍微有点儿怪，虽然它跟隐居有相像的地方。

《生活》杂志：隐居也有迫不得已的情况。

陈嘉映：这个……哈哈，你真的是第一次采访哲学家，哲学家挺烦人的，讲课的时候讲得挺顺溜的，但是想事情的时候哪儿都想不通。迫不得已有好多种类和程度。比如说，我当官没当上去隐居，这叫不叫迫不得已？在一个意义上是迫不得已，但是肯定跟你把我抓到监狱去的那种迫不得已不一样。我觉得隐居大致还是自己的

---

① 本文由《生活》杂志专访记录整理而成。

选择，当然了，你也可以说，选择本身也是被某种东西规定的或是被某种东西要求的。说到最后，根本没有选择这回事。反过来说在监狱里头呢，如果你是一个特别乐天知命的人，选择不选择对你来说无所谓，把我抛到哪儿我就过到哪儿，但至少在比较常情的面儿上说，那不是他的选择。

《生活》杂志：“把我抛到哪儿我就过到哪儿"，让我想到您在《救黑熊重要吗？》[①]一文中说过的一句话：“与命运为侣一道浮沉就好些吗？我觉得比总站在外面好些，虽然命运本身不是什么甜美的东西。"在那篇文章里，您还说：“生活深处，世界不是分成你和你要选择的东西。你跟你周边的人与事融合为难解难分的命运。"

陈嘉映：这篇文章虽然提到了这层意思，但深说起来还可以讲很多。说选择，多多少少还是站在事外。我在另一篇文章里谈到跳水救人，在别人看起来，他可以选择去救人，也可以选择溜之大吉。但若他是个有德之人，在这个行动者本人看来，这没得选择，他必须去救人，这是他的"所是"。这么说是不是相当绕？

《生活》杂志：还可以吧……那么，您认为有德之人是"能够生活在自己所信仰的生活里面的人"，这样的人是幸福的。而您也认为一个人还活着的时候，真是谈不上什么幸福。活着和有德好像不那么能够兼容呢。活在自己所信仰的生活里面，几乎就是精神上的

---

① 收入《陈嘉映著译作品集》第 10 卷《行止于象之间》，商务印书馆 2023 年版。

隐居者了吧？

陈嘉映：信仰这个词儿可能用得重了，但是在这里也没有别的好词儿。有时候人问我：你有信仰吗？我就犹豫。我说有信仰，他可能会以为我信伊斯兰教什么的。你要说我这个人没有信仰，显得是个投机分子。幸福这个词儿也让我犹豫，意思太宽泛。我想的大概是 eudaimonia，well-being，良好生活。刚才我碰巧说到第一人称的感知和他人的视角有区别，沿着这个思路说，良好生活大概一直包含着一层努力，你在努力，你不觉得自己已经处在良好的状态里，但别人把你视作一种状态，说那是一种良好生活的状态。尤其说到逝者，倒不是迁就逝者，而是因为他曾努力，现在他不能努力了，我们也不能再有此要求了。

《生活》杂志：很多哲学家都是隐居者，或者曾经离群索居，比如海德格尔。据说，他在托特瑙山隐居地只用了三个月时间，就完成了《存在与时间》。

陈嘉映：嗯，哲学家有不少是隐居者，著名的像赫拉克利特，斯宾诺莎，还有庄子吧。维特根斯坦也一阵一阵躲起来，1913年秋天，他离开剑桥，在挪威的斯克约顿附近，自己建造了一座小屋，专注于逻辑哲学研究。那是典型的隐居。

《生活》杂志：的确，自己建造屋子。

陈嘉映：在一个悬崖边上。

《生活》杂志：在那儿，维特根斯坦研究逻辑问题。据罗素说，在挪威离群索居的时期，维特根斯坦"已近乎疯狂"。

陈嘉映：维特根斯坦有四个哥哥，三个在年轻时自杀，可能跟他们家族的基因有关系，也可能跟他父亲有关系。他父亲年轻的时候特别反叛，不听他爷爷的话，一个人漂洋过海去美国，后来做生意，一代之间做成了很大的生意，当时人开玩笑说，维特根斯坦家庭账户的变动影响欧洲股票市场。

《生活》杂志：说明富二代适合做哲学家，他们可以不用去想一般的事情。

陈嘉映：是这样。从事哲学，我是倾向于家境好一点儿的更合适。当然了，哲学也有不同风格，比如墨子，更多从社会底层的眼光来看待世界。就现在的社会情况来说，我觉得学哲学、艺术、音乐这些没用的东西，或者成功不成功完全在未定之天的事，适合家境好一点儿的人做。

《生活》杂志：哲学家隐居在西方的例子很多，尼采曾经说：在希腊最早的一批哲学家都是帝王气派的精神隐士。古罗马哲学家塞涅卡说：自由人以茅屋为居室，奴隶才在大理石和黄金下栖身。苏格拉底说：一无所需的人最像神。隐居的人虽然并不是一无所需，但是他们似乎仅仅有思考的生活和智力活动就足够了，是这样吗？还是沉浸于思想的人确实进入了一种近似于一无所需的境地？

陈嘉映：说到"需要"，我有时候喜欢说，人最大的需求是被需求。我跟一些老人相处时体会特深。有的人一生对生活的要求很少，一直在给予人，但是到老了，他不再能给予人，那种难过……按说，感情是二三十岁的人的事儿，但是后来我发现好像人总有感情问题，只不过随着年龄变化，感情问题也有变化。对于有些人来说，一旦不被需求，那种空虚，可能比失恋还惨。我觉得不求好吃好喝，这个那个，相对比较容易，做到不被人需求还真是有点儿难。所谓隐居，主要是安于不被人需求吧。当然，隐居者跟那种老年人不被需求不一样，他仍然拥有被需求的能力。年轻人失恋了，痛苦，那不算最苦，他失恋了，但他还是有爱和被爱的能力，像我这把年纪，失去了爱和被爱能力，才苦。

《生活》杂志：可以说隐居者是很自足的人吗？

陈嘉映：对，我觉得自足应该大概这么定义吧，当然了。

《生活》杂志：我看到笛卡尔的一个座右铭，有三种译法：一、隐居得越深，生活得越好；二、谁在隐居中生活，谁就过得最好；三、谁会隐居，谁就好活。您喜欢哪一句？

陈嘉映：我选第一句。

《生活》杂志：隐居得越深，生活得越好，这个"深"怎么理解呢？是隐居在深山的深呢？还是心藏得更深？

陈嘉映：对啊，一定在深山里吗？也可能大隐隐金门，"心远地自偏"呢？我最近读《新世纪》，读到野夫的一篇文章，写他的一个朋友，真隐士吧，既然你谈这个话题。野夫说，一般的隐士他不怎么看得上眼，一般的隐士是以隐来显，如果真完全隐了，朝廷怎么知道那儿有个隐士呢？所以隐士弄不好就有点儿虚矫，终南捷径，成了虚假的东西。野夫这个朋友是真隐士——忘了他用的是不是这个词儿——他没想隐不隐这件事儿。野夫的这位朋友是七十年代末八十年代初上大学的，特别特立独行。他屋里乱七八糟，特脏，交了个女朋友，一个正经的好女孩儿。那个年代好女孩儿喜欢另类男人的事儿挺多的。这个人喝酒，成天醉醺醺的，和几个朋友一起在学校做老师，骂教科书。八十年代初那阵子的教科书好像都是《白杨礼赞》啊《漓江》什么的抒情文章，这人就骂一通，课堂上讲的是朋友们的诗和文章。学校不喜欢这样的老师，可结果学生一高考都考高分，学校也就把这人留下了。后来这群人都从学校出来了，调到什么局什么处之类的地方，再过些年，这些人当上局长、名作家了。野夫这个朋友还在原地当小职员，但是仍然写得一手好诗，仍然是心怀天下，读书不辍，上班也好好上，下班骑着自行车就出去玩，看山看水，山水都变了就感叹：哎呀，看不到好好的山了，要跑更远的地方去看了……

《生活》杂志：很平静的一个人，并不愤世嫉俗。

陈嘉映：是的，不愤世嫉俗。文章近结尾处，野夫引用了这位朋友的一阕词，词牌好像是"贺新郎"①，我对古诗词有一点儿判断力，我觉得他写得非常好。

《生活》杂志：有没有人说，我隐居在家庭里？但家不会打断人的社会生活和精神生活？

陈嘉映：从前，家庭好像跟精神生活关系不大。我昨天上课讲古希腊，古希腊男人过的是一种公共生活，或者社会生活，成天在竞技场上、在广场、市场上。带朋友回到家里，妻子仆婢把食物准备好了，但妻子不上席，不出现。男人们入座宴饮，继续谈论公共事务，谈论哲学。市民社会以后，家庭、夫妻、孩子，成为精神生活、感情生活的很大一部分。从前的大户人家，孩子的日常生活不由父亲管，我们现在，带孩子的啥的，都是亲力亲为。

《生活》杂志：也许带孩子这件事本身就是一件哲学活动吧，因

---

① 采访者查此词为：别后相思久。点支烟，挑灯枯坐，吃杯烧酒。江上飞寒风且大，未晓冬衣可有。怕只怕，杜郎穷瘦。一别经年何日见，偶回来欲语兄寻走。思往事，空垂首。　外头过活兄安否？待书来，看它几遍，莫教离手。自是危楼休独倚，怕说吹箫屠狗。但记取，死生师友。留得故园三分地，俟功名料理归田后。我与汝，再相守。

为在这个过程中，你会发现人类学习语言和看待世界想法的变化。

陈嘉映：这个大概也是现代观点。你要跟周国平说，他可能会觉得那是最重要的哲学活动。汀阳也说过类似的话，大意好像是，以前的哲学不关心最重要的事儿，比如女人和孩子诸如此类的。他们两个的角度不一定一样，但这一点上都挺现代的。

《生活》杂志：您昨天上课也提到，爱妻子等想法是近代市民阶级兴起以后才特别强调的。

陈嘉映：对，不要把这些当做天经地义。但身为现代人，我们不可能完全生活在这些观念之外，我们无法自己去做个古人，张祥龙做得到，我做不到。

《生活》杂志：听说你在山里也有房子。您会时不时去山里的房子待一段时间吗？

陈嘉映：不常去，一年去两三次吧。我老觉得我是一个比较喜欢独处的人，然而，独处的时候很少，老婆、孩子、朋友、工作，难得独处。结果，我也不知道喜欢独处是真的假的——人的自我认知多半是自我欺骗。我有一个学生最近频繁给我写信，有时一天给我寄两三封深刻反思的信，信写到后面，他自己说：恐怕我又在自我欺骗了。的确有人说，我们通过反思是来自我欺骗，而不是通过反思来自我认识，所以我们有时候说，一个人不看他想干什么，要看他干的是什么,至少成年以后是应该这么说。

不过,我还是觉得自己喜欢独处,回忆起我实际独处的那些时光,都是美好得不得了,但这有可能是因为独处的时间太少了。

《生活》杂志:是指您在内蒙古插队的时候吗?

陈嘉映:包括插队的时候,特别是到最后,所有人都走了,青年点只剩下我一个人。当兵的,考工农兵学员的,招工的,或者回北京的,一个个都走了。他们都是好朋友,但是最后只剩我一个人的时候的确非常美好。我当时在村里教初中孩子数理化,工作简单,大多数时间做自己的事,读书。夜里一个人走出村去,在山上躺着看星星,看月亮,看云。

《生活》杂志:很浪漫。

陈嘉映:我可能不会用"浪漫"这个词。

《生活》杂志:你会用什么词呢?

陈嘉映:我不知道能不能用一两个词准确概括,阿城可能行吧。因为那时的生活,生活背景,方方面面都 different(不同)。如果讲的话,如果咱俩是朋友——比如我的学生肖海鸥,她这两天很想听听老一代的故事——大概只好把很多方面都讲到,才能多多少少适当表现出那个画面,那时候的生活状态、精神状态。用浪漫还是用别的什么词，很可能完全把那个画面概括错了。

《生活》杂志：如果一直让你过那样的生活，你会满意吗？中国士人的传统还是要出来做事的。

陈嘉映：是，孔子和墨子主张相反，但都要去做事。老子讲无为，最后是无不为。唯有庄子是个真正的例外。这说的是春秋战国，买家多，所以读书人主要是卖给谁的问题，后来大一统之后，变成只有一个买家，他可能不买你的账，于是有了"出处"问题，"出"，出来做官，"处"就是隐居了，像处子那样。那时候，有所谓道统和治统的说法：治统在皇族的血统那里，道统是在读书人身上。出来做官不只是做官，是张扬道统。读书人出来做事要依赖有权有势的人，一出来就想着自己有权有势就无法弘道了。身怀道统，自能安贫乐道，有道则显，无道则隐：我就是这样生活，并不拒绝显达，但我不求这个，这个该由你们去考虑。当然，真能做到这个的人不多。

《生活》杂志：中国古代诗歌中常会赞颂渔樵之隐，并非文士之隐。渔樵像一个旁观者。

陈嘉映：渔樵说法在诗歌里更多些，考诸历史就很难讲了。

《生活》杂志：刘向在《列女传·陶答子妻》中有对于"豹隐"的说法："妾闻南山有玄豹，雾雨七日而不食者，何也？欲以泽其毛而成文章也，故藏而远害。"

陈嘉映：这个跟一般隐居好像还不大一样，平常所谓隐，就是致仕，"豹隐"似乎是另一种，是避祸。我们可能要回到各种各样的历史处境和个人境遇、个人取向来谈隐显这个事儿。

《生活》杂志：您说到历史处境和个人境遇，我又想到海德格尔的隐居。他在1930年和1933年谢绝了柏林邀请他以教授资格开设讲座，并发表《我为什么待在乡村》一文表明心迹：黑森林的美景深深吸引着他，他不能也无意离开它。对此有两种看法，有人认为这总是萦绕着他的乡愁，是他思想不可缺少的源泉，有人认为海德格尔的退隐是明智之举，因为"二战"中他和纳粹的关系。

陈嘉映：我觉得那段时间里他主要考虑的不会是跟纳粹的关系。他离不开黑森林，这我能理解。但这不算隐居吧，他还在大学里教书。大学体制——虽然那时德国的大学体制还不像我们现在的大学体制那么糟——对海德格尔已经很糟糕了。但你也很难完全脱离它，所有的资源都在体制里。现代人很难找到亚里士多德所说的"自然位置"，这个自然位置已经没有了。要说隐居，那还不是海德格尔那时候的心态。他倒还挺想"出来"的。海德格尔有点儿"帝王师"的思想。跟英国、美国比，我觉得在德国传统中，"帝王师"的思想要多一点儿。在中国可能要更明显一点儿，你不做帝王师，读书就没着落了。我个人不接受这个观念。你可以去给达官贵人讲讲课，但是第一不能迁就他们，第二不要骗自己，好像他们会去实现道统。

其实，他真去实现什么道统，那肯定是一场灾难。在我看来，求道是一项完全独立的活动。我是不是破坏了你要谈的论题？

《生活》杂志：也没有吧，只是我的计划一开始是想谈风雅和隐居，但是您不喜欢"风雅"这个词。

陈嘉映：我不喜欢"风雅"这个词？本来是个好词儿，可现在你能把它用在谁身上？不适配现代人，用上去就显得有点儿怪，甚至有点儿讽刺。当过大官退下来，地也买好，园子也建起来了，建个退思园，隐居就跟风雅连起来了。今天有这种联系吗？野夫讲他那个真隐士，一上来就写他的脏。浪漫啊风雅啊，很难用在现在的人身上，说是浪漫、风雅，似乎不如说他是小资来得准确。风雅、高雅、贵族气派，似乎都跟特定的时代连在一起。十年前，流行讲"最后的贵族"，还有同名电影，小报上、小区，也喜欢用"贵族"这类字眼儿。章诒和出了一本《往事并不如烟》，有读者说，人家那是贵族。中国早就没有贵族了，最多是比我们平民百姓生活得稍微讲究一点儿。我们这代人，从小都穷，都跟土路泥潭猪啊鸡啊这些东西一起长大的。长大以后，倒是有些人成名了，致富了，茶道啊，字画古董啊，出国的人喝红酒啊，有点儿风雅了。只是我自己不属于那种。不是很土，但远谈不上风雅。

《生活》杂志：您说从小跟猪啊鸡啊生活在一起，是想强调您的生命力吗？

陈嘉映：哈哈，你倒提醒我，高雅好是好，但高雅过了，难免失去生命力。艺术史、文学史上有个老套的说法，高雅过了头，艺术会变得纤弱苍白，新一代艺术家会从不那么风雅的东西重新开始。诗词越来越高雅，来了元曲。毕加索从非洲艺术里吸收更加原始有力的东西。反正，不能大家都去风雅，都去风雅，就空了。艺术不能一味风雅，要说风雅，那也是从观众一面说的，莫扎特、贝多芬不是风雅之士，听莫扎特和贝多芬的是风雅之士。

《普遍性种种》编者小纪[①]

去年4月22—23日，我在首都师范大学张罗了一个题为"普遍性"的会议。近年来，会议有个程式，邀请很多人，每人发言二十分钟，评论十五分钟，讨论五分钟。我觉得这样讨论哲学问题近乎搞笑。我办的是个小会，只邀请了几位学者，张祥龙、梁治平、倪梁康、赵汀阳、程广云。开会前一周，我以"普遍性种种"为题讲了一次，算是会议的导论。会议第一天，与会学者每位给首师大的学生做一个以"普遍性"为题的报告，第二天大家互相质疑、讨论，听众也可以参加进来。会议原也邀请了孙周兴，他临时有事不来；正好，鞠实儿来北京，很高兴邀他与会，他没来得及讲课，参与了讨论。讨论会开得很热烈，一些与会的年轻学者如周濂、陆丁、刘畅、张浩军等也贡献了不少评论。

本书收入了与会学者所做的报告以及讨论会的录音整理稿。录音整理发回给各位学者修订过，但由于我工作上的疏忽，没收入梁治平第二轮又做的几处修订。本书还收入了我的《有没有普遍价值》，那是后来在首师大为"校长邀你听讲座"活动做的一个报告。

首师大不少同学为这本书做了很多工作。首先是整理录音。

[①] 陈嘉映主编：《普遍性种种》，华夏出版社2011年1月出版。

张家艺整理陈嘉映《普遍性种种》，李韧整理赵汀阳《普遍价值和必要价值》，傅金岳整理倪梁康《普遍主义与相对主义》，余露整理程广云《普适价值的阐明》，李瑞敏整理张祥龙《普遍性与人性》，沈大园整理梁治平《普遍主义 vs. 国情论》，陈国清整理陈嘉映《有没有普遍价值》，冯文婧整理上午的讨论会录音，叶磊蕾整理下午的录音。

我名义上做主编，大一半工作是青年教师梅剑华做的，冯文婧也为编辑此书做了很多工作。这个会议以及这本书的编成都要感谢首师大校长刘新成和当时的人事处处长邱运华的支持。本书的出版尤须感谢华夏出版社的老朋友褚朔维。

《哲学美学宗教心理学问答录》编后记[①]

  本书的各篇由以下几位撰写：清华大学陈岸瑛，北京教育学院高明书、齐建芳，北京大学刘畅、高健群。少数几篇是我自己撰写的。我审阅了全书，对大多数篇目做了程度不同的修改。不过，每一篇代表的仍然是原作者的见解。

---

  ① 陈嘉映主编：《哲学美学宗教心理学问答录》，华夏出版社2011年1月出版。

西湖的痕迹①

诗词里，画里，西湖像是老相识。我们却是在一个远离诗画的年头初次见面。1966 年 9 月初，乘新起的大串联风潮，我跟着哥哥嘉曜来到杭州。外地把北京学生一律视作北京红卫兵，虽然嘉曜大概是全国第一个公然写大字报反对红卫兵运动的人。一辆大轿车把我们这些人送往玉泉浙江大学。穿过很多街道，穿过西湖岸，已经入夜，行人寥落，但这里那里拉着几盏高瓦数明晃晃的电灯，灯下安放锣鼓，锣鼓边聚着人，敲打锣鼓，一面用喇叭喊叫什么。

那阵子，到处树了红旗，安了锣鼓，到处有高音喇叭在叫，到处兴奋、迷狂、热火朝天。百万青少年挤在天安门广场，向看不清楚有些什么的城楼一万遍泪流满面。南来北往的列车里塞满初次出远门的男孩女孩，车窗外旭日东升，"金色的太阳升起在东方，天空多晴朗！东风万里鲜花开放，红旗像大海一样。"心情像歌声一样雄壮嘹亮。一个返老还童的民族，魔法般把它刚刚经历的一场一场苦难打入潜意识，高潮迭起——借每一场莫名兴奋的高潮超越沉重的历史苦难，也超脱平庸的日常生活。

但杭州与别处并不完全一样。一样明晃晃的电灯光，一样灯前

---

① 2011 年 1 月 26 日为几个朋友组织的一个小笔会作。

唱啊喊啊的人群,可是,西湖的湖光,湖岸大片的树,树上连绵的山影,把激昂的灯光和人群变得影影绰绰。一幅超现实主义的图景。

我和嘉曜被安排在一间大学生宿舍,宿舍里只剩一位陆姓大学生,高高个子,干净相貌,很符合我对名牌大学学生的想象。他颇以浙大为自豪,说到浙大与杭州的种种美点。话说到浙大当时的政治情势,语调一变,大学生,高瞻远瞩,把浙大的情势放在全国的情势背景之下,边介绍,边分析,边忧虑。嘉曜和我有回应,有追问。他说话显得很有条理,但我没能始终跟上。我们好像在努力确定,在这轰轰而起的世界里,我们自己处在什么位置。当然,那时像现在一样,没谁正确地确定过自己的位置,不过,这似乎不是要点,我们确定自己位置的方式将带我们走过此生。

一晃四年,第二次来杭州。还是和嘉曜一道,还有申晖。在呼伦贝尔插队已经两年,习惯了大北方的辽阔,爱上了大北方的辽阔,可是,忽然想江南了,藏身在运载圆木的火车上,咣锒咣锒南下。这一次,我们从苏州取水道到杭州。船出苏州,天渐渐黑了,满船乘客昏昏欲睡,我坐在船头,看黑黝黝的天空黑黝黝的四周,河道甚为复杂,时常,前面密不透风的芦苇墙挡住去路,船从一线之间驶入,忽而又到一片宽阔的水面。到一个码头,船老大摇铃,到站的乘客不声不响拎了包袱上岸,岸上沿着石板路走下几个新乘客。码头一间茅屋,门前挂一盏电灯。离开码头,天地间又是黑黝黝一片。船是柴油机驱动的,此外,我想象,五百年前,一千年前,苏杭水路大概也是这个样子。

到杭州已是半夜。直奔西湖。那年月,出门远行,身上没两个盘缠,能省一夜旅店就省一夜,再说,哪家旅店比得上白堤柳下?

先在落落无人的堤岸上奔来跑去,一面把心里记得的西湖诗词诵上几首,兴尽,坐定,从书包里掏出干粮啃上几口,绿漆掉了一半的军用水壶里喝两口水,再很节省地用两口水刷了牙,把雨衣铺在草上睡下。

梦刚做到香甜处,被一伙联防队员叫起。联防队一向蛮横,我们也不算格外逆来顺受的青年,可那夜,在白堤上,什么冲突都没发生。这几个联防队员,有男有女,一面盘问我们,一面自己说笑,没显出意外拿下几个歹人的兴奋,只是指点我们离开他们的巡防地段。西湖秋月正好,我们也没火气,收拾起雨衣,且行且停,沿湖走到湖滨公园,走得乏了,那里有长凳,重又铺展雨衣睡下。这一觉睡到天明,睁眼,晨雾迷茫,迷茫晨雾里,很多晨练的市民,安安静静打他们的太极拳,仿佛长凳上睡几个流浪人是西湖晨景的天然点缀。

后来,后来咋样啦?后来,一切都倒转过来。街头的喇叭和嘶喊不是在鼓吹革命,是在兜售内衣,头顶上不是干愣愣的灯泡,是五颜六色一闪一闪的霓虹,苏杭水路变成通衢大道,两岸城镇相连,白堤苏堤,游人如织。张宗子梦中所寻,是明清易代的西湖,我们躬逢盛世,没有亡国之苦,倒有幸见证这个古老民族的重新崛起,见证无处不在的轰轰烈烈的建设。

三十年里,中国人一直盼着建设,轰轰烈烈建设起来,我们才知道,"建设"并不是一个完全褒义的词汇。建筑在传统中叫"营造",其法式是依于山水风貌"因地制宜",西湖经过上千年的历史陪伴,湖岸、小路、拱桥、楼阁,人们亲近水而不伤湖。月上佳人般委婉的堤岸线条,似乎难与现代化的简单笔直的强硬相容。新雷峰塔崛起得乍眼,高大、漂亮,带着仿古的绮丽色彩,但总觉得周边有太多的东西被惊动了。

不过,跟中国其他城市相比,我一直觉得,环绕西湖的建筑算最得体的。这得益于西湖,得益于杭州这座城市的天然——哪座城市有杭州那样的湖和江,山与丘?却也得益于浙江的深厚人文传统,即使经过了多年的摧折,西湖人仍然记忆着美的标准。

我们读书人,诗人,也是记忆的保存者。文字天然带着历史;善待文字,并不是用怀旧来对抗变化。世上有什么东西完好保留下来吗?张宗子笔下,已经有多少"不可复追也已",况晚生如我侪?兵马俑还在那里,柏拉图的文字还在那里,时代变了,它们就变了。它们是以往时代的痕迹,那么,让我们留下一些痕迹,有这些痕迹,西湖就是永远的西湖。

跳水救人时想什么了？[1]

你做出一个道德行为，例如，孺子落水，你跳下河塘去救他，是否由于你认为这样做合乎道德标准（"道德"这个词早已被用得遍体鳞伤，没剩下多少健康之处，这里姑妄用之）？

这个问题，无论回答是或否，似乎都不太合适。跳水救人前若先考虑怎么做才合乎道德标准，难免显得有点儿算计。实际上，跳水救人的义人，媒体的话筒伸到他嘴边，多半回答说他当时什么都没想——我相信大多数情况下这是真的。但似乎也不能因此说他这样做出于道德本能。本能是指人人都会做出同样的反应，可碰上孺子落水，有人掉头不顾，有人围观，并不是谁都立刻跳下去救人。

跳水救人的义人当时什么都没想，主要也不是因为事情来得太突然，来不及考虑。那些有时间从容考虑的事情，说义人是因为某种做法合乎道德标准所以那样去做，同样有点儿奇怪。要不要为灾区人捐款？捐多少？母亲病重，要不要放弃升职的机会回家守护？这些事情我们有时间考虑，实际上也会考虑。但若我去考虑的是怎样做才合乎道德标准，我不像有德，倒像个伪君子。古典小说里常把这号人物当成讥讽的对象。

---

[1] 原载于《新世纪周刊》2011年第20期。

我们要考虑些什么呢？我们是在自利和道德之间进行权衡吗？怎么权衡？如果我能获得更大的利益，就可以放弃道德考虑？这似乎不大好。那咱们是不是应当总把道德放在第一位？这似乎要求过高，我们谁敢说无论面对怎样的强暴，自己都会说真话，或挺身而出救助朋友，或救助遭受欺凌的人？

我们这样思考问题，难免陷入进退两难的境地，因为我们一开始就把道德维度从生活的其他维度如利益、情感等抽离开来，把它们都放置到我们的对面来比较，仿佛我们是在考虑投资股市，把种种选择摆到自己对面一一加以权衡。然而，碰到生活中的困境，我们并不是把生活按照道德、利益、能力、情感等格式划分开来，而是每一次依照具体情况来把整个情境分成不同的部分；我们也无法把道德标准完全放到我们对面加以考虑，而总是连同我们自己是什么人一道考虑。例如，我们其实无法脱离开自己的能力来谈论德性。拯救自己的灵魂也许无须自己有什么本事，但跳水救人需要，治病救人需要。爱上帝也许无须另有本事，爱你的孩子却需要你会换尿布、煮饭、读懂用药说明。

义人跳水救人，与其说他认为这样做是合乎道德标准的，不如说他依乎本性就跳水救人了。来得及考虑的时候，与其说我们在考量怎样做才符合道德，不如简单说我们在考虑：我应当怎样做？怎样做才是依乎我本性的做法？"依乎本性"在很大程度上是与选择相对而言的——对这位义人来说，孺子落水的时候，他不是面对各种选择，孺子落水和跳水救人就像自然因果一样，自然而至必然，朱熹所谓"天之所以命我而不能不然之事也"。考虑我应当怎么做，并不都是在对象面前挑挑拣拣，仿佛我是谁的问题早已解决；倒不如说，在生活的困境面前，即使看上去一个人是在各种外部可能性中挑挑拣拣，他也仍然是在透视自己的本性。谁达乎从心所欲的境界，事事率性而为，不再挑挑拣拣。

教化而后自然

本性、自然、率性，这些词听来悦耳，却也是藏污纳垢之地。难道嫉妒不是人的本性？似乎，贪财贪色也是人的本性，欺软怕硬也是人的本性。日俄战争时，大毛子到咱们东北到处烧杀淫掠，我们却不好说大毛子自然率性吧？

一开始就不能把本性等同于人一生出来就有的东西。出于本性，与出于本能有别；本能是对环境的一一应对，而我们说到本性，说的却是首尾相连的整体性的东西。我喜欢举一个粗俗例子：尿憋了要撒尿，实在本能之至，你却一直憋到你找到厕所。除了本，还有性，唯把种种本能、感觉、欲望加以协调，才称得上本性。真性情人不是朝三暮四之人，率性不是颠三倒四。唯为事能执之一贯，才算有性格。

本能、感觉、欲望怎么才得协调？它们在与周遭世界打交道的过程中逐渐协调起来。幼儿想要糖果而不得，自然而然哭闹起来，我们哭闹却一点儿都不自然。成人的自然经教化而来——画画得天成，平衡木上旋转自如，对着麦克风谈笑自若。我们通过教化变得优秀，通过教化而有德。

既然是教化而后得，怎么能够说是"本"性呢，怎么能够说是本来既有的东西？这要从"教化"说起。

人们常把教化刻画为外部规范系统的"内化"。有权势的人，成人，用指令的形式把种种规范加给我们（例如不得酒驾）和孩子（例如不要骂人），我们由于惧怕警察或家长的惩罚遵守这些规范，日久成为习惯。这些习惯充其量是"第二天性"，还说不上是本性。但我们并非只从指令学习规范，指令之外还有说理——为什么不要骂人，为什么不得酒驾。无论什么道理，要让我们理解，就得联系到我们本来就懂得的道理上。说理与我们的"本然"有着密切的联系。

不过，我们都知道，说理在培养德性方面作用有限。德性上的学习，主要不靠在书房读书或在礼堂听课，而主要在向身周的典范学习，"就有道而正焉"。在德性领域，典范有不可替代的作用，而典范主要是通过默会方式起作用的。

然而，说到向典范学习，我们面对一个要紧的问题：我们身周有种种人种种行为，有的优秀，有的不优秀，我们怎么开始学习那些优秀的而不是去学习那些不优秀的？这显然首先依赖于我们大致都能分辨什么是优秀的什么是不优秀的，同时，依赖于我们认识到别人优秀就是认识到自己的缺失。分辨优秀与否不像分辨红和绿，优秀与否总是跟我们自己是什么人一道得到衡量的。达不到优秀，人就不是完整的自己，通过学习而变得优秀，是一个完成自我的过程。我们通过教化把东一个感觉西一个欲望塑造成整体，塑造成能够整体地自然行事的人。

亚里士多德说，一棵橡树的生长并不是茫无方向的，而是橡树本性的实现。人的生长也一样。我们并非靠一成不变保持本性，而是靠生长达乎本性。这个道理有点儿绕。为了教化朴素的头脑，古贤人往往取简易之法，把本然说成时间上最先摆在那里的东西——人之初性本善，最本真的人格是伏羲上人，最完美的政治是三代。其实，无论三代政治制度是否完美，我们都无法照搬，因为历史生活已经变化了。

本真不是现成摆在那里的东西，它倒毋宁是某种新鲜的东西，我们搜集各种历史线索把它创造出来。只不过，这种创造与科技创造不同，它从来不是单纯的进步，而是在不断变化的情势中，创造出与以往的优秀卓越尽可能坚实的联系。

有德之人与道德行为

为鲜明起见，我们可以区分学习阶段和成人阶段。在学习阶段，我们的确常常需要考虑怎样做才合乎道德标准，而在成人阶段，人依其所成之性行动。对有德的人来说，德性是他的本性，是他的存在。跳水救人不是由于这样做符合道德规范，而是依乎自己的本性——唯这样做才是自然的，就像马燕红在高低杠上这样转身才是自然的。依乎本性行事即真，依乎本性行事之人即真人。

我这样做，因为这样做合乎道德标准，这不是道德行为的动机，而是学习有德之行的途径。如果它不是学习的途径而成为行为的动机，那么，这样做即使不尽是虚伪，至少相当虚伪。我们在一时一事上学习何为德行，是为了学做一个整体有德之人，做一个真人。若说科学之真在于合乎客观事实，那么真人之真，真性情之真，只能是合乎本性。有真人而后有自然的道德行为。

在这里，行为者的角度和评价者的角度是有区别的。义人跳水救人，从他自己来看，并不是为了符合道德标准，而是本性使然，行其"不能不然之事"；而从评价者来看，这个人是有其他选择的，他也可以溜之大吉，也可以围观。我们会说，他在诸种可能的做法中选择了有德之行。义人成为典范，但他不是为了成为典范做事情，他只是为了解决他的问题而已。想着怎么把自己做成典范，这颇有点儿古怪。

近代英国的政治方式成为后来很多国家学习和效仿的典范，但英国人不过是在解决自己的政治问题而已。性情中人并不是自己要率性，要真，他只是依乎其所是做他手头的事情。成心率性倒做作了，恐怕难得率性之爽。但在我们眼里，他是真性情，因为我们自己未达乎纯真，我们还在真真假假之中，要学着从真假莫辨的东西里挑出真的东西来。

当然，只有圣人才能完全率性，从心所欲而不逾矩。我们凡人从来不曾达到自我与有德的完全融合。我们总还在学习。碰上孺子落水，或碰上比这更为紧急的事例，如突发地震，我们的确来不及考虑，你是"跑跑"，还是去援救他人，全系于你已经修成什么。而在较为从容的处境下，我们会去考虑自己应如何行事。这并不是在权衡道德标准和其他如自利、感情，等等，而是在整体地审视自己是个什么人。我们不是圣人，我们的存在，作为整体，对我们自己并不总是通体透明的，我们并不总是知道自己的本性是什么。

不过，尽管我们凡人一直达不到自我与有德的完全融合，由此我们可以说，人的一生是不断学习成长的过程，然而，我们大体上还是要像古人那样区分学与立。少年时期，人的主要任务是学习。我们向典范学习，以求能够学得像典范那样。成年之后，人的主要任务是做事。尽管我还想成就更高的自我,尽管这是个可嘉的愿望,但我大致就是这个样子了;现在,最重要的事情不是我愿成为什么,而是就我的所是来做事情。

性有品,分成三六九等。与其勉强去做那些自己的天性够不到的事情,不如依你所成之性,解决面对的问题。实际上,成年以后,我们进一步的成长几乎只能以做事的方式实现。

感谢与回应①

首先，我衷心感谢学界同仁纡尊参与"陈嘉映哲学三十年"学术研讨会，包括未能与会而提供论文的"与会者"。我知道自己不是什么重要学者，但诸公与会，倒也不只是出于友情，同样也怀着对学术的诚敬——诸公不仅事先认真撰写论文，不少论文事后还经反复修订。从我个人说，从这些论文受益良多，无能尽表。但也许更重要的，学界同仁以我的微薄文著为由，起步培养在同仁间探讨学术的实践，以期为重扬一息如缕的中华文教做出贡献。为这方方面面，再次衷心感谢诸公。

与会者中，不少是某一领域的专家，如程炼之于弗雷格，王静之于戴维森，张志林、成素梅之于科学哲学，李旭之于海德格尔研究，我对这些领域只是泛泛涉猎，他们的批评，主要供我学习，即使我不尽能接受之点，也未见得能够提供充分的自辩。我的回应往往不过是申明自己尚未充分理解批评的要点而已。各种穷理活动有

---

① 2011年5月28日，首都师范大学召开了一个"陈嘉映哲学三十年"学术研讨会，不少同仁纡尊参加，另有几位没有与会的同仁也寄来论文参与。我对其中几篇论文做了回应，并收获了论文作者的"再回应"。这些论文、我的回应以及他们的再回应后来由陆丁、梅剑华主编，集成一本书，《批评与回应》，2013年7月由华夏出版社出版。这里收入的是我的回应和几位论文作者的再回应。

多多少少相异的目标、出发点、概念背景。因此，批评与回应，未必在争谁对谁错，即使有些批评我尚未接受，多半也会帮助我，可望使今后的论理更加丰满，更加言之成理，对读者更富启发。有些争点，须回溯到我与批评者在兴趣与概念背景的更广泛的差异才有望澄清一二，这不是我一时能做到的，唯希望在今后的写作中，还有机会更深入地就这些批评展开探讨。

有几篇年轻学者的论文，没提出什么批评，主旨在解读。这同样值得感谢，因为他们的解读和概括，我恐怕自己来做也不会这样扼要明白。例如，周濂的《道德说理的限度》，撮出了《说理》一书的一些要点，把这些要点勾连成一幅图景。文章平平缓缓，但我身为《说理》的作者，很看得出周濂读这书读得认真，写这篇文章写得认真，所勾勒的图景深得我心，不能不特别致谢。

这些论文里也常多新意，值得进一步展开，但这些恐怕要留待他日。后面的回应，主要是回应对我的批评和质疑。我只选择部分论文予以回应，一个原因是，若全部回应，我恐怕会过多重复我自己。回应的顺序，即按本集论文的顺序。我不敢奢望我的回应能让诸公满意，有些争点是实质性的，这些争点又与很多很多东西纠缠在一起，并非基于几个清楚界定的理据即可断出是非。这份回应若能为诸公提供新靶子，供诸公发展出更出色的论证，也算不白费。

回应郁振华

郁振华《哲学之为穷理达道之学》概括地解读了《说理》一书中的一些主要想法，他的概括比我自己来做还要扼要明白。振华对中国"现代诸子"(比如现代新儒家、清华学派、中国马克思主义三大传统中的诸位哲学家)的阅读和思考,远较我更多更深刻,他把我的思想放到前辈学人的脉络中来加以理解,我既感到荣幸,也感到惭愧。

在这篇文章里,振华提出两个可商榷之点。第一点是,我们似乎拥有两个整体性概念:科学的整体性概念和哲学整体性概念,从而,他问道:如何区分这两个整体性概念?接着他提出了自己的看法,即从对象化之知和非对象化之知的区分来切入问题。由于科学的整体性遗落了自我、心灵、意义、价值等,因此,这种整体性本质是一种残缺的整体性。我相信,在这一点上,我与他没有争议:科学所要达到的整体性是对象化世界背后的完整机制,而对象化本身则已经事先清除了自我、心灵等,因此,科学的整体性与道理贯通意义上的整体性是两类整体性。

郁文的第二点讨论涉及形而上学。他引了《说理》中的如下一段话,"形而上学把语法考察误解为关于事实的考察,只不过,仿佛我们这时考察的不是普通事物,而是超级事物",由此,郁文认为写我接受了维特根斯坦对形而上学的理解。我的确认为维特根斯坦的相关理解极具启发,但我并不认为必须这样理解"形而上学"。上面这段话处于维特根斯坦的议题范围之内,沿用维氏的界说而未加特别说明,于是引起误解,不过我也曾表明,"人们对'形而上学'有多种理解……维特根斯坦的理解只是其中一种"。[①] 在《说理》中,我没有谈到自己怎么看待形而上学这个词,不妨借此机会说上

---

① 陈嘉映:《说理》,华夏出版社 2011 年版,第 51 页。

两句。

按"形而上者谓之道,形而下者谓之器"的原本提法,哲学显然就是形而上学,这一点在科学革命之后更加突出。当然,我们今天对世界的理解,与《易经·系辞》那个时代已经相去很远,再说到"道""器"等,不能不做些解释。本书的方方面面,例如区分非对象化之知与以科学为代表的对象化之知,不妨说一直在做这项解释工作。如郁文注意到的,这些还要与《哲学·科学·常识》连起来读。我在那里更详细地探讨了古代自然哲学与近代物理学的区别。亚里士多德大致把天下的学问分为两类,一类是关于自然的,一类是关于人的,前者是 phusika,后者是伦理学、政治学等。后世称作 metaphusika 的那本书,所探究的是统领这两类学问共享的根本道理。在亚里士多德那里,这两类学问的确共享一些根本道理,因为 phusika 所研究的并不是对象化的世界,自然事物和秩序像人为事物和秩序一样是 logos 或"道"的一部分,phusika 仍然是哲学,自然哲学,而不是自然科学,仍然是关于道理的探究而不是关于规律、机制、预言的探究。据此,后人命名为 metaphusika 的那本书,也许本可以题为"根本道理"之类——它们既是物之学背后的根本道理,也是人之学背后的根本道理,单称作 metaphusika 忽略了后一半。

我读郁文,觉得在这些根本之点上,我跟他并无分歧,我的确是想说,"哲学语法"虽是哲学的核心工作,但并不是哲学工作的全部,"我们除了理解我们的理解形式,还须理解世界,如上所述,把握世界的根本道理,是穷理之学的内在要求"。仍如众所周知,philosophia 这个名号,本来囊括所有的学术,我甚至以为,在希腊的用法上，把它译作"学问"或"学"，倒常常有助于我们更自然地理解这个概念。一门学问，如《批评与回应》1.16言及，上行而求根本道理，下行而求成术。我丝毫不反对振华的提法，"以世界的根本道理为目标的穷理之学（似乎）还是一种形而上学"；只是由于"形而上学"这个词而今歧义纷出，我能不用它就不用它，虽然专门澄清这概念的讨论一直是需要的。

郁文更具体的批评，是认为"关于根本道理之知和知冷知热、知美知丑毕竟处在不同的层次上"，我仅仅指出"一阴一阳之谓道"这类"在穷理的过程中得到的那些命题"与知冷知热、知美知丑同属于非对象化之知，尚嫌笼统，"要准确地阐明其认知意义，还须进一步的义理工夫"。郁文更多认同牟宗三、唐君毅等学者的看法，形上学、儒道佛基督教所说的那些话，属于科学语言和文学的情感语言之外的第三种语言，即"启发语言"，它们所陈述的"内容真理"，和知冷知热、知美知丑的不同之处，在于它们"指向人生在世的经验整体。形上学的内容真理的光照，有助于我们摆脱了生存的迷暗，走向明觉"。这些批评和指点，我大致都很愿意接受；我讨论论理词，甚至可以视作为"第三种语言"做脚注。不过我也得承认，跟牟宗三、郁振华等相比，对"一阴一阳之谓道""道法自然""万法唯识""上帝存在、灵魂不灭，意志自由"等"哲学命题"，我的热情大概要低不少。主要缘故，我在《说理》第四章说了一点儿，大意是单就这些命题而言，它们可以意谓的内容太不确定。振华会说，它们并不是一些单单的命题，它们背后有着系统的思考。这当然是对的，而且我对这些系统思考的热情，也许与振华相类。小小的区别大概只在于，我更在意这类命题与我们平常知冷知热、知美知丑的联系,对于忽略这种联系的哲学理论更多警惕。

郁振华的再回应

整体性概念和形而上学这两个议题,是我素来关心的,也是陈老师的哲学观所蕴含的,所以我提出来,希望作点生发性的讨论。谢谢陈老师的回应,这样的讨论正是我所期待的。对话有助于澄清思想,不管是共识还是分歧,都因此而显豁。本来,making it explicit[*]是哲学功夫很重要的一部分。

希望继续这样的对话。特别是对于用对象化的知识 vs. 非对象化的知识、无我之知 vs. 有我之知来界分科学和哲学这一点,我希望以后和陈老师作更进一步的讨论。

回应童世骏

童世骏的《理性、合理与讲理——兼评陈嘉映的〈说理〉》一文的主体是辨析 reason, rationality, reasonableness 等西语论理词,它们与理、道理、说理这些词多方面相应,辨析这些西文概念,颇有助于推进关于说理的探究,如世骏所说,颇有助于"对'理'(确切些说对'说理之理')做出更清晰和连贯一些的理解"。童文更进一步尝试展示西方思想有一个"从 reason(理性)经过 rationality 或 rationalities(合理)到 reasons(理由)的演化过程",这看上去是"即使不是一个理性从有到无的销蚀过程,也是一个理性从高到低的下

---

[*] making it explicit,使之清楚明白。——编者

降过程"。世骏肯定不愿消极接受这样的结果,在他看来,"理性既可以从高处走到低处,也可以从低处回到高处",借助哈贝马斯的"交往理性",仍有望把分散了的种种理由"收拢为一种对待理由的态度和能力,从而使我们能既承认理性的多样性(亦即不同语境中理由的多样性),又维持理性的统一性(亦即对于多样理由的同一种理性的态度和能力)"。

世骏一向乐观、进取,长期致力于汲取哈贝马斯的思想资源来克服所谓的"理性的失败主义"。他赞许我"以讲理的方式说理,不仅让人明白说理之理,而且让人喜欢说理之行",似引我为重扬理性的同道,让我心生感激。其实我与世骏的气质不同,虽然像他一样非常乐见"人们不用暴力来代替论据",乐见理性的力量占上风,却不大敢以为这种局面"终有一天"到来。不过,我虽然觉得我们的时代的确理性不彰,但也不至于落入"理性失败主义",在我看来,奥斯威辛等极端处境而外,社会生活总有说理的余地,而努力去拓宽理性的地步,是我们读书人的本职工作。

童文自成一体,只在几处明确涉及《说理》一书。直接针对说理的批评,是表示不同意"哲学大致就是穷理"这个提法,主要的理据是天下的道理太多,说且说不完,遑论穷之,所以,把穷理揽过来当作哲学的任务,"哲学的任务会太重、哲学家的工作会太累"。

"穷理"一词,我固然把它选作核心词,但我很愿承认,从字面上它可以做多种多样的解释。唯可自辩的是,在这个层面上,只怕无论选什么词,都会有这个毛病。《说理》一书断断续续对"哲学大致就是穷理"这个提法做了很多说明。针对童文,我重提其中几点。

其一,我同意世骏,天下的道理多到无数,谁都说不完。不过,有人并不把这当回事。顾炎武《日知录》自序说："盖天下之理无穷，而君子之志于道也，不成章不达，故昔日之得不足以为矜，后日之成不容以自限，若其所欲明学术，正人心，拨乱世，以兴太平之事，则有不尽于是刻者，须绝笔之后，藏之名山，以待抚世宰物者求之。"儒者反正抱定鞠躬尽瘁死而后已的决心，累不累不在话下。

其二，不过，我所说的穷理还不是顾炎武所说的"理无穷"。我不曾把说理全都包括在穷理名下，实际上，穷理这个提法的一层意思，就是要跟普通说理区别开来。穷理并非一般意义上把一切道理穷尽，而是追索理后之理，以求追索到众理所归的原理。当然，即使把普通说理划到哲学之外，单说追索原理，哲学的任务会不会已经过重，哲学家会不会照样太累？在我的印象里，哲学的任务的确挺重，哲学家的确挺累，但怎么办呢？童文本身并没有讨论哲学何为，我很盼望世骏给哲学派个别的什么任务，好为我们哲学工作者减负。

然而，更为实质的问题大概是，其三，究竟有没有万理归一的原理，哲学家追索到那里，即可大功告成？总的说来，《说理》在事理意义上理解道理，而不在现成意义上理解道理，不敢沾惹"万事万物的根本规律"那种静态的"原理"。即使根本道理，仍然互相交缠，并与事理联系在一起，与世迁变，生生不息。所以，穷理之为追索原理与顾炎武意义上的穷理一样，也是死而后已的事业。至于有些奇人，随便怎么一来就成了得道高人，吾侪则敢望而不可即。

回应程广云

就像与童世骏商量好了，程广云的《中止说理与实践智慧——

补〈说理〉》一开头也把理有穷还是无穷的问题提了出来。广云是从哲学和科学之分来回答的，按照广义的看法，哲学不及物，因此是空谈或玄谈，因此无检验标准，不是知识增长，而是思想游戏。答案大致是：科学之理有穷，哲学之理无穷。在这些事绪上，我的看法有些与广云相似，有些略有差异。科学对待物事而哲学对待概念，大意不差，但概念并不能完全脱离物事，所以我会说，哲学间接及物。关于物事的言说重在对错，概念辨析则重在深浅，孰深孰浅，固然不像对错的标准那么鲜明，但也不至于全无标准。游戏概念，我断断续续琢磨过。针对一味从功效来看待哲学，不妨提醒说哲学并不用来服务于某个哲学之外的特定目的，仿佛我们可以用这个目的来衡量哲学的优劣；哲学，以及其他很多实践活动，富含游戏精神。但把哲学说成"思想游戏"，在我看从来是个糟糕的说法，哲学并不是围棋那样的游戏，有一套完全自主的规则，独立于哲学之外的所有实践。

像童文一样，程文也有它自己的主题，直接针对《说理》的批评不多。要言之，广云认为，哲学分为论理哲学和实践哲学，《说理》限于半个哲学即论理哲学，还有半个哲学即实践哲学尚未说到。程文所谓"补充"，大概就是把实践哲学补上。

初看，这不算什么批评。哲学浩渺无涯，说到半个，已经大不敢当，何敢想把整个哲学都说完它？不过，这显然误解了程文的意思。包饺子的人，谁都不会想把天下的饺子都包完，但给饺子下个定义，却不能最后只定义了饺子馅，忘了饺子皮，那样一来，所定义的就不是饺子而是肉丸子之类了。如果这个暗含的批评成立，那会是一个甚为严厉的批评。

然而，怎么一来，实践哲学就"在说理之外"呢？程文的主要理据是，"中止说理是实践的要求，是实践智慧的表现，是实践哲学必须认真探讨的问题"。

虽然"中止说理是实践的要求"这个表述也许值得商榷，但我很同意程文的大意，实践活动中也许有很多道理要反复考虑，却不能没完没了地说理。例如立法工作，一定牵涉到法理问题，关于这些法理是可以无穷无尽争论下去的，但我们无法等到把这些问题都争论清楚再出台法律——且不说最后有没有把所有法理都争论清楚的一天这一点并没有保障，即使有那么一天，它多半来得太晚，耽误了立法本来要解决的问题。虽然我觉得卡尔·施密特关于政治中的"决断"颇有点儿咋咋呼呼，但没谁不知道，不仅在政治活动中，而且在所有实践活动中，杀伐决断都是一项顶重要的能力，而唯当道理不是一清二楚，才谈得上杀伐决断。当然——基于无法在这里详述的理由——我一向把说理活动也视作一门实践，单就说理这门实践来说，没完没了地说理也许算不上一个缺点。除此之外，其他实践活动的确不是也不能没完没了地说理。

我想正是在这里，程文有点儿混淆。也许，"中止说理是实践的要求"，但显然，中止说理不是实践哲学的要求。我想不出来，实践哲学除了说理之外还能干什么。这一点在我看来格外显眼，还因为我不以为实践哲学能够在通常意义上指导实践。如果实践哲学也是在说理或者穷理，那么，把哲学分为论理哲学和实践哲学就有点儿奇怪了。把哲学分成理论哲学和实践哲学，这种做法由来有自，虽然我个人对这种分法有所保留，但它显然不像程文那样，通过"论理哲学"和"实践哲学"这两个用语的对照，把实践哲学排除在论理之外。

这个话题逸出了与程文的讨论，但我想多说两句，因为在我看，这里有一种广泛泛滥的误解。哲学也许可以分成理论哲学和实践哲学，一个人也许偏爱理论哲学或实践哲学，但无论怎么分，无论偏爱什么，实践哲学还是哲学的一部分，还是在那里论理，而不是从事建电厂或国际贸易那类实践。这一点本来应该是挺明显的，所以我一直奇怪哲学工作者为什么常常会把实践哲学和实践本身弄混，从而产生一种错觉，仿佛在课堂上多谈谈实践，自己就成了实践家；仿佛选择了研究政治哲学，自己就多了几分政治家的才能；就像文人在文章里多用些孔武有力之类的成语，就觉得自己的胳膊粗上了一圈。从实际生活经验上讲，这种错觉经常让人感到悲哀。如果可以用我自己年老之前的经验来揣测，这里的混淆和错觉可能来自事功焦虑症——谁不想做点儿有形迹的事儿，争耐烦镇日在那里兀自饶舌说理？不过我想，从理论哲学转向实践哲学治不了这个病症，真要治，得像班超那样投笔从戎。

穷理和实践之间的关系是个大题目，程文中有很多篇幅在处理这个问题，我希望另有机会谈谈我学习程文的体会。这里只是在做一点自我辩护——如果实践哲学果真不是从事建电厂或国际贸易谈判那类实践，而是在那里论理，那我就看不出，穷理这个提法怎么一来就只限于界说半个哲学了。

顺便说一句，"说理"这个书名不是汀阳提出来的。大家都知道，汀阳不仅是哲学家，也是漫画家，在我眼里，国内没哪个漫画家比汀阳更富思想的机巧。汀阳的书每一本书名都精彩，我觉得也跟他是漫画家有关系。我出书前的确请教他，他吝啬，不肯把他兜里的好名号送我一个,我就把自己和别人想到过的候选书名说了一串,他说,"说理"好,于是我就用了"说理"。

程广云的再回应

感谢回应。其实就是借题发挥!因为表扬没有意思,就只有想辙批评了。确实没有"理论联系实际"意思,那样就庸俗了。混淆实践和实践哲学的界限,也不苟同。我的意思是说哲学应该关注人类活动领域,这个领域没法通过"说理"解决问题(但也不能想到维特根斯坦"不可说"或者海德格尔"诗""思"上去)。换句话说,"说理"只是语言-思想"游戏"而已,不要指望解决问题。人们往往是通过利益-力量"博弈"解决问题的。"理由"就是一些旗号。不过直到目前,都是强力中止"说理",或者由强力来支持"说理",便是意识形态。我的意思:"中止说理"就是中止意识形态,排除强力因素,形成最小共识,解决问题,这种模式就是人们所谓"实践智慧",或者我们可以称为"实践哲学"。些许意见,仅供参考。

回应程炼、唐浩和王静

刘畅的《语言作为实践》主要是对《说理》一书中维特根斯坦"哲学语法"那一章的阐发,丁和平的《专名的意义》阐发他自己的相关看法,这里不多谈。程炼的《为〈语言哲学〉"弗雷格"章进一言》和唐浩的《评陈嘉映论早期维特根斯坦》主要是批评;王静的《如何理解戴维森的成真条件论》主要是正面阐发戴维森的思想,但也暗含批评。我这里谈谈这后面三篇。

这三篇的批评,包括"商榷"在内,很多是指正——一经指出,我就看到我写得不对。例如,我在《语言哲学》里说:"A=A 是同一律,单从逻辑上就能确立,而 A=B 却不是先验知识,例如晨星就是暮星是个天文学上的发现,是经验知识"①。程炼批评说:"对 A=B 这样的同一性命题,弗雷格并不要求它必须是经验知识,它可以是先验的,如 1+2=3,a 和 b 的交点就是 b 和 c 的交点(设 a,b,c 是一个三角形的三条中线)。"程炼当然是对的,我本来想说晨星就是暮星是经验知识,但整句话写下来,就成了凡 A=B 都是经验知识,这的确不是弗雷格的意思。弗雷格说的是,A=B 这样的命题"并不总是能先验地建立起来的"。②

　　我正在翻写语言哲学,准备出一本《简明语言哲学》,尤其感谢这三位学者的及时指正,使我能在将出的新书中加以订正。而且,它们不仅有助于我修订错误和不妥,还一般地促使我写得更加谨慎。我对戴维森的了解不深,王静的论文让我更清楚地意识到这一点。由于眼下没有机会重新细读戴维森,决定在《简明语言哲学》中删去戴维森一节,等将来比较有把握时再重新增补。还有一些指正,虽然我大体上接受,却未尽反映在新书中,或因为那样做需要较大的篇幅,或要展开更为复杂的讨论。

　　也有个别批评,我认为还有进一步商榷的余地。例如唐浩那一篇在文末有一段批评我对家族相似概念的批评,未让我信服。我对家族相似概念的批评,关键不在于我们的语言中是否有或可以有

---

① 陈嘉映:《语言哲学》,北京大学出版社 2003 年版,第 91 页。
② 〔德〕弗雷格:《弗雷格哲学论著选辑》,王路译,商务印书馆 1994 年版,第 95 页。

etwas 这样的"大共名",而在于仅从家族相似不足以说明一般概念的结构。又例如,我在《语言哲学》中说:"后世在证明理论领域的一系列工作,特别是康托尔和哥德尔的工作,已经从根本上否定了弗雷格的逻辑主义路线。"① 程炼就此评论说:"如果把弗雷格的逻辑主义路线狭义地理解为弗雷格自己提出的形式系统,那么说它彻底失败并不为过。但是,证明它的失败只需要援引罗素悖论就足以一锤定音,犯不上拿证明论来助拳,更与康托尔和哥德尔无关。二十世纪七十年代以来,经过乔治·布罗斯(George Boolos)和克里斯宾·赖特(Crispin Wright)等人的工作,人们发现逻辑主义纲领并没有寿终正寝,弗雷格的计划是可以挽救的。朝着这个方向工作的人们被称为'新逻辑主义者'或'新弗雷格分子'。由于这些发展,今天,就我所知,没有哪位严肃的学者敢轻易断言逻辑主义走进了死胡同。""新弗雷格主义"我也听说过一点儿,如在与陈波及中川的对话中,迈克·比尼(Michael Beaney)曾说到,弗雷格和罗素都认为康托尔-休谟原则不是基础性的逻辑原则,须得从逻辑原则和定义中推导出来,克里斯宾·赖特和鲍伯·黑尔(Bob Hale)却论证说它是一个基础性的逻辑原则。如果接受他们的论证,"一种新形式的逻辑主义就是可能的"。迈克·比尼自己的看法是:"'算术可以化归于逻辑吗?'这个问题并不允许一个简单的肯定或否定的回答",这取决于我们把什么东西看作"逻辑"。都有哪些方法来界定何为逻辑,各种界定各有什么得失,讨论这些问题大大超出了我的能力,因此,我也不敢判断新逻辑主义是否就能"挽救弗雷格

---

① 陈嘉映:《语言哲学》,第 90—91 页。

计划"。我在书里说到逻辑主义的时候,的确不涉及新弗雷格主义,但也不只是弗雷格在《算术基本法则》里的方案,而是弗雷格和罗素要把算术化归于逻辑的一般路线。只说前者的失败,当然,援引罗素悖论就够了,但要说后者走不通,却与证明论后来的工作有点儿关系。我相信这是一种相当广泛的共识。例如,马丁·戴维斯(Martin Davis)说:"在哥德尔1931年发表的那篇卓越的论文《论〈数学原理〉及有关系统的形式不可判断命题》中,他选择对形式系统PM给出了他的结果,从而说明即使强逻辑系统也不可能把全部数学真理包含在内。"① 又如克洛德·安贝尔(Claude Imbert)说:"我们知道(罗素的逻辑主义)这一大胆的计划是如何失败的。第一个理由是广为人知的:不可能在罗素主义的基础上重建数学,这一结果在二十世纪三十年代在哥德尔的一个决定性证明之后表现出来。"② 如我在序言里坦承,我的逻辑学程度远不够进入对这些争点的详细讨论,引用这些论者,只是想说明我的说法并非凿空杜撰。

唐浩的再回应

拙文很简短地批评了陈先生对后期维特根斯坦家族相似概念的批评。陈先生说这未让他信服。他解释说:"我对家族相似概念的批评,关键不在于我们的语言中是否有或可以有etwas这样的'大共名',而在于仅从家族相似不足以说明一般概念的结构。"评估维

---

① 〔美〕马丁·戴维斯:《逻辑的引擎》,张卜天译,湖南科学技术出版社2005年版,第131页。
② 〔法〕克洛德·安贝尔:《从一种哲学的观点看当今认识论》,《哲学分析》2011年第2期。

特根斯坦的家族相似概念，关键的确不在于我们的语言中是否有或可以有一个"大共名"。但我之所以谈及"大共名"问题，是因为陈先生自己在原书中试图以我们的语言中不存在"大共名"为理由来说明家族相似概念有困难①。我之所以指出有些语言中（如德文）实际上有一个"大一统概念"或者"大共名"，只是为了说明这条理由本身不成立。

如果"大共名"问题不是评估家族相似概念的关键所在，那么关键何在？陈先生说在于"仅从家族相似不足以说明一般概念的结构"。我不很清楚陈先生所说的"说明一般概念的结构"到底是一项什么样的哲学任务。如果这项任务是要满足维特根斯坦所说的"对一般性的渴求（craving for generality）"，那么维特根斯坦就不会认为这是一项好的、值得完成的哲学任务，因为他对这种渴求持高度戒备态度②。但如果这样，我们当然就不能责怪他的家族相似概念不能胜任这项任务。不过，也许陈先生在说"说明一般概念的结构"这项任务的时候并不想强调"一般"二字，而只是换了个提法在说《语言哲学》中论及的一项奥斯汀式的任务，即"解释各种各样的概念结构"③。这项任务维特根斯坦倒多半会认可。但即使如此，我们也没有任何理由认为单独一个概念（不论是家族相似概念还是其他什么概念）就足以完成这项任务。陈先生批评说单独一个

---

① 陈嘉映：《语言哲学》，第194页。该页上用的不是"大共名"而是"大一统概念"。

② Ludwig Wittgenstein, *The Blue and Brown Books: Preliminary Studies for the "Philosophical Investigation"*, New York: Harper & Row, 1958.

③ 陈嘉映：《语言哲学》，第242页。

家族相似概念不够("单独一个"源于他的"仅"字),但维特根斯坦本来就没有想要用任何一个单独的概念来解释各种各样的概念结构。而且这种找万能钥匙的思路恰恰是他所反对的。这点上维特根斯坦不仅说得很清楚(如《哲学研究》第133节末句强调哲学中没有一个单独的方法),也做得很明白(他除了家族相似之外还用了不少其他概念来处理哲学问题,如语言游戏、生活形式、语法等)。

回应张志林

张志林在《哲学家应怎样看科学?——兼评陈嘉映的〈哲学·科学·常识〉》一文中多次提到,他跟我的关切在很大程度上重合,并且在很多问题上有共同的或颇为相近的看法,正由于此,志林对我的质疑是极富实质的质疑。志林看到我有一种强烈的倾向,拱手把形而上学、论证、理论、知识都让与科学,悠然自得地展臂拥抱自然-常识。前面说到,世骏引我为克服"理性失败主义"的同道,但志林的意思,倒好像要把我归在"理性的失败主义"之属。

关于"形而上学"和"理性的失败主义",我前面已经说了几句。这里就谈谈我在何种意义上拱手让出理论、论证、知识,在何种意义上拥抱自然-常识。但无论下面的立论是否得到志林嘉许,"悠然自得"的境界我始终还没达到。

我的基本想法是,哲学所要论证的道理无论怎样高深,其论证总是要把这道理连回常理。出于这样的基本想法,我不认为哲学以建构理论为目标。我在《哲学·科学·常识》一书中为这个看法做了较详的论述。极为粗略地加以勾画,大致是这样的意思:我们之需要理论，是因为有些现象，无论如何无法通过连回常理的方式来理解，于是我们提出假说，从这个假说可以导出某些预测，如果新发现的现象验证了这个假说，假说就成为理论。我们的自然理解是在面对自然物事中培养起来的，而实证科学把它们研究的事物一步步转变为纯粹的对象，对我们的自然理解来说，这些对象是一些新物事，无法用常理来充分解释，从而，假说-验证-理论成为实证科学的标准程序。

我之倾向于在假说-验证-理论这样的框架中使用"理论"一词，因为我认为这样的用法有助于展露哲学与实证科学的区别，而近代以来，不少哲学家，更多哲学爱好者，模仿实证科学的理论方式，建构出形形色色的哲学理论，浪费了很多宝贵的精力。

当然，"理论"一词有多种多样的用法。在较为松散的意义上，一般论理尤其是系统论理都可以称作"理论"。在这个意义上，哲学当然是从事理论的。因此，"哲学不以建构理论为目标"的提法容易激起反对。不过，张文的质疑不是由于误解了我的用法而起，我们之间确有实质的分歧。他反对哲学论证总是要连回常理这一基本看法，强调哲学论证的先验性质。志林说我否弃论证，这不是在通常意义上说的，实际上，我把穷理视作哲学达乎道的基本途径，以别于艺术、宗教等，换言之，我把论证视作哲学的根本规定。张文说我否弃论证，专指我否弃先验论证。我不记得我在哪里肯定地或否定地谈到过先验论证，但志林眼明，看到我的思路与先验论证背道而行。

我的确不承认所谓先验论证。transcendental，以及 transcendental argument，这些概念聚讼纷纭，我没有能力理清它们的来龙去脉,也无法为自己的主张提供充分的论证,只能就张文中的相关论述做点儿回应。张文引用罗伯特·诺齐克(Robert Nozick)为先验论证所做的一点说明,依这项说明,若无氧气则无生命是普通论证,存在是思想得以可能的必要条件是先验论证;两者的区别在于,"一个先验论证试图通过如下要求来证明 q:证明它是对 p 的一个正确解释,并且证明它是 p 得以可能的一个先决条件"。单从这话,我不大看得出它怎么就先验了,"无氧气则无生命"(厌氧生物在无氧条件下也会有生命,不过这且不去管它)似乎也蛮符合这个解说,若说有氧只是生命的条件而非生命的"正确解释"("正确"在这里也显得多余,仿佛所有先验论证必定都是正确的论证似的),"存在是思想得以可能的必要条件"也说不上是对思想的解释。于是,张文进一步说明,"这一主张必须得到形而上学的和先在的支持,而不只是得到自然的和后天的支持。换言之,若无 q 则 p 不能成立,不是因为某些自然规律或经验发现使然,而是由于经反思确立起来的形而上学条件使然。"在我听来,这里引入的"形而上学的""先在的"意思跟"先验"差不多,并未为解说先验论证提供多少新线索。我也看不出"存在是思想得以可能的必要条件"怎么一来就具有了"经反思确立起来的形而上学条件"的身份,在我听来,这就是我们平常所知的道理:只有活人能够思考,把它视作我展臂拥抱的常理似乎不算离谱。

据我的理解,先验论证根本不是与经验论证并列的一类论证。粗说,在整个德国古典哲学,先验者就是我思,或自我意识,这个我思是一切知的起点,我思在何种意义上作为知的起点,几位主要哲学家之间有细微而重要的区别,但他们在下面这一点上是共同的:

先验者不是线性推论的起点，而是贯穿于整个思想进程的始终的首要者。所谓先验论证，旨在解释我思在何种意义上对理解"外部世界"具有效力。因此，先验论证不在于它具有某种特别的论证形式，而在于它是事涉一个特定哲学问题（当然，这是一个根本的哲学问题）的论证。因此，先验论证与连回常理的论证根本不是对立的两种论证。我自己高度认同德国唯心论的主旨，其大致内容是，作为我思或自我意识的先验者是思想的起点，但这个起点是由思想的归宿获得规定的：思想以及由思想所体现的生存实践是向善好的发展，善好作为 telos 或归宿，这一点是先验的。当然，就像我们这里不能脱离开归宿来谈起点一样，我们也不能脱离开起点来谈归宿，仿佛归宿是一个脱离了从何处出发的抽象目标。归宿在一开始就伴随着起点，同样也伴随着思想的整个发展。因此我们也可以说，先验者就是那个成就着思想与生存的统一性的东西，是因而赋予思想过程与生存实践以意义的东西。（统一性造就意义，这一根本之点在当代被深深遮蔽。）只不过，我并不认为我们必须采用"先验论证"等用语来阐论相关问题。如果只能选一个词来称谓德国唯心论所称的先验者，那个既是开端亦是目的的东西，我个人更愿追随老庄以及很多希腊哲人，称之为"自然"，而不是"我思"或"自我意识"；这个"自然"，当然不是"自然科学"中的所谓"自然"，而是取其本来意义：无论生存和思想达到了什么目标，它都是达到自然，达到在一开始就规定着生存和思想的东西，若说我们对之有所意识，我们必定意识到它先已在那里了。与其说先验者是自我意识，不如说它是可自我意识的。与此相应，先验论证与非先验论证的区分转化为有感之知范围内的论证与技术性论证的区分。至于分析哲学家，他们在沿用"先验论证"这个用语的时候,往往脱离了德国唯心论的关切,所谓先验论证和经验论证,不过是分析性论证与经验性论证的另一种说法,在我看来,是一种徒增混乱的说法。

张文认为我由于否弃先验论证,所以持有时髦观点,主张哲学只有批判性没有创造性。这种观点有多时髦,我不大清楚,但我不记得自己否定哲学的创造性。我根本不认为哲学是由一系列推论得到的一串结论,没有洞见的哲学,说得包容一点儿,是无趣的哲学,而洞见者,应当与张文所说的创造性相去不远。但远不尽于此。把不同寻常之见连回寻常之理,这本身并非寻常无奇之事,这种论证充满了创造性。与创造这样一个论证相比,创造些佶屈聱牙的新词儿怪词儿来得要容易多了。这里也许用得上一个类比——一首绝妙好诗,满篇都是常用字,不因此失其为优秀"创作"。

要说我拥抱常理,我愿把那场景设想为,从远方回来拥抱家乡的土地。连回常理并不意谓一直停留在常理上。这样的论证是否给我们带来新的知识呢?若在狭义上说知识,知识是通过见闻、实验等获得的,到一个陌生地方去旅行,到一个工厂去考察,读百科知识全书,学有机化学,这些是增益新知识的典型途径。论证不带来这类新知识。但通过对已有经验的反省获得新理解,在另一种意义上,也是知,一种至关重要的知,庄子所谓"天下皆知求其所不知而莫知求其所已知者"[①]中的"已知者",大概就是这种知。张文列举了柏拉图对"理型"的分析等一串概念分析的例子,结语说它们"的确为我们提供了关于自我、他人、世界乃至上帝等的新知识。

---

① 《庄子·胠箧》。

正因如此,我们才获得了对世界、自我、人性乃至神性等问题的新理解",在我看,前半句可以删去,单说它们使我们获得了对世界、自我、人性乃至神性等问题的新理解就蛮好。

回应成素梅

成素梅是科学哲学专家,她对相关问题的认识和表述,自是我不能及的,我从她的《也谈物理学的实在问题》学到不少东西,例如她所概括的经典实在论的四个基本信条,简明扼要,她关于自在实在、对象性实在、理论实在的划分亦有很深内涵,而且她指出,这"三者之间的关系并不是一种线性的单值决定关系,而是相互促进与反馈发展的不断接近于真理的相长关系",这也是重要的点拨,虽然"不断接近于真理"这个提法总是隐含某种困难。

成素梅表示,她这篇论文中的大一半论述支持我的相关论点。她对我多数基本观点的概括我也认同。这里我特别愿意重复成文的一个概括:日常概念会随着科学的发展而扩展其含义,但我们不可坚持用日常概念的理解来理解科学概念,否则往往会对后者产生误解。

反过来,依我对科学哲学的初浅了解,成文的绝大多数论点我也都赞同。个别表述,我会有所保留,例如成文引述王正行的那一段说,如果我们接受波函数的概率解释,那么,根据通常对概率概念的理解,就必然意味着科学家不能再对世界做出肯定的断言,"而是像算命先生一样,只能说一些模棱两可的话"。在我看来,概率方式的预言,完全可以是肯定的预言,与算命先生的"预言"方式完全是两码事。

我与成文在一个问题上似乎有较大分歧。成文说:"日常概念随着意义的扩展,会转变为科学概念,科学概念随着普及率的提高,也会转变为日常概念。两者之间没有绝对的分界线。"成文所说的科学概念转变为日常概念,我猜测,包括两种情况。第一种是随着科学普及,很多人懂得一些科学概念,今人多多少少都了解角动量、化合价、中子星、可降解、基因、光合作用这些语词的大致含义。这种情况,我觉得不应说成这些科学概念转变成了日常概念,它们仍是科学概念,是多数人有所了解的科学概念。另一种情况是,某些科学概念被广泛用在与科学无涉的场合,黑洞、能量守恒、势能、自然淘汰、脑瘫。这种情况,我觉得也不宜说科学概念转变成了日常概念,而是日常话语借用了某些科学语汇,是话语中广泛出现的"借用"的一支。我希望这里的分歧并非语词之争,这里有一个真实的争点:在我看来,科学概念不是通过日常概念的意义扩展发展出来,而是通过科学理论建立起来。我固然不敢声称两者之间有"绝对的分界线",但相较于成文,在我眼里,两者的分界线的确更加鲜明。

我恐怕这背后还有更根本的分歧,关于科学与哲学一般关系的分歧。成文以赞同的口吻引用玻恩说,"理论物理学是真正的哲学",呼吁应该寻找"从科学推导出来的哲学原理"。而我那本《哲学·科学·常识》,差不多可以说是一直在尝试驳斥这类观点。

不足怪,沿着玻恩这类思路,成文主张:"科学是哲学-科学的继承者,但不是哲学的'终结者',相反,却是哲学的'改造者'与'推动者'。"而我的主张大致是:科学接过了西方哲学-科学的一大块任务,表明这些任务不可能由哲学-科学方式完成,当哲学-科学放弃了这些重要的工作，哲学-科学的性质发生了根本改变。我们不再有哲学-科学。至于科学撇开在其视野之外的任务，大致可以"有感之知的贯通"来刻画，这项任务该冠以何种名号，有些不同的主张，例如海德格尔在"哲学的终结与思想的任务"这个题目里大胆提出用"思想"来代替"哲学"。我个人对如何命名的问题不那么在意，若说到，我认为恐怕它仍会被称为"哲学"。毕竟，像"哲学"这么概括的名号，其内涵总是在不断变化的。无论用什么名号，我们都需要了解名号的内涵发生了根本改变。综上所述，我会说，科学既是哲学-科学的继承者，同时也是哲学-科学的终结者。我大概会同意，科学是哲学的"改造者"，不过我与成文所意指的"改造"，角度相当不同。

成素梅的再回应

陈嘉映老师对我的文章的回应涉及三个问题，一是如何理解概率问题；二是日常概念与科学概念的关系问题；三是科学与哲学的关系问题。

就第一问题而言，我猜测是由于误解而致，大概没有真正的分歧。王正行先生是我国的量子力学专家，曾出版《量子力学原理》和《简明量子场论》等著作。我在文章中引用他的那句话的目的是说明，我们不能用经典概率观来理解量子概率。在物理学史上，概率最早通过统计力学进入物理学。当时，物理学家对概率本性的理解普遍接受了拉普拉斯的观点，这种观点把概率理解为是代表了人的无知。许多著名的物理学家，比如，玻尔兹曼、吉布斯、洛喜密特、基尔霍夫、普朗克等，都在很大程度上详尽地论证过统计物理学的基础,而他们都没有涉及讨论概率的本性问题。但是,在量子力学中,玻恩赋予薛定谔方程中的波函数的概率解释却与统计力学中的概率概念有着根本的差异,物理学家不再可能去用拉普拉斯的概率定义来理解量子概率,从而使得如何理解量子概率成为如何理解量子力学的一个核心问题,甚至有人把对量子概率性质的不同理解看成是关于量子力学不同解释的分类标准,或者说,把量子力学的不同解释之间的差别归结为是理解量子概率的差别。这个问题讨论起来有很深的数学与物理学背景,不完全是概率预言是否有确定性的问题。

但在后面两个问题上,我们之间确存在着观念上的分歧。

第二个问题的分歧在于如何定义日常概念和科学概念。我承认两类概念之间是有区别的,电子、基因、光子等概念显然是典型的科学概念。我想补充的是,这两类概念之间的明显区别只存在于两端,并不等于说,在间地带有明确的分界线。理由是,一方面,近代自然科学开始于物理学,而物理学的力、热、光、电、磁、声等学科一开始都是从日常概念出发的,即使科学理论赋予日常概念新的内涵,也不会从本质上改变日常概念最核心的要义,比如,粒子和波,在量子力学中有了新的含义,但是,物理学家在使用起来还是遵守了粒子和波具有的基本特征。正因为如此,玻尔把能用来描述测量现象的概念统称为日常概念,不能用来描述量子测量现象的概率波,称为抽象概念。在关于不可观察量的量子领域内,物理学坚持日常概念的日常理解也带来了前所未有的哲学争论,这是玻恩在讨论量子实在性问题时要澄清的问题所在。那么,反过来,如果认为,日常概念是指人们在日常生活中通过交往和经验积累自然而然地学习与掌握的概念，或者，像心理学家那样，认为日常概念是指学龄前儿童在日常生活中学习到的经验概念，是前科学概念，那么，随着日常生活方式的变迁，特别是随着科学技术在日常生活中的普及，日常概念就会随之发生变化，有的会消失，有的会增加新意，有的是从科学概念转化而来，比如，网络、短信、视频、飙车、日食、月食等。在这两种情况下，都是指科学概念携带的科学理论已经转化为常识，人们不需要经过专门的训练与系统化的学习就能大致理解与掌握，当科学理论变成了常识时，与之相关的科学概念也就转化为日常概念。

就第三个问题而言。陈嘉映老师认为"科学接过了西方哲学-科学的一大块任务，表明这些任务不可能由哲学-科学方式完成，当哲学-科学放弃了这些重要的工作，哲学-科学的性质发生了根本改变"。而在我看来，近代自然科学只是接过了"哲学-科学"中关于自然哲学的那部分任务，当自然科学使自然哲学变成经验科学之后，"哲学-科学"的论域发生了转变，即，哲学家从关注宇宙的 nature* 转向了关注人心的 nature。关键的问题是，哲学家至今仍然在延续"哲学-科学"的思维方式，只是论域空间从过去面向自然界的"哲学-科学"转向了面向人心的"哲学-科学"。我对语言哲学没有研究，从一个外行的观点来看，即使在二十世纪影响较大的语言哲学中，关于"概念与实在"关系问题的讨论或关于指称问题的讨论，也是在延续"哲学-科学"的思维方式。科学与哲学都在追求达到人类情境的客观描述，只是方式、概念与范围等均有所区别而已。

---

* nature，自然，本质，秉性。——编者

科学研究是对特定经验领域内的问题作出详尽说明，哲学研究是把人类的情境作为一个整体，从一个综合的视角，探索一种整体性的观点，塞尔称之为框架。在塞尔看来，哲学处理的是框架问题，科学处理的是经验问题，当哲学问题从思辨的层面系统化为经验层面的问题时，就转变成了科学问题。因此，哲学问题总是在不断转化与不断生成的进程之中，因此，对哲学问题的思考也越来越与科学的发展密切地联系在一起，波普尔也是基于科学与哲学之间的这种相互关系提出了哲学扎根于非哲学问题之中的论点。因此，至少到目前为止的科学还不是哲学的终结者，而是改造者或推动者。根据这种思维方式，当哲学问题有朝一日全部转化为经验问题时，似乎"哲学-科学"可能会终结，但这至少是在现有思维方式之下的未来之事。然而，一切都在变化之中。

现代艺术及其他①

——对谈叶剑青

陈嘉映（以下简称"陈"）：小叶，你是个画家，我很想知道你认为中国和西方的美术不同在哪里？

叶剑青（以下简称"叶"）：我对东西方视觉艺术看世界的方式和差异比较感兴趣。最早从达·芬奇开始，他画画是用小孔成像的办法，就是通过一个小孔观看描绘世界。这其实是非常聚焦的方式，然后就有了透视。这个就慢慢变成达·芬奇以后画家主要的一个世界观。画画呢，也基本上是通过一个焦点透视的办法，这种方式又延伸出照相机的概念，当时西方人的目光就有点像照相机单点观看世界的办法。他透过自己的观察方式构成画面，然后慢慢形成摄影的这种方式。或者说西方人看世界是一种摄影学的方式。

我上学期间思考过西方摄影的由来，他们也是把一个重要的源头放在达·芬奇通过焦点透视来画画和观看这点上。这个和中国传统的办法不一样，中国绘画的目光是一个整体和综合的过程，有

---

① 2011年6月19日，云浩为他主办的一个论坛安排我与画家叶剑青做了一次对谈，这是主办方根据对谈录音所做的部分文稿。

时间性和整体感。比如说范宽画《溪山行旅图》，他在游山玩水的过程中，把外部世界经过个人内心的整理再重新表现；再比如郑板桥画竹子，他是看了很多竹子，然后自己心中有了个整理。所以他的这个绘画跟世界的关系，有自己很多主观意识在里面。中国古代艺术家心中有"天地人神"的整体观念，就是艺术有一种超越个人的概念和可能，即在艺术品中我们认为的"神品"。这方面和西方古代艺术是有接近的地方，尽管总体看世界的方法不大一样。

后来塞尚、大卫·霍克尼和毕加索开始反思达·芬奇小孔成像的绘画办法。霍克尼做了很多分割镜头的画面构成，毕加索的立体主义认为看事物是可以用不同的角度来观看的，现代主义以后观看的方法主要就是以他们这样类型的艺术影响比较大（他们认为跟达·芬奇文艺复兴以后看世界的方法不一样了）。在达·芬奇以前，就是人文主义之前的艺术，又有些接近中国古时候的那种观看方式。像乔托的绘画以及更早以前的艺术也不是完全符合透视、完全对象式的，还是比较综合、整体、多角度。我有一次去意大利比较集中地看了一批乔托的绘画，印象比较深的一个就是他绘画中的构图方式，还有一个就是他作品中的那种"神性"。这种神性可能到达·芬奇，尤其到了现代主义以后，艺术和神的关系慢慢隔离开了，人越来越多获得主导性地位，人的视点也越来越集中，形成一个以个人为中心的焦点透视看世界的方法。在宗教和艺术的关系方面，人的地位越来越凸显甚至异化。现代社会中人跟天地神的关系也越来越陌生。

陈：你这段话里提出好多问题，但我先挑一个来问。你刚才讲的两种形成画面的方式，定点透视和散点透视，这两种方式有没有哪一种跟我们这些不作画的人比较接近？好像都挺自然的。照相机的方式好像满自然的，拍张照片，照片出来，我们一看，噢，跟当时看见的一样。另外一种好像也挺自然的，我们游山，一会儿得到这么一个印象，一会儿得到那么一个印象，横看成岭侧成峰，回来后你像范宽那样画出一幅，我们觉得跟一路看下来的总体印象蛮合的。但是若说立体主义，至少第一眼看上去的时候，会觉得不是那么自然——我们看到的世界不是这样的。

我再多说几句啊。在咱们开始"正式对谈"之前，你说你们在读本科读研究生的时候，看到的这些画册，一上手就是先受到现代主义的影响，然后慢慢地——你还用到这个词——把达·芬奇这些绘画慢慢又"融入"进来，是吧？我觉得这个也跟我们平常人不一样，我们大概会觉得古典绘画看上去更自然、更直接，然后慢慢尝试去理解塞尚呀毕加索呀他们。我不知道孩子的眼光是什么样子的。但是对一个跟绘画没关系的人，比如说吧拎几个农民来，把这些画都展开在那儿，让他们觉得哪个是他的世界，他可能会挑达·芬奇呀或者是挑范宽，但他一般不会先挑现代主义的。可是你看你们上学的时候一上来就把现代主义当成一个当然的东西。

叶：我们上学的时候是八十年代那会儿，有很多西方的思潮进来，像尼采，包括您那时候翻译的海德格尔。这些思潮进来，在理论思维上对当时冲击很大。艺术方面接触的也都是些西方比较时髦的当代主义东西，音乐上也是披头士这些。起点变了，古典的反倒接触得少一些。当时美术馆做的现代艺术大展，其实已经是比毕加索他们往后的后现代了，基本上接近了在西方当时正在发生的那个时态。而改革开放以前，我们小时候可能更多会接触到古典艺术，比如一般的老百姓家里可能有挂《蒙娜丽莎》什么的，包括俄罗斯的绘画，民间是这个比较多。

陈：你说你会很自然地从现代主义进入。其他同学呢？会不会有哪个同学，对这些东西跟你一样了解，但他觉得"我就是该照米开朗琪罗或者是拉斐尔那样去作画"。

叶：也有也有。

陈：但是后来做出成就的画家往往不是他们。是吗？

叶：怎么说呢，我上次去意大利就感触挺深的。就是米开朗琪罗、达·芬奇，还有拉斐尔，他们三个那时候所达到的高度给后人确实压力太大，他们的那个制作难度非常高，需要在一条道路上走得既广又深入，因为那个时候没有太多的零碎和杂乱的选择，信仰和时代的整体方向基本都明确。所以在一条路上能走得很远很高。而现在我们所处的社会是多极的，散乱无中心，我们其实把更多的时间花在选择道路和方法上。他们一辈子精神集中，达到的高度是今天这种生产方式很难达到的。我们其实上中学、上大学一直没有明确的创作路子，一直处于不断的变革中却没有得到及时的修复，这种时间方向上的破坏和曲折是我们这个时代艺术的特征。那时候的创作方式和现在距离感很大，跟我们社会的距离感很大。

八十年代后塞尚、毕加索,到后现代的杜尚、博伊斯,这些看起来不可思议的方式反倒是跟社会生活比较接近,所以入手起来也比较快。也更像当时我们的生活和社会环境,因为改革后西方现代主义的生活方式和艺术改变了中国和我们。但属于现代中国艺术传统的方式仍有待发现。

陈:听你说着,我免不了老是跟我在的这个行当参照,要不然更摸不着北了。就旧学功夫来说,我们这代人想都别想去跟从前的读书人比了。有时候我会这么想,从前的读书人,从小四书五经倒背如流,这套东西他早都烂熟于胸。但我们小时候不说浪费掉的、瞎玩掉的,就算是我这种好学的,你得学数理化吧,得知道点儿天文学、演化论吧,得读外国文学吧,还得学学外语吧。反正现代人的知识结构和以前的知识结构已经完全不一样了。何况当年他们个个都是这样的教育,互相影响,自然也水涨船高。现在就算是你盯着一个孩子培养旧学,可是出来他找谁去谈论这些呢?

你说古典绘画的压力比较大,一方面压力比较大,另一方面后起之秀会不会也有点儿不耐烦啊?印象主义画家,毕加索,马蒂斯、康定斯基这些人,他们都觉得得有点儿什么新东西了,不能永远永远就那么古典下去。可是一两代之后,那么多新东西,二十世纪前二十年能叫得上名字的流派至少十种对吧,每两种流派之间的差异都超过拉斐尔和米开朗琪罗的差异?十九世纪末二十世纪初,西方的思想也有那么一点儿,无论从英美的还是从德国的这边来说,好多人对传统的做法都有点不耐烦。这肯定是和整个时代发生的变化是有关系的。但是我一直有一点困惑,我觉得在思想哲学这个大领域中，虽然摩尔、罗素他们这一路，或者说胡塞尔、海德格尔他们这一路，都有很新的东西，但是事过之后，你会觉得它跟两千年的哲学问题还是联系得很近。你讲哲学史，从十八世纪、十九世纪、二十世纪这么教过来，学生会感觉到，虽然有一些转折，他仍然可以把它当成一部连续的哲学史来读，一环一环还都能接上。但是绘画，或者一般来说艺术吧，它转得那么剧烈，比如说到了博伊斯或者杜尚这些，看不出他们和达·芬奇在哪儿连着。艺术的发展和思想哲学的发展，在这个根本点上好像不同。

叶：从另外一个角度讲，以前学界和思想领域和艺术界没有隔阂得这么厉害，比如说文艺复兴时期的哲学家、诗人、艺术家，各个领域的结合是很紧密的。到了二十世纪刚开始的时候也是这样，那种关系还是很密切的。真正剥离得比较厉害是后现代主义以后的那个部分，所以说这个艺术也就越来越变得自言自说。今天的艺术整体上和文化整体上的质量下降是不是也跟这个有关系？

陈：我对这个情况不是太了解。但是你说的那两点，第一点我还是比较能感觉到的，就是你说在文艺复兴，哪怕一直到二十世纪初，我们所说的高等文化的各个领域都是比较接近的，互相之间的呼应也比较多，诗歌啊，文学啊，哲学啊，艺术啊，音乐啊这些，而此后，它们分隔得越来越远。一开始，甚至科学也没隔开这么远，十七、十八世纪的时候，那时候科学家也是文化人。科学肯定是最早剥离出去的，因为它专业性太强了，你不经过好多年的训练，你根本不知道人家在说什么。科学是没有audience*的,科学做得好不好,这个要由同行专家来认定,跟受众没关系。艺术不是这样的,艺术你不管你做出多高的成就,你是莎士比亚或者是达·芬奇,它是要面对观众的,受众是艺术活动的内在部分。我又联想到我们这个行当——哲学这个行当在这一点上是更偏于艺术呢还是更偏于科学呢?在我看来,做哲学并不是说,这就是真理,我现在发现了,跟谁都没关系。可到了二十世纪之后呢,情况有很大变化,哲学,有点像科学,跟普通人无法交流,专家之间才能交流,要弄懂哲学,你必须先读个十几年基础课。连哲学系内部都很难交流,一个领域里的哲学论文拿出来,哲学系的人多数也看不懂,因为你是做心智哲学的,我是做古典政治学的,有点像说你是做微生物学的,我是做天体力学的。现在呢,艺术好像也有这种倾向,一件作品好不好,观众怎么看,这无所谓。从前呢,像你说的,各门各类的精神活动,似乎都需要与受众互动。艺术在这一点上更突出。文化人整体上互相连着,一幅画画出来,它倒不一定非要农民、工人都能看懂或喜欢,但至少文化圈是它的受众。哲学书写出来也是这样。但是现在呢就好像不再是这样了。

叶:还有一个是艺术功能变了,以前艺术没有这么强的买卖性,艺术功能很重要的一方面是为了膜拜功能,或者说是教堂宗庙礼会仪式的功能,现在艺术可能更多是商品功能或者是展示功能。

---

* audience,观众。——编者

陈：当然，从前做艺术也得花钱，帕特农神庙，雅典娜塑像，米开朗琪罗，好多工人在采石场，花很多钱。不过，决定怎么花钱的人，政治家、贵族、教皇，跟文化圈杂在一起。他本人就有文化。现在没有这个大文化圈做中介了，作品直接面对市场。我又比附学术界了，在十七、十八世纪的时候，那些思想家做什么的都有，可能是牧师，可能是个大臣，外交官，像培根是个法官。后来，写学术书的都在大学里，全是大学教授，学术若还有对话，就变成学院里的对话了。

叶：要小众化。这个西方也经过了一段就是艺术的商业化对整个艺术价值的影响，包括本雅明他们做机械复制文化这一块的。觉得艺术到后来一方面是艺术跟市场的关系，还有一方面是艺术操作方式变成公司化，越来越肤浅，没有台阶。比如艺术品的简单化，什么东西都有可能变成艺术品，就是一个难度和复杂性在下降，还有一个就是艺术的功能变化，所以这个艺术价值的产生是不是就有个折扣了呢？

陈：是有这么个变化。相比之下，欧洲是逐渐变过来的，直到现在，欧洲的企业家、欧洲的政治家，他们跟文化圈还没有分得那么远。咱们中国的变化更剧烈，是经过了几场革命到了我们今天这儿。连续几场革命，后面的要想赢过前面的，它的动员程度就要越来越深。比如辛亥革命，我们现在会批判它不彻底，以前清朝的巡抚啊、总督啊摇身一变就成了国民政府的省长啊什么的。教科书里说辛亥革命不彻底，也可以说它动员的程度浅。国民党的动员程度就比较深了。共产党的动员就更深了，一直动员到贫雇农。动员越深，释放出的能量就越大。但对于文化来说这可能是灾难性的——权势阶层跟高等文化没有有机联系，甚至是敌视的，压制、打击。等到改革开放才重续文化的香火，但没有很长时间，又来了商业化大潮。先是政治后是商业占主导，很难再重新形成高等文化圈了。欧洲的现代化也会对文化造成伤害，就像法兰克福学派那些人所哀叹的那样，但比我们这边情况要好得多。

叶：对，您讲的这点特别重要，就是西方整个文化的这种延续性还在，尽管可能现在不如以前，比如不如二十世纪初或者是文艺复兴时那么辉煌，但它整个这块没有断。我们五四后这个脉络就慢慢彻底地断掉了，也就变成历史、宗教和文化等等方面的空前断层。

陈：把这个变化追根到五四呢，我个人不是特别同意，我对这个事没什么研究，只说印象，说说看你觉得有没有道理。第一呢，五四时期产生了好多不同的走向，像《新青年》陈独秀他们只是新文化运动中的一支，算是最激进的一支，这一支后来被放大了，好像当时是他们在主导中国文化。实际上不是那样的，比如说，我举个例子吧——我先不说反新文化的那些人——像陈寅恪这种，我们现在把他视作文化保守主义，其实他在当时也是革新派，但他走的不是现在所说的新文化那种路子，而是继往开来的路子。傅斯年也是这样。他们旧学底子深厚，但接受了西方的东西，跳出了传统的视野，开创出一个新局面。实际上二十世纪的学术成果主要来自于他们这些革新派。在我看来，那时候质疑传统文化的，多半还是健康的力量，的确不能一直照传统那么继续做下去啦，需要新的做法。比如《红楼梦》研究，胡适和俞平伯他们，我们今天不管对他们的具体见解怎么批评，他们引进了一种新眼光，因此做出了很大成绩，此后也不可能再回到他们之前的那些方式去研究《红楼梦》了。

我觉得中国的文化衰落，第一个重击是日本侵华。日本人打进来，大批的文化人逃亡。我们现在都在讲西南联大，西南联大以及史语所等等机构的确在极艰苦的环境里维护着中国的文化命脉，而且保住了一批精英，然而情势太恶劣了，越来越难有大作为。这些教授艺术家建筑家们本来应该说过的是比较富裕的优雅的生活吧，但是到了抗战的后半期，吃饭都成问题，孩子生病也看不起病，买不起药，有的借钱度日，有的疲于奔命。接着是内战，烽火连天，人心激荡，没谁能坐得住去研究去创作。当然，更根本的打击来自于鼎革后的一次又一次运动。我不说那些更倒霉的，就说老舍这样的，还在写，但再也写不出像样的东西，这些人相信新社会，老舍挺老实的，他说，我一心想写好新社会，怎么就写不好呢。

叶：对，他后来写不出东西来。

陈：他想努力，他愿写穷苦大众翻身，老舍写穷苦大众从来没隔着过，但现在却不会写了。这次清华百年校庆不是大家都在说吗，我看到一篇文章叫作《大师的背影》，提到了一堆清华大学的著名校友，可所有的文化大师都是旧清华的，新清华一个都没有。

叶：或者是大商人。对文化的不尊重，就导致了现在的价值观完全的偏掉了。

陈：我们当然不要神话那个时代的文化人，他们在文化上做出的成就也有限，但是现在的成就也不高。

叶：现在文化人的地位也不能跟那时比。

陈：上世纪二三十年代，文化人的地位最高，现在人们常常说到这个。这也要考虑特殊的历史背景。一个主要背景是当时好多地方是军阀掌握政权，没有充分的合法性，中国传统上，什么人拿到天下都需要有文教的支持，所谓道统的支持，文化人的支持有助于提升政权的合法性。这些所谓军阀各个人情况也不一样，有的真心交结文化人，但他不那么真心也得笼络文化人。当然，被捧得很高的文化人，有优秀的，也有不入流的。从来是这样的，不可能有一个时代把最优秀的人都放在最好的位置上，只不过我们今天错乱得格外厉害。

叶：文艺复兴时期为什么每个人都能发挥好，因为没有一种力量（比如教皇）完全控制人做什么，艺术家可以用他的艺术来对付这种控制，就是说他还是有比较完整的一个自己的表达体系存在。但现在中国有两股力量太强了，一个是政治占主导，接下来就是商业。没有其他的力量来真正产生制衡作用，所以，文化力量会慢慢涣散掉。

陈：三股，除了政治、商业之外，还有大众。不过，一方面是多头力量在挤压高等文化，另一方面，只要是多头，就总会产生一些空间，艺术和思想还是可以生长。很多人都在努力。做点儿力所能及的，做你的兴趣所在的。很难说哪种努力最重要，我们愿见各种各样的努力，互相之间给予最大理解和最大程度的支持。

我们这一代①

谁是我们这一代？社会学家有他客观的尺度，我呢，只是从一己的视角来看。我1952年生在上海，六岁在北京上小学，知识分子干部家庭，这大致划出了我着眼的"我们这一代"。有一种说法，叫作"老三届、新三级"——"文化大革命"时的中学生，恢复高考后的77、78、79级大学生和研究生。这种说法，大概既有点儿客观也有点儿个人，我的朋友、熟人差不多都在这批人里。

一

鼎革之后，发生了很多大事件："镇反""三反五反""公私合营""反右""大跃进"。我记事晚，这些等于没赶上。我们这些红旗下的蛋，开始切身记得清楚的，是三年"自然灾害"。那时候，不知道"反右"反得全民噤声，"大跃进"才会无人敢阻挡，"大跃进"又带来了"自然灾害"，只知道忽然饭不够吃了，没肉了，没油了，没菜了。国人发挥自己的聪明才智，发明了一种叫作小球藻的东西，据说营养丰富，可以代肉。我现在还记得那味道，我们小时候，吃东

---

① 原载于《新世纪周刊》2011年第24期。

西不挑不拣，即使如此，下咽也觉困难。课上到第三节，已然饥肠辘辘，只惦着午饭的钟点，全然听不进老师在黑板前嘀里嘟噜讲什么。不过，那时候没什么抱怨。一切思想感情都是从接受事实开始的。你要是生在三色犬家族里，不让你吃肉你就难受；你要是生在草鱼群里，成天吃小球藻就是自然而然之事。没有比较就没有苦乐，我们不知道成百万成百万的农村人正在饿死并因此不知道自己其实是些幸运儿，我们倒是听说世界上还有三分之二的人民生活在水深火热之中等着我们去解放，因此产生出体积不等的自豪感和幸福感。

北京是个移民城市，最新一代的移民住在机关大院里，部委大院、军队大院、高校大院。没谁有自己的住宅，都住宿舍，单身的住集体宿舍，拖家带口的住家属宿舍，大床小床桌子椅子借自单位，暗角贴着单位的标记纸条。家属宿舍建在办公区边上，溜溜达达上班，不用堵车。跟上海比，北京土多了。甘家口向西，现在的阜石路，那时是条土路。我们轻工业学院在路北，钓鱼台在路南。那时还没有国宾馆，没有七号院，是一大片荒荒的水面，被密密的苇丛以及苇丛中的蜿蜒小路隔开。湖靠我们这面是些土坡，长着松树、槐树、枣刺。上学前，一清早，我跟着哥哥嘉曜到那些土坡上打兔草，我们在住宅小院前后养兔、养鸡、种向日葵。放学后，戴着红领巾，穿过机关种植的大片蓖麻，我们到湖里去游泳，在树林草丛里追打跑闹。没有电子游戏，没有卡通片，也没有奥数班、钢琴课。

二

我们年轻时，有几个跑到缅甸打过游击，后来又有几个参加过中越战争，大多数人没经过战争时期的兵荒马乱，但我们遇上了"文化大革命"。古今中外，遇上过战争的人多，遇上过"文化大革命"的人少。那真是千年不遇的历史，因为历史很少把所有条件都凑足——一个说一不二的领袖，想到用他的亿万子民做一场史无前例的政治实验，而他的亿万子民此前已被教育成为唯领袖是从的民族。

身为实验品，也身为实验者，我们这一代从此离开了正常的人生道路。狂热席卷青少年的心魂，千百万人在光天化日之下同享高潮。天空永远碧蓝，红旗永远鲜艳，歌声永远嘹亮。这永远的白昼隔离开另一边永远的黑夜，不愿归在狄奥尼索斯名下的腐尸、流血、呻吟。

我们这些teenagers（青少年），满脑子都是军国大事，想都没想过安身立命的事儿。父母挨斗被抓，我们十四五岁就开始当家做主，就乘坐免费火车遍走新疆云南广东。没有永远的狂热，早在上山下乡之前，我们这一代中的先知先觉，就对那个时代产生了深深的怀疑。一个个故事或事实在压低的声音、含混的吐字中流传。你知道国王长着驴耳朵，你忍不住要告诉别人国王长着驴耳朵。夜已深，将要四散的同学们东一处西一处坐着站着，谁拉起了手风琴，惆怅的音调唱起：有人说，你就要离开故乡，想一想，红河谷你的故乡，想一想留给我的悲伤。

三

我们来到内蒙古，种地、牧马，跟农牧民摔跤、喝酒。我们偷鸡摸狗，打架斗殴。我们读托尔斯泰，读黑格尔，在田头土坑的阴影里，在灶台边的油灯下，学俄语，学英语，学高等数学。唱俄国歌。听贝多芬，七十八转的手摇唱机，胶木唱片，用竹制毛衣针削尖的唱针。

后生听了这些，脱口而出：浪漫。比起习题备考然后朝九晚五，那是浪漫吧。初次收割谷子，一天下来，腰累断了，手掌上的皮磨掉了，回到青年点，女生一个个痛得眼泪汪汪。第二年，临近秋收，一场大冰雹毁了田里的一切，接下来的一秋一冬一春，三顿苞米糙子，拌上从北京带来的辣椒粉下咽。当然，有点儿困苦是另类浪漫的条件。正宗的浪漫是带上一束红玫瑰，乘电梯到江滨大厦的顶层旋转餐厅，在亮晶晶的玻璃杯里，为你新结识的女友斟上法国葡萄酒。好奇怪，"浪漫"这同一个词可以用来称呼那么不同的事情。

受苦不总该受到诅咒。事后，是苦难而不是康乐，成为引人入胜的故事。因为苦难给予生活以深度。但那是修成正果者的苦难，苦难因为它的成就而获得意义。却有一种受苦是自找的。我们这代人曾发展出苦行主义的小小萌芽——中国乐感文化的异数。我们为《牛虻》、为车尔尼雪夫斯基笔下的拉赫美托夫所吸引，劳其筋骨饿其体肤，睡在碎石上，洗冰水浴，一天跋涉六十公里，冒着倾盆大雨登山。图什么？我说，苦行为精神的力量作证。尼采说，人生充满苦难，更苦的是这些苦难没有意义，苦行者以自己的意志求苦难，从而赋予生活以意义。

部分地由于这些苦行倾向，我们被视为或竟自诩为理想主义的一代。如果去得掉这个词的褒义和贬义，我更愿意把它用于我们的父辈。我们年轻的时候，肯定是有理想的。这在很大程度上是因为,那个时代如此不正常,很难把它认作长久的现实,先知先觉者早就开始为根本变革卧薪尝胆。这是理想主义吗?对现实的批判是明确的,所附丽的理想则多种多样。而且,那个时代的现实一直头戴理想主义之名,于是,我们这一代则毋宁说是反愚忠的、反理想主义的理想主义。八十年代中,我们之中的年轻一伙开始了俗称为"后现代"的思想观念行为。我们骨子里有至为严肃的东西,却也有点儿不恭,我们究竟是什么人,在很大程度上要看哪一种元素驾驭了另一种元素。

上面说到,我们之中的先知先觉早已经发展出基于真相的批判。我们从各种途径了解世界的真实情况,例如"偷听敌台"。但主要的,我们阅读。回忆文章中几乎篇篇会提到当时内部发行的灰皮书、黄皮书。实际上,仅仅阅读古典,阅读歌德和托尔斯泰,就会引人进入对健康人类精神的理解,从而反过来对当朝形成批判。志同道合的年轻人分散在黑龙江、内蒙古、云南、海南,以及河北的白洋淀,在政治高压之下,形成了一个一个小小的圈子。有不少散落在各地的牢房里。偶然相遇,发现我们偷偷读的书竟是同样的。共同阅读形成了这一代的强有力的纽带。那个时代,我肯定,是最后一个共同文本的时代,最后一个主要由文字阅读培育精神的时代。就这一点而言,我们的青年时代更像朱熹的时代,更像阿奎那和伏尔泰的时代,与我们后半生的时代离得更远。

到了七十年代中,年轻人聚在一起,不抨击时政,不骂骂江青和她的同伙,会显得太幼稚浅陋,尽管形势依旧。1976年是我们这代人的里程碑。周恩来、朱德、毛泽东都在这一年去世。春天,爆发了"四五运动"。夏天,唐山大地震。秋天,"四人帮"被抓。中国这座大座钟的钟摆在一个方向上摆到了尽头,开始摆向另一个方向。又过了一年,我们陆续踏进大学校门。十年的社会生活,是失去的十年,抑或我们最宝贵的财富?在这一代大龄学生面前,敞开了新的地平线,没有多少人在前面挡路,毕业后五年十年,成了大企业家、各级领导、名作家名导名教授,留洋科学家,或著名边缘人。终于,我们各就各位,地位、利益、观点逐渐分散,"这代人"这个词不大用得上了。

四

我们这一代,经历了两个世界。我们小时候,丢一支铅笔都会遭到责备,现在,中国马上就要成为世界上最大的奢侈品消费国度。年轻时,我们很少谈到选择,我们被生潮业浪抛掷,所能做的是在不由自主的处境中坚守自己的品格。现在的青年,每一步都须权衡选择,所要担心的反倒是在一步步最优选择中失去了自己。

我们曾经追求政治自由,如今,一些人已经身居国家机器的顶端。我们曾经以清贫艰苦为荣,如今,一些人身家亿万。我们曾经热爱真理,如今,一些人主持着各式各样的国家项目。真理、自由、品格,不像我们年轻时想象得那样单纯、那样简单,它们要通过不断融入现实才能实现。但若我们这代人自得于今朝,任我们曾经有过的精神力量流失,凭你国家领导,凭你福布斯名列前茅,凭你在各国电影节上获奖,我们仍只是过气去势的一代而已。

《Transcendental 的中译论争历史考察》序①

现代汉语里的论理词多半从西语移植而来，重要西方论理概念的翻译不仅涉及我们对西方哲学的理解，而且也影响中国人自己的论理。a priori、transcendental、transcendent 这一组词，从康德迄今两百多年来，在西方哲学中广泛使用，一百多年来，亦为东方学人所熟悉。中国学人对这几个词的理解和翻译争论不断，直到今天。这种情况并不多见。因此，很有必要把这些争论的来龙去脉梳理清楚。文炳的博士论文，《康德哲学中的 Transcendental 的中译论争历史考察》，做的就是这件事情。从这些词的日译开始，这段历史头绪繁多，错综复杂，梳理清楚殊非易事。文炳为人为学都很谦逊，不懂就问，没有把握就再三寻查。这篇论文，可以说，是下死功夫磨出来的。磨出来一份扎扎实实的成绩。论文印出来，各方好评如潮，并被评为华东师范大学优秀博士论文。现在，文炳在博士论文的基础上，进一步修订润色，著成此书。我很高兴看到这本

---

① 文炳:《Transcendental 的中译论争历史考察》，上海交通大学出版社 2012 年 1 月出版。

书出版。而今不少论文,写过也就写过了,这篇论文不同,我相信很多学人会用得上它。

2011年6月23日
于北京

《在的澄明》[①] 编后记

熊伟先生青年起在北京大学求学，后赴德国留学，好学深思，融会中西，所著虽不多，对可说与不可说、哲学与科学的分野等诸多艰深论题，皆发独到识见。

熊伟是海德格尔的亲炙弟子，自上世纪四十年代起，即通过讲座、文章、翻译向中国读者介绍海德格尔思想，八十年代中国开放之后，带了一批学生研读海德格尔哲学。中国学子中有不少人是在读了熊伟的文章或译文后才了解海德格尔并用功研读、翻译海德格尔哲学的。后学的海德格尔翻译也受到熊伟的很大影响。仅此一点，即可见熊伟对当代中国学术的贡献。熊伟对德国古典哲学，青年黑格尔学派，法国存在主义，亦有精深的研究。

熊伟先生古风犹存，其治哲学，并不只从学术着眼，也许更多在培育精神性情。这一点，我们这些曾追随先生左右的后学体会最深，在先生的著述中亦多有体现。

熊伟先生 1994 年去世后，王炜主持编就《自由的真谛——熊伟文选》，1997 年由中央编译出版社出版。倏忽又过了十有四载，坊间已难寻此书，王炜也在六年前过世。我们以原文选为底本，稍

---

① 熊伟：《在的澄明》，商务印书馆 2011 年版。

做增删,以《在的澄明》为题出版,以期为后来好学者提供一脉灵思,并冀望前辈学人的思想藉后学而发扬光大。

陈小文 陈嘉映

2011年7月

我们不再那样感受世界[1]

人曾经是那样生活，那样感受世界的

向京（以下简称"向"）：您的小孩应该是不到十岁？

陈嘉映（以下简称"陈"）：九岁。

向：您以前也没有小孩吧？

陈：没有。这是第一个，应该是唯一一个吧。

向：我看您的《无法还原的象》里面讲到，本来不期望过一种普通人的生活。

陈：我本来的确是没打算，但我的生活一向不是特别去选择做

---

[1] 本文为2011年7月与向京的对谈。向京曾在她的画册里收入这篇对话，题作"这个世界会更好吗？"

什么，有点儿碰上什么是什么。

向：小孩带来的改变其实特别大。

陈：非常之大……

向：比结婚的改变要大多了。

陈：大多了。特别是现在，以前结婚有点像是两个家族结婚，现在就是两个单个的人，好像不是牵动那么大。

向：小孩就太具体了，是全部的现实。

陈：以前出去旅行或者到什么地儿都说哪边没人往哪边去，现在都说这边人多往这边去。事实上我有一次真说了这话，我说这边人多去这边吧，当时朋友们都笑了。

向：但是即便带小孩，您也愿意到处去旅游是吧？

陈：我们还是跑，一个是我自己就喜欢跑，那就只好带着她。另外，小孩多跑跑呗。我那孩子不是特别爱读书，就是东跑跑，西跑跑。

向：整天带她去玩儿，她肯定更不爱读书了。

陈：是啊。读书也重要吧，可能。但这也得看天性，不一定非要读。这个暑假我想带着到法国转一圈。以后在国内再跑跑。但是现在孩子也分，大多数的孩子到了十二三岁以后就不爱跟家里人跑了。我们这个年龄层的人，孩子现在大多都二十几岁了。那些孩子干什么家长基本都不知道。

向：能给你打个电话就不错了。中国您都走遍了吗？

陈：对，但我不是犄角旮旯都走的，就是大面儿上都走过。我大概不到十四岁的时候开始"文化大革命"，紧接着就"大串联"。"大串联"刚出去的时候还稍有一点点儿"革命"的意思，但是很快就琢磨着这是一个非常难得的旅行的机会。那时候我没想过中国后来会是什么样，只想着绝大多数人一辈子就在一个地儿待着，有这么一个机会该多跑跑。就盯着云南、新疆这种平常不太容易去的地方。

向：是怎么去？坐火车？

陈：坐火车。坐很久。比如我们那时候去乌鲁木齐，不可思议地要坐一周。过戈壁滩有时有点儿上坡，火车就慢到和走路差不多。去乌鲁木齐那次车里头挤满了人，也不好坐，也不好睡的。我们就帮餐车运饭，一个竹筐里头装满几十个铝饭盒的饭菜，现在想想，一个十四岁的小孩，扛那一大筐盒饭，肩上垫一块围裙——盒饭会流汤嘛——在车厢里挤来挤去，分饭。我忘了，好像也不收钱。

向：那您坐火车收钱吗？

陈：不收。我们帮餐车运饭，乘务员、大师傅还有列车长都对我们格外照顾，让我们在餐车和乘务员室待着。跟他们关系好，就把车门开了，坐在上车下车的铁梯子上，坐在那上面过戈壁滩，盯着大片的戈壁滩，就这么逛悠逛悠一天。之所以敢让我们就这么坐在外头，也是因为火车速度很慢，感觉跳下去再跑还能跟上。

向：那是西部片了。

陈：等到"大串联"结束的时候，中国的大多数省份都已经跑过了，但只是大面儿上的，像省会城市、风景点什么的，比不了我认识的那些旅行家式的人物，他们几十年都在一些个稀奇古怪的地方转。

向：我爸有一个很奇特的经历。他十几岁就上大学了，厦门大学中文系毕业的时候才二十岁，毕业后分到北京。因为一直生活在福建，那是第一次去北方，又是首都，他就先把行李——一箱书一箱什么破烂先寄到北京。他自己扛着席子、一个小包，他想趁机就这么慢慢地走，一路走了一个星期，从厦门到北京。

他被分到民间艺术研究会，还是五十年代末，他们的工作就是到中国各个少数民族地区和地方上，去收集民歌和不同地域民间艺人的绝技，比方民间诗歌、说书什么的，我想象是特别好玩，也有意义的工作，包括黄永玉画的封面的那个《阿诗玛》，都是当年他们一起去搜集整理的。很多快要失传的东西都被他们记录下来了，当然"文革"的时候又丢了很多。因为他年轻嘛，主动揽了很多事，也通过那个机会走了好多好多地方，特别有意思。

陈：那时候少，那时候或者特殊职业，或者特别特殊的性格。一般人都不那样。

向：因为他年轻，特好奇，他就把这类事儿全揽下来。跟我讲的时候，我觉得太有意思了。可以想象那时的中国感觉肯定是不一样。从个人来说也是很浪漫的事。

陈：那真是不一样。第一个就是各个地方还都很不一样，你去新疆，新疆是一个样，你去广州，广州是一个样。第二个我不知道是不是在文章中写过，但是至少我印象特别深。我在1970年的时候曾经坐船从苏州坐到杭州，苏杭水路，除了候船室门口有一个电灯，否则那一水路你觉得跟唐宋更近，跟当代更远，那船一出小码头就进了芦苇荡，在芦苇荡里穿行进入主水道，四周没有一点灯光，仰头看星星、云。船工和乘船人都是 natives，当地人。这个变得太快了。我们这个年龄的人，真的好像活了两三辈子似的。

我们当老师嘛，年轻人接触得多，他们有时候让讲讲我们当时的事儿，我说这个挺难讲的，要讲一件事儿，就得讲好多背景的事儿，否则你听不懂：当时这两个人怎么这么恋爱法？人的想法那么怪？生活环境是那个样子的。

向：我记得徐冰有一篇文章，讲当时插队的时候，他待的那个村里面特别穷，有一姑娘只有一件衣服，衣服脏了还得洗，洗的时候她只能把上身裸着。他有一次从那儿经过的时候，阳光很强，树荫底下那个女孩裸着半身坐在那儿，正在晾衣服。他经过时有点不知道该怎么办，那个女孩跟他打招呼，特自然。我觉得他写的感觉特别好，有光线、有颜色、有空气、有空气中传递的人和人之间自然的带有哀伤气息的感情，平淡又真切。我可能年龄还近点儿，以前我们八十年代中期上附中的时候也下过乡，知道那种农村的状态是什么样。现在的小孩几乎是不能理解这里面的背景、情景、人情关系等，它里面很多纯真细腻的东西，现在的人不能理解，因为那个情境已经没了。

陈：是，我刚到美国的时候，跟他们文学系的年轻小孩在一起玩儿，我比他们一般大几岁，因为我们上大学晚了。有一次就聊起，说这些古典小说，像《安娜·卡列尼娜》她们这些人，她不是特别明白，她说两个人处不好就离了就完了呗，干吗那么多纠结，然后要悲剧。我当时感受挺深的，这现代化是让生活变得简单了，容易了，轻松了，可就不知道是不是有些东西永远不会有了？有些深刻的东西好像跟那些坏的制度连在一起，这么说简直太奇怪了，但的确是。那些名著里写的那种生活，那种感情方式，离得多遥远啊，是吧？想想《苔丝》，爱上了，好容易冲破重重阻力走到一起了，苔丝讲到她不是处女，丈夫就把她抛下走了。他是当时思想最开明的那种男人，特别爱她，家里是牧师，自己不要上大学，不要当牧师，要当一个自由思想者，可一听她不是处女，就像世界破灭了似的。

说起来也不过一百多年,人曾经是那样生活,那样想问题,感受世界的。

向:而且那种状态其实持续时间特别长,变化只在特别近的这段时间以内。

人类在那个时候,
就像青年或盛年的一个人

陈:各方各面好像都是这样,就说艺术吧,就算是艺术以前也老在变变变,但是二十世纪之前的艺术共性还是非常之多的。然后就从,也许是"立体派",也许是"未来派",也许是"达达派",反正忽然就到二十世纪初的时候……

向:"印象派"之后,变化相对很大。

陈:好像"印象派"是一个转折点。

向:对,方法突然变了。

陈:"印象派"变革很大,但它还是依附于传统的。等"印象派"变完了之后,也就是二十世纪初的时候,忽然就出来了那么多,我们现在叫不上名字的派。以前的派像"拉斐尔派"或者是"拉斐尔前派",只有专家才能知道这两派的区别在什么地方,现在可不是,这个是这样的，那个是那样的。

向：无限的可能性。

陈：艺术变得跟原来所谓的艺术完全不同了，面目全非了。

向：您看过那种国外的当代艺术的大型展览吗？

陈：也看过，不是太多。我在国外的时候就会去看，比如在纽约或者在欧洲的时候如果正好有什么展的话。

向：不得不感慨，这个世界在最近的这几十年里变得太快了，网络改变了人认识世界的方式，也让"知道"变得很容易，科技进步，时间距离的概念都改变了。你要是完全在一个现实层面，你的注意力被现实牵制，你会恐惧自己有什么"不知道"的，一个观念非常快会被刷洗，就像翻牌一样。个体被强调了，但是其实更汹涌的洪水带走的是无意识的集体，除了广告里，不再有"永远""永恒"这样的词。对个体来说，有时候也不知道自己想坚持什么。这个世界总是令我痛苦，而我不确定用现有的这一点才能会对世界的未来有什么帮助。艺术有时就像个乌托邦梦境，艺术家每每搭建它像是急于在旧世界倒塌之前建造成功一个新世界。这样的理想和忧郁症一样的情绪始终夹胁着我。我差不多三年做一个个展，每次情绪也就是一个展览的周期。展览之前那段时间饱满而坚定的自我膨胀，沉浸在封闭的世界里，之后将近一年的时间完全处在一种空虚怀疑的状态里面,怀疑所有的价值,挺可怕的。我不知道对于像您这种从事和哲学有关的职业的人,会不会也产生同样的怀疑?

陈:可能不太一样,但是也有一样的地方。你有个问题,你一直跟着这个问题,一直盯着它,不知道外面的世界在干吗。一本书写完了,一旦跳出来,就觉得挺边缘的——你不是很知道它在哪儿咬合在现实里面。时代的关注点在不断变化。我想到丁方,我跟丁方接触得不是那么多,但他在这方面比较典型吧:八十年代末九十年代初的时候他是一个重要的画家,我不知道怎么排位,反正我感觉他当时是挺烫的艺术家。那时,当代艺术在中国官方上还在被压制,但艺术圈已经转向当代艺术了,比如说像"八五"新潮,"八九"的展览这些。但是丁方这个人,他仍然坚持原来的路线,原来的艺术理念。到现在十好几年过去了,赞赏他的人说他在坚持,不赞赏的人就说他是老前辈。前几天我在他画室聊天,他仍然在研究拜占庭、文艺复兴,现在闹得热闹火红的,不一定就是艺术。这种态度我觉得里头有一种可敬的东西吧,就是你管他天下滔滔,是什么就是什么,你别因为天下滔滔就怎么着。但我还是有一个问题,我想弄清楚,什么是艺术,这和月球跟地球的距离,这是两种问题。月球跟地球的距离有一个客观真理吧,量出来了,你再说什么它就是这个。可是艺术上的东西,它是跟观众有个互动的,你说全体人都错了,把那个东西当艺术,错了。可是艺术是需要被人接受的,当然我不是说谁最被接受谁就是最好的艺术,我不至于这么傻,但是其中是有一种关系的,我说得清楚吗?

向：清楚，很清楚。

陈：我愿意听丁方多给我讲讲，因为他的立场比较极端，而且他读很多书，想很多事儿。丁方读书很多，是个知识人，他当然是个画家，但同时是个典型的读书人。

向：而且据我所知，他对古典乐也很精通，而且固执地坚持听那个，喜欢所有古典的东西。"古典主义情怀"——可不可以这么说，有一类人具备这个东西？

陈：我们这一代人里头有古典主义情怀的挺多，我觉得可以把我自己也放在里面。不过，过去的东西，无论我多喜欢，我认为有很多的确不再适应现代的生活形态。比如，我小时候读古诗，写也写古体诗，但是，古调虽自爱，我倾向于认为古体诗过时了，写古体诗，那是个人爱好，但我认真觉得它跟实际的所感所思隔了一层，不那么真切。跟写古体诗的年轻人在一起，他们不同意我，认为古体诗仍然能真切表达现代的思想感情。换句话说，我接受古典诗被边缘化这个现实，我觉得这是正常的、正当的。绘画我不知道，音乐我倒不完全这么看。

向：艺术在我看来，不管是我自己做的事儿，还是平时喜欢的听音乐什么的，我觉得它无非是各种形态，只有好坏或者说你的偏好，什么东西能够碰巧触动了你哪根筋。而从艺术史的角度讲，只有好艺术坏艺术，应该没有这种先进或者是后进之分。因为我觉得简单地用"进化论"的方式去看待艺术，或者认定一个经典像中国古人一样去单纯效仿，艺术基本上就可以止步了。如果仅仅是爱好古典主义的东西的话，我觉得意味着你现在可以什么都不用做，那个高峰太多了。当时去欧洲的时候，欧洲的尤其是文艺复兴时期的那几个巨匠，像达·芬奇、米开朗琪罗，虽然达·芬奇的东西特别少，很多只是实验性的作品，但是印象特别深，我感到一种极限。我在佛罗伦萨看到的米开朗琪罗著名的《大卫》，几乎就是落泪的程度。旁边一堆是米开朗琪罗晚期打的石头，我觉得就他一个人已经完成了美术史至少是雕塑这一块的历史的一大部分，他雕塑后期的那些东西直接可以接立体派，因为他对结构、空间那些抽象的概念已经有了非常深的感悟和理解——因为他做建筑。就这么一个人，你可以想象他那么年轻，二十四岁的年轻人，做的《大卫》几乎是完美，看到这样的作品，激动是肯定的，同时又觉得难以想象，他是怎样的雄心、精力、体力、意志，所有的一切支持他。这是人类的盛年时期，这个艺术家做出来就是一件极品，一件已经让你无法再超越的极品。他那些晚期的东西，从艺术的理解上水平更高，虽然是未完成的石雕，全都是打了一段时间，就停在那儿了。但是他那个理解，那种概念已经跨越整个古典时期，可以直接连接现代派，甚至再往下走就是观念主义，太厉害了！这么一个跨度的艺术家，我都觉得难以想象。人类在那个时候，就像青年或者盛年的一个人，那种自信和雄心让人特别震动，那是一个很正面的能量。就像有时候看到一个特别年轻的生命一样，你就觉得太强了，能量太强了。站在他面前的感觉就是感动，电流一样被贯注的。你会相信有"永恒"这样的概念。现代派之前的艺术有境界、内在吧。所以我想，如果你把这种东西当作追求的话，真就可以不用做了。

陈：丁方跟你有点不太一样，他特别喜欢的东西就希望还要发扬光大。他过几天还要去西班牙、南部法国这些地方，他特别迷这些东西。他也认为这些东西无法超越。也许要做的是从那些典范汲取营养，然后去做你现在能做的事儿，你甚至可以仍然用古典方式去做，即使如此，你也肯定不是在重复。你说到那个时代人的信心和雄心，今天的人如果有那种雄心的话，你反倒觉得挺可笑的。

向：为什么现在如果有这样的雄心很可笑？

陈：这问题我答不上来，但有这种感觉。这不是个人才能的问题，是因为这个时代我不那么感受世界。好多年前，我们两三个人读王勃的《滕王阁序》，"老当益壮，宁移白首之心？穷且益坚，不坠青云之志"，字字珠玑。我们今天不是说写得出来写不出来，即使写得出来，谁还那么写文章？我们能欣赏，但是另外一方面，我们不再那样感受世界，在真实生活中我们不是那么感受世界的。

向：那这里面变化的实质是什么呢？

陈：我不知道。但人的确是在特定的社会里感受世界的。像雅典，一个城邦不过一两万人公民，几十年间里，却产生那么多悲剧作家、喜剧作家、雕塑家、历史学家、哲学家……你能想象当一个人生活在这样一个 community* 里面的时候,他个人的份额,个人才能的份额跟这世界是个比例。他真的能触摸到整个世界,诗人们、哲学家们、政治家们,他们互相认识,人生活在一个很可感的世界里面,人的才能或者雄心都是实实在在的,随时都碰到很实在的东西在鼓励它和反对它。

向:世界变大了嘛。

纪念碑的方式

陈:我们好像不再用那种纪念碑式的方式来感受一个人的成就了,而更多是痕迹呀什么的。出了名的歌手、歌星,一时大家都在传唱,三五年之后就剩个痕迹。那种纪念碑式的看待世界、历史和个人的方式不复存在。当然,还有很多很多其他变化。比如批判性。像你来信中说,对弱势群体,对社会不公,好像无法做到不闻不问。像米开朗琪罗这些人,我没好好研究过,我猜想他们不太受这种困扰。他们的眼界更多向着上帝、历史上的伟大作品,或者什么,他能够很纯净地生活在这种高尚艺术的世界中,但是一个当代人就不完全是那样。我们所受的教育,我们所处的这个世界,两三百年来,越来越关注民众、社会责任这些问题,要在文艺复兴时期用这种问题去问这些艺术家,我猜测他们会觉得跟他们的艺术创作风马牛不相及。

---

* community,社区,社会。——编者

向：陈老师，我回到一个很个人经验的事儿，也许和您那些观点相关。中国现在变化真的是很短促的，这几十年里发生的。像我们这个年龄的人，可能是最后一批还沾点精英主义教育的尾巴的一代人。我不很清晰，但产生这个意识，应该说是从1984年上的中央美院附中。特别少量的人能上那个学，当时自己不觉得，是一个很精英主义式的教育。学生和老师的比例很小，我们在一个特别小的院子里，就是美术馆旁边的一栋小楼里面，我们教室挨着的街道就是隆福寺商业街，那个时候刚刚有点私营业主、小商贩什么的。底下每天都放着张蔷、张行这类人的歌。围墙隔绝了两个世界，我们在上面画画、上课，就挨着那条街。每天都在图书馆里面浸泡着，我们被教育还是在对古典主义的一种迷恋里面。当时我觉得完全不能接受、始终保持和大众文化的距离——虽然那时我还没有"大众文化"这个词的概念，只是觉得这个东西是我完全厌恶和排斥的，所以一定要警惕和保持距离。那时我时常意识到自己是卓尔不群的少数人中的一员。但是我想，在后面的教育里面已经几乎是没有这种意识，不仅仅学生自己没有，整个教育里面都不给你这种意识和这种训练，你不再是一个少数人。对现在的小孩儿来说，他完全是在一个大众文化的环境里长大。我不知道这些东西和民主这种概念有没有关联？

陈：有关联，我觉得有关联。

向：从我们这之后，我们慢慢处在那样一个平的世界里面。

陈：这个话题有意思，我觉得有好多可说的。有个叫刘瑜的青年女学者，现在在清华，在政治学读者里最有号召力的作家，很多杂志都在抢她写专栏的。她在网上的影响力比专栏还要大。她三十多岁，思想度足够开阔，她一直在国外生活，非常优秀的一个女孩儿。有一天我们三四个人一起聊天，我讲起好多东西丧失了，她不是特别接受。她说，陈老师，您所说相对于以前的那个社会，现在社会平民化了，把高的东西都拉低了，为什么你不想象因为平民化了，我们整个的水平就上去了。我们谈到这个话题有点晚了，没太深入，只是把自己不同的看法说了一下。今天你提起来，不是说谁对谁错，真是有好多内容。有一点就是the many*和the few**的关系，有时候不是他降低了还是你提高了，the few就是the few，它永远是the few。

精英这个词主要用在八十年代，现在这个词儿还在用，但是意思变得有点儿像成功人士。精英跟成功人士有相像的地方，又很不一样，所以两者之间的关系特别值得想。极端地说，精英就是精英，不在他成功不成功，我们刚才提到丁方，丁方，在我看，是顶级的精英，但在今天的画界肯定不算最成功的。但两者又通过奇奇怪怪的一些线路相联系。精英可以说，时代变了，我仍然坚持我的。但是另外一方面，我坚持什么？要是坚持的东西真跟时代、跟什么别的都没关系，你干嘛要坚持？如果你说，我坚持那些好的东西，这样才有机会最后让民众也知道什么是好的，那么这个问题就回来了，

---

* the many，多数人。——编者

** the few，少数人。——编者

如果民众最后投向你这一边了，那么，在一个明显的意义上，你就跟成功联系在一起了。你肯忍受孤独，不仅在于你相信你所坚持的东西是好的，你还是在期盼某种成功。而且，一般说来，你不能用失败教育人家，看哪，这些人多精英啊，他们都是失败者。

你说苦行僧吧，他不在意民众怎么样，他只跟上帝发生关系。但是呢，有些人受到感召，相互传扬，奉之为高僧大德。中世纪有个安东尼，他跑到埃及沙漠里去，找最少人烟的地方静修，但他名气太大了，他到沙漠里去，就有好多人跟过来，让你想孤零零一个人静修也不行。高僧大德香火盛了之后，人们来捐款，菩萨金身塑像，你看，虽然佛教是出世的，但是，有影响力的庙宇，镀金的菩萨，真金的菩萨，金碧辉煌的大殿有气派，这才吸引来更多的香客。优秀的、超凡脱俗的东西被这个世界接受，一方面提升了世界，另外一方面呢，世界要用镀金的方式来接受你，不让你保持在超凡脱俗之中。

向：这里面从个人的角度我觉得分两个部分，他作为一个个体，因为信仰，自我修炼的这个人他自己的一个获得，和获得之后就会对这个世界发生影响，而这一部分，我觉得其实并不能够更好地还原回给修行的这个个体的，至少就是说它更复杂吧。

陈：是，更复杂，从我们身边就可以看到。九十年代社会生活发生巨变，我们应当怎么自处？我有个朋友邹静之，特有才华、特别勤奋，人也好得不得了，另一个朋友叫阿坚，著名边缘人，大家都是最要好的朋友，也都是有理想的。九十年代，有人邀我们写电视剧,静之接了,阿坚不接。静之后来获得了很大的成功,现在是国内数一数二的剧作家,好几个剧在国家大剧院上演,没得说,当然是个成功人士。阿坚坚持不碰电视剧这类东西,整个不屑于成功。电视剧当然是有点儿俗的,成功的东西里难免有点儿俗的东西。我简直想说,阿坚这个人要坚持走不成功的道路,谁成功谁就俗了。所以对静之也不以为然。阿坚自己也写作,主要是写诗,有些诗很出色,在诗人圈子里挺有影响的。两条道,各走各的,都挺好。静之没什么不好,电视剧难免有点儿俗,但电视剧也有好的差的之分,那么多人看电视剧,写个好点儿的出来不好吗?静之不只是写电视剧,他写话剧、电影、歌剧,有些作品非常出色,比如《我爱桃花》。静之勤勤恳恳工作,实实在在拿出了这些作品。这些作品里有没有迁就受众的东西?被时代接受不一定都靠讨好时代,也可能是作品有某种东西激发起时代里向上的潜能,通俗说,提高时代的东西。怎么区分?这要拿出一件一件作品来说。我个人的趣味比较老派,格外喜欢静之最早的那些散文、小说,觉得棒极了,大众化的东西看得很少,依我看过的那一点点,我相信在大众化作品里,静之的那些剧在我们当代作品里头属于最好的一类。

  有没有那样的时代,产生出来的相对最好的作品也不怎么样?而且注定如此,所以一切创作的努力都是 futile[*]?我们的时代很可能就是这样。不过,即使如此,也不意味着我宁肯什么都不做。本来就不应该单从这个角度来看待创作。我们不是为了达到某种标杆开始写作的,我们本来就想写,这才为自己设立某种标杆。

---

  * futile,徒劳的,无用的。——编者

设立自己的标杆，不迁就世人，不等于不管时代，只为自己写作。你一开始为自己设立的标杆里已经包含作者与受众之间的互动了，没有受众就没谁一开始想表达什么。我们有时会自言自语，但我们都是在跟别人对话的过程中学会说话的。与受众的互动可能变得越来越内在，最后竟好像完全目无受众似的，好像你只是在坚持你已有的东西。所谓"自己的标准"里已经含着受众了。成功不只是外部的东西，它也是一种约束，要求你在创作过程中保持对现实的敏感，依于这种敏感不断重塑自己。说我不管现实是什么样的，也许是放弃了对你自己的约束，只是放任自己，放松了对自己的要求。

艺术：满足自己还是救赎世界？

向：您说的约束自己，落实在作品上我特别认同。作品往往是个物证一样的存在证明自己一段时间的思考，这个是对创作者个体而言的。我一直以来的困惑和怀疑在于，创作除了对自己有意义之外，还能承担什么？举我自己的例子吧，艺术是种容易实现个人价值的职业，满足了表达的需要，在这个时代还能获得很多的利益，就是您所说的"成功"，有时候你当然认为自己的作品是好的，而且创作的时候是关门的，很封闭的，自己那么沉浸专注，坚持了那么久，就像一个人说了很多话，你当然希望被别人听到，希望那个你坚信的东西也能够传播出去，成为一个能影响他人的，至少是能分享的一个东西。另一方面，我们总是对这个世界有很多意见，这样那样不好，当你自己做了个自以为好的作品之后，你也一样在批评世界的同时希望自己拿出些有建设性的作品，建构些什么，这种努力会让你觉得这个世界不会再变得那么的糟糕。当你拥有了这种"权力"之后，有时候你就分不清这两个东西，艺术是一个最好的满足自我实现自我价值的方式，但并不一定是成为救赎世界的好的方式。我经常会在这两个事情上很纠结。我每次做完一个展览就跟忧郁症一样，有一段时间就像被抽空了，怀疑这个事情是对个体还是世界有意义，完全陷在一个巨大的怀疑里面，信心突然被挖空了，没法再进行下去了。

陈：我的想法大概是，"为什么创作"这个问法不好。别人问，你为什么这么做，怎么回答？既不是为自己的利益，也不是通常意义上为公众，我只好说，我是为自己创作。最主要是因为"为什么创作"这个问题问得不好。我最近写了一篇小文章说到这一点，很多事情直接问不出它"为什么""为谁"这样的问题。比如说跳水救人这样单纯的事情。他为什么？他不为什么，你非要问他为什么，他就说我是为了把他救起来。这里，落地的问题在于你是什么样的人。为什么他跳水救人，别人却袖手旁观呢？他们是不一样的人。到你已经在做作品的时候，你不是想着为公众做，为社会做。作品具有社会意义，不在你是出于社会责任感那么做的，就像跳水救人一样，他不是因为要尽社会责任才去救人的，他当然有责任感才去做的，他是个有责任感的人。

我们做作品的时候不是在想着尽什么社会责任，想着 audience 会怎么反应，而是想着自己应该做什么，去做了你要做的。再说，你的作品有没有社会意义，对社会有什么意义，差不多那是作品自己的事儿，不是你说了算的。人们说作品有自己的命运大概是那个意思。作品通过事先很难料到的重重渠道跟社会发生联系。

你刚才那种描述特别切实，做作品的时候是关着门的，等作品长出之后，我跟我自己这段情缘就等于告一段落了。作品放到世界里去了，这时候呢，我可能会去听 audience 的反应。这个听也有好多种的听法，你是什么人就会怎么听。不一定受众说好你就高兴。要是好多听众都喊好，都说陈老师你讲得真好啊，简直达到了于丹的水平，我不见得听了很得意。你听那个反应，主要不是在意好评、坏评，而是通过他人的反应检查自己，是不是真正做出你自己想要做的那个东西了。你做的时候百分之百地自信，你知道一定应当这样做，但是你的确可能看错，可能自我欺骗，你以为那是你想要做的，等到作品抛入世界，你发现不是的。下一次你再做，会对这些评论做出反应，但不是这回你知道怎样能得到更多好评了。

你说到完成一件作品后的感受也很有意思。比较容易想到的是终于完成了作品之后的喜悦和满足，一种放下来了的轻松感，可你说的是抽空了的感觉。人们经常把它比作生孩子。我觉得也有点像送孩子出国。有时候更像后者。孩子生出来，父母的责任刚刚开始，他自己一点能力都没有，完完全全等着你去为他做。送孩子出国呢，你完成了你的责任，有一种成就感，甚至一种轻松感，但你不能不感到，走了，不再是我的一部分，我不能再为他做什么了，你只能看着他。有点像说作品有它自己的命运，掏空了你，他走了，迎接他自己的命运去了。

向：我有时候还爱用一个比喻，做完之后的作品有的时候特别像一面镜子。对我是个镜子,对观众也是个镜子,每个人在上面照出来全是自己。我经常会被自己的作品吓一跳,那个陌生感太强烈了。做的时候,它是从你的身体里出来的,你只要专心于心里所想所感,尽可能地把这个东西转换出来,通过一个好的渠道,让它出来。当它在展厅里面的时候,你像面对一些你不认识的生命,有时候它吓我一跳,它的能量作者完全是意想不到的。这个时候你会跟那个作品产生一种距离,你没想到那是无法控制的,作品陌生的能量反作用于你的那种感觉。我用镜子形容是因为它照出了你自己,这个部分让你有的时候挺惊吓的。

陈:我想所有的人对自己的作品都会多多少少有这种感觉。不过你的作品,咱们外行来看,特别属于那种类型的。他们说存在主义,你的作品比较切合这个。你的作品让我想起福楼拜,福楼拜被人比作那种最冷静的作者,记得我看福楼拜的第一幅漫画就是他像医生一样穿着大褂,手里拿把手术刀,他的作品就像用手术刀做出来的。可是据他自己说,包法利夫人就是他自己,那就是一面镜子吧。

今天,我们都是普通人

向:我不知道。今年的新作品,可能会有点不一样,我不知道还会不会有那么强烈的那种感觉。

我年轻时候精英的概念比较强,也许是在时代的大环境下的缘故吧,渴望成为一个精英似的人,期望努力朝向最高级,期望成为"少数人"。但是好像中间有挺长一段时间就忘掉了这个概念了,不知道为什么，我不知道是不是民主的一个理想，影响了我还是怎么样的，我有点厌恶精英的概念。会去想象人人是平等的社会。尤其在我早期做艺术的时候，很长一段时间，其实对当代艺术或者说对一部分那种晦涩难懂的艺术，有困扰，甚至反感。当时一直在尝试想做一种东西，理论上来说是人人可以看得懂，人人可以感知的，我特别想还原艺术的可感知性。这是在艺术受制于庞大的阐释机制的背景下产生的，看似艺术更多元了，更多可能性了，但由于艺术越来越难看懂，它变成了圈子化的东西。我反感的大概就是这个。我想艺术不一定需要解释，或者说不能依赖于解释而存在，"理论上"来说，它触发了人的其他通道，是可以被感知的，它反映的是我们自己和我们所在的世界。很长一段时间，简单讲我是在这样一个概念里尝试去做东西，尝试去反映人性的部分，我假设它理论上是人人都可以看得懂的。可能我因为在这么长一段时间里面想做这样的一种东西，以至于我就忘了最早的关于"精英"的概念。

  我现在在这两个部分里面有挺大的纠结，包括我在信里面跟您讲的，当我看到这个社会本身种种的贫困、不公平，越来越深的差异，我指的是人和人之间那么大的差异；虽然貌似这个世界是变平了，很多东西是可以共享的，可以分享，但是实际上，这种不公平会越来越加剧，权力会越来越集中。很多事情好像变得很矛盾，这时候我就会完全处在对自己关门所做的事情的怀疑里，不管我做艺术还是为人，自己作为一个社会中的一分子，我怎么样去处理自己的位置，您想在精英的概念里，一定是有担当的，我会觉得更多的事情比艺术对社会的改变有意义。

陈：当然，用精英的标准要求自己是年轻时的事儿，后来你做事情，不会老去想精英不精英的，无非想着怎么把事情做好。考进美专也好，上到北大也好，他自然而然地想法是成为精英，今天你要是考上清华北大什么的，想的大概是成为成功人士。八十年代只有精英观念，没有成功人士的概念。

你说到对社会问题的关切，我也很有同感。朋友圈子里，有些人还不是一般关切，他们投身社会问题，从事民运，从事维权活动。有的是律师，警察也是，社会的那一面接触得多。上海的一个朋友，职业是心理治疗，老会碰到让人难过的事儿，也容易关心这些事儿，富士康跳楼什么的。

向：还有医生，都是负面的。

陈：本来，艺术家、哲学家，作为职业，接触那一面不一定很多。关心社会问题也有很多角度，以前那种要救苦救难的，也是抱着精英主义的态度。

向：它的救世是有心理优势的。

陈：我们现在还该不该、能不能从精英主义的角度来看待社会问题？我觉得，在一个挺根本的意义上，现在大家都是普通人。坚持精英主义，尼采也许是最后一个。他要回答这样一个问题：在现代社会中，精英是如何可能的？

向：以前我会很简单地去假想，不管是历史也好是这个时代也好，它应该是少数人推动的，我始终这么认为吧。在现在的时代里，可能还是这么回事，但已经不是这个概念了。有段时间我对政治的概念感兴趣，发觉很多的关系不过都是权力本质的，只要牵涉到对事情的影响都和权力有关，甚至在艺术的范围里，走出创作的第一现场，你马上就会进入权力结构，甚至很多艺术家在创作的时候已经带有对权力关系里的策略考虑了。这个时候不是好、较好、最好的关系，而是权力的制衡和突围的问题，当然又是另外的话题了。

陈：说到少数人推动，从前，无论从哪个角度，人们关心的都是少数人。例如，古希腊人讲 arete，那是属于少数人的，现代人讲道德，适用于所有人。一开始，arete，人们把它翻译成 morality，后来人们强烈地意识到 arete 跟 morality 或者道德什么的差得也太远了。在中文里，我们现在倾向于把 arete 翻译成"卓越"。

向：卓越？

陈：最典型的是荷马史诗里的阿喀琉斯。阿喀琉斯武艺高强，特别勇敢，卓然高于众人，但从今人的道德来衡量，他并不道德。优秀的人把追求卓越视作当然之事。后来西方人发展出道德观念，例如基督教道德，但 arete 的影子一直在，比如刚才讲到文艺复兴时候的人，像希腊英雄一样，简直可以说他们不管不顾地追求卓越。

向：从这个角度就很容易理解文艺复兴和整个古典时期人的

追求。

陈：再比如说在十九世纪末的维也纳，我们看到一整批这样追求卓越的人，你随口就说出一大堆名字，勃拉姆斯、斯蒂芬·茨威格、维特根斯坦、米塞斯和哈耶克。维也纳当时就像另一个巴黎。你看到一整批精英，都追求"卓越"。做音乐也好，做绘画也好，做哲学也好，你做什么也好，就是要把这个东西做得足够好。你只要做得卓越，意义就有了。好像在全面现代化之前一次古典的回光，像是最后的这么一个时代。他们一个个都对自己有很高的要求，卓越的人当然对自己有很多要求——跟我们的道德要求不完全一样。跟我们相差一百年，那时候人的心智跟我们现在那么不一样。今天呢？每个人好像怎么做都是有道理的——你追求卓越是一种生活方式，我好死赖活也是一种生活方式。卓越被拉平到种种生活方式中的一种，也就无所谓卓越了。

精英要找到一种媒介，音乐也好、雕塑也好、公共政治也好，可以把他的才德发挥得淋漓尽致，亚里士多德的话说，实现他的潜能。于是成就了各种各样的作品，就像我们人类要建造一个万神殿，看看最后我们摆上万神殿的是怎样一些光辉灿烂的作品。这多半跟劳苦大众没关系。好像人类最后的至高目的不是其他，而是这些作品。这是个非常古老、非常强大的 aspiration*。到了两次大战之后，这好像一下子变成过时的了。

---

* aspiration，野心、雄心或抱负。——编者

向：那取而代之的是？

陈：这我不知道。取而代之的是普通人吧。我们再问到意义的时候，好像首先是问每个普通人生活的意义。所有人过上免除贫困和恐吓的生活，这成了每一个人首先要关心的事情，就像你刚才说到的，社会不公等，你不能事不关己。你不能再像普鲁斯特那样，那边在打世界大战，这边自顾自写他的似水流年。一些年前，你到颐和园溜达，喇叭里会放"这些雕栏玉砌都是劳动人民血汗建成的"。是啊，它说得对，金字塔、万神殿、panthenon，的确是劳动人民的汗和血建起来的。

向：我也经常在想，同样人民的血和汗还在，可怎么创造不出这些人类文明的奇迹了？

陈：从前，目光是向上看的，那里有一种更高的存在。丁方老说文艺复兴时代的那些画那些雕塑所表达出来的那种内在信心——他用的就是"信心"这个词儿。他把那种内在信心和信仰连在一起。看谁的作品更靠近上帝，更靠近神性。艺术家也改变世界，是这么改变的：他借来神性的光辉，这个世界的面貌由于这种光照而改变了。哪怕在人世间做事，哪怕去造福民众，他都好像是要做出一个成就，让更高的存在满意——叫它"上帝"，叫它"天"——他在那儿。尘世间的变化倒是第二位的。今天，我们直接把眼光投向下边，通过政治、技术、实业，把世界变得好一点。

向：人跟这上面连接少了，但是跟下面连接却产生了很多很多渠道。

陈：甚至艺术家也希望他的作品能直接改变世界。这种背景下，对底层的关怀成为衡量一切的正当性标准。而我们，我说的是你我这样的人呢，难免会感到两者的冲突矛盾。

向：原来您也有这种困惑……

陈：所以我们就没有以前人的那种信心，只顾去追求卓越。

向：也就没有那个狂奔的速度了，进步的速度就慢下来了。

陈：像陈寅恪、章太炎那个时代的人，在转折点上，他们一开始都还相信，我辈所学关天命。

中国文化的托命之人

向：陈老师，我这儿插一个问题，我一直特别不理解的问题——陈寅恪用最后很多年，我不知道具体是多少年，写了《柳如是别传》，我不知道您怎么看他这么大的一个学者，为什么花那么多时间去写这样一个人？

陈：有一种说法说那是他晚年的消遣之作——当时的政治氛围

下,什么正经事都不让你做。这种看法我不接受。我有个朋友,叫王焱。王焱是个人物,世家出身,博闻强记,中国文化界那些人和事儿他全知道——他八十年代时候是《读书》的执行主编,那时候《读书》杂志影响特别大,围绕这本杂志聚拢了好多文化人。他有很长一段时间都在研究陈寅恪,写一本书,说是在写,不知他在那儿磨蹭什么——我老说王焱,太名士派了,他非常棒,但不像个劳动者,哈哈。他是这样理解陈寅恪的:陈寅恪看到几千年来的大变局,就在琢磨,中华文化大统还有没有希望,或者说,谁是中华文明的托命之人——他爱这个文明爱得不得了,要弄清楚这个文明的血脉是怎么传的,这个香火是怎么传下来的——我们弄清了它到底是怎么传下来的,也许就能看到它还能不能传下去。他研究隋唐政治,说单一民族时间久了会衰落,它需要民族融合的新鲜血液。他对隋唐特别感兴趣,他研究李氏家族的族谱,并非偶然。将近隋唐那时候,汉人跟西北民族血脉交流,是中华文明通过民族融合的一次复兴。他研究敦煌文化,那里最鲜明地体现了汉文明跟佛教等异域文化的交流融合,思想上的冲击和回应。据王焱理解,陈寅恪通过对明清变局的理解,悟出来中国文化的托命之人并不是士大夫,而是在柳如是这样的人身上。女性,社会的边缘人,不是从上层来的,不是考了功名的士大夫,可她们有着深厚的文化素养,对我们这个文化的实质反而体悟得特别切实。是这样一些人托住了中国文明的血脉。大概是这么一个意思。所以他要写柳如是,可不止是文化人雅集,诗文唱和。我没研究过陈寅恪,说不好,但即使这本书只是为柳如是立传,已经是本了不起的书,国恨家仇纠结而成一个整体,爱情、人品、学识才情、明清易代,已经是一部出类拔萃的文化史、政治史，可说是空前绝后。但王焱从中国文化托命之人的角度来解读，当然更深一层。

向：刚才听您说这个托命之人是女性的时候我已经很吃惊了，我觉得无法想象，在中国的文化和传统里面，能够去认可这么一个概念。

陈：我记得王焱是这么说的。我们的的确确看到那么多优秀的女性，各行各业。女性若不是被桎梏着，被拦着，不知道还有多少才能要发挥出来。不过，另外一方面，我觉得女性比男人更容易被这个消费社会吸引，有时候都觉得当今这个消费社会就是为女性发展出来的。

向：我觉得这个逻辑应该反过来吧，因为女性首先是被消费的对象，为了塑造这个被消费物而制造了一个消费世界，教育女人打扮成悦目的样子而去被消费。不过，今天不谈女人的话题，我最害怕谈这个，我只是刚才听您讲到柳如是之流成为文化的托命之人，这个让我惊了一下，我从来没这么想过这个问题。对陈寅恪写这样的传记他寄托了一个什么东西，我一直很不理解。今天听了，觉得非常新鲜，您刚才说的这一堆，还有"灵魂"，好像在中国的文化概念里面也很少能听到这个词儿。

我们是生产者

陈：或者我们就说"心"也行，文化要沁在心里，不只是有文化修养，而在心里要那个东西。有个年轻朋友推荐《生活》杂志来采访我，题目叫什么不记得了，大致是隐居与高雅。我说这个题目我特别不合适，高雅的生活我没过过，见都没怎么见过。后来采访中，我引我以前说过的，我们是干活儿的。贝多芬不高雅——这个我们都知道——听贝多芬的高雅。

向：我们属于生产力。很多人都会有这种误会和想象，把艺术家的生活和艺术混在一起，就是把做工作的人和那个工作的本身连在一起。生产者其实就是个劳动者。

陈：他读你的书，把你当作文化人，一个风雅的人，但你自己知道你不是，你埋头工作。

向：一点没情趣。

陈：是，没情趣，没情调。实际上，一个劳动者，生产者，一旦入了风雅圈，生产力就大大下降。他要是习惯了这种圈子，他作为一个生产者就基本上没什么用了。

向：这个我觉得在艺术圈特别明显，因为艺术家在非常短的时间里被纳入所谓的成功人士的这样一个层面上，所以大部分人在这个当中如果没有稍稍一点点定力的时候，基本上马上就变成一个"风雅"的人。

陈：是，这我没经验但是有观察。例外也有，比如说像歌德，他出入宫廷，同时始终是个生产者，生产力一直旺盛。

向：歌德太完美了。

陈：那时的宫廷圈子，艺术能力和思想能力也比较高。不过，贝多芬就不行，他的灵魂状态就是那么一种。

向：有这样一类艺术家，永远不能进入。有的时候我会觉得支持你走下去的，还是价值观。就是当你把所谓的成功当成希望自己慢慢进入更高的层次——把这个当成价值所在的话，可能那个根本的东西不是创作本身，创作本身只是支持印证这个价值观，而其他附带的东西你会觉得打扰你或者困扰你，并不会给你带来太多快乐。

陈：这跟刚刚谈到的也有点儿关系。柳如是她们，诗文唱和，的确不俗，她有文化，但首先她有血肉有灵魂。本来是血肉和灵魂才成就文化。血肉消失了，灵魂流失了，文化就飘起来了。所谓文化传承就只是在表面上传，最后传成了旅游文化什么的。传承的是你从心里感到的东西。你只有身在当前的现实世界里才能感到什么，才能从传统中汲取力量和意义。文化传承，不能低到没文化，也不能高到飘起来，始终要有血肉和灵魂。

向：关于文化的传承和心有关系，这个部分让我特认同。这个真的恰好也是很多艺术家目前在想的一个问题。我觉得您想的都是大问题、大事儿，我经常会觉得艺术就是一丁点事儿，我有时候很无望，觉得用了一生的时间，可能做了一个特别特别小的小局部，一个点，甚至一个渣，一颗尘埃。

陈：我呢，正相反，觉得人家都在风风火火做事，自己却总是在想那么一点事，往牛犄角里钻。有时候都恨自己没有别的本事。唯一好的是一直在劳动，劳动好呀，怕只怕时间长了之后，会不会变成生产线那种。我跟我的学生说，你们听课，或者读我的东西，发现我在重复我自己，或者用同一个模式看待所有问题，我说你们要是真是我的好学生，你们可咬着牙也得说出来。因为你渐渐变成那个样子你自己很可能不知道。我年轻的时候听有些老教授就是那样子的，我当时就想，万一自己活到成了老教授，要是自己那样，那是挺可悲的。

城市与文化[1]

我既不是做建筑的，也不是做艺术的，讲不了具体的，所以我这个发言取了很大的题目，大而空的话题比较容易讲。

今天的主题是城市与文化。说起文化这个词，有时我们会把文化和精英文化联系在一起，一个人读很多书才是文化人，而且必须是读高深的书，读小说的还不算文化人。按另一层意思，文化不是指精英文化、高等文化，而是指普通人的生活方式，任何一个地方，巴布亚新几内亚、坦桑尼亚，只要有族群生活，就有文化，坦桑尼亚文化。这种文化也许没产生过什么很精英的东西，但是照样是文化。这也是文化很基本的一层意思。

我们谈到城市建设、设计、文化的时候，我老有一个问题，这个问题就是，后一层意义上的文化在什么地方？以前文化在乡村里，因为乡村有比较持久和稳定的生活形态，这个生活形态渐渐会形成一种文化。在城里我们说的老胡同、老弄堂有一种胡同文化，带有一种草根性。而现在我们在规划和设计一个城市的时候，我们在谈论建筑的时候，似乎都是在讨论歌剧院、图书馆、咖啡厅这些东西，没有给城市里面生长草根文化留够余地，或者说没有给予太

---

[1] 本文据 2011 年 12 月 10 日在云浩主持的"问城论坛"上的发言整理。

多的重视。要在这个意义上有文化，首先需要有那么一群人有这样一种生活方式，张永和刚才讲他的工业区规划设计，一个突出的与众不同之处是，他给这个公司的人们自发形成某种公司文化预留了空间。现在很多人在谈社区建设，在谈怎样把一个社区或者工作区域变成一个大家能够有交流的地方，逐渐形成有特点的文化形态。王中也讲到城市千篇一律，但他主要是从建筑角度来讲的。更宽的问题是，人的生活千篇一律。但张永和提示说，在城市里，甚至在公司里，一个特定人群还是可以形成有特色的活动方式、生活方式，城市规划和城市建设应该更多从这个方面去考虑。并不只是建造起一个外形有特色的建筑，而是能够重新营造有特色的民间文化的空间。这是特别重要的方面。

当我们讲到这种精英文化的时候，不管你讲诗经还是宋词，还是京剧或芭蕾，我们知道它都是从民间文化来的，都是从草根文化、民间文化吸取它的活力。我们的城市文化关照博物馆文化、歌剧院文化，并没有照顾到民间文化生长起来的环境。一个城市的特色文化并不都在建筑有特色，那很重要，但最重要的似乎是，城市要有城市自己发展出来的一种文化特色，像我们以前老胡同文化、老弄堂文化那种城市自己的民间文化。

现在的城市比较乐意兴建歌剧院、博物馆这些建筑，而忽视城市里民间文化的发展，甚至可以说压制了这种发展。事实上，如果没有这些民间的东西，草根的东西，所谓的精英文化就会很快变成浮华和装饰性的东西，没有多大意义。作为城市的设计者和规划者以及公共艺术创造者，是不是该把这些问题考虑进去？我只能作为一个普通市民提出这个问题，而这个问题不是我们普通市民能解决的。我刚才听了几位的发言，还挺高兴的，因为这些问题不是只有我们这些外行在想、在迷惑，我觉得参与城市建设中的艺术家、建筑家也在考量这些问题：怎样让我们城市作为一个整体，能够让文化自发生长。

在这一点上能够做的当然比较有限。因为城市的建设无论古今中外都不是为了发展文化，而是为军事目的、商业目的什么的发展起来的。今天的城市也一样，于是，城市建设在很大程度上的确对民间文化和草根文化有破坏作用，而这种破坏作用在各个时期、各个国家、各个地区不尽一样。可能在从前，中国城市对文化的破坏相对好一点；而现在，欧洲的一些小城市相对好些。

在以往的中国，我们的文化传统并不是很集中在城市里，这一点跟西方很不一样，一般来说，在西方，文化精英都在城里，一出城市就没有文化精英了。中国的文化精英一大半在乡村，从乡村来还可能回乡村去，乡村的文化水准很高。我们的草根文化和精英文化之间的交流，城市文化和乡村文化的交流，本来是有一些特点的。

另一个与西方城市的重要区别是，无论是希腊的城市还是文艺复兴时兴起的城市，西方城市都是和自治联系在一起的。希腊城邦是突出的例子。中世纪发展起来的城市，本来是贵族的城市，但贵族既不会管理城市也没有心思管理，于是工商阶级就从贵族手中买来城市的管理权，我们管理得好，商贸发展，给你们贵族交更多的税费，你们把城市自治权交给我们。西方城市在外观上也能体现出自治的特点，一个突出的特点是，绝大多数城市没有大广场，但是小广场星罗棋布。西方的城市具备公民意识，城市里面的事情都是公民自己管理的，这一点是跟中国最大的不同。中国的城市本来没有什么公共空间，像北京这种地方，在天安门前设了一个广场。在二十一世纪初有段时间，县城、地区、市委统统照这个思路来做，都建个大广场，这个大广场夏天那么晒、冬天那么冷，我们明显知道它不适合人们在这里聚会，在这里讨论公共话题，讨论政治。我觉得城市建筑师可以跟地方政府谈谈这些，说服他们别建那么大的广场。

我们知道现在国家和政府要大力发展文化，其实这听起来这是挺可怕的，因为文化主要是一个自发生长的过程。现在来不来就规划文化发展，很可能成为摧毁文化的运动，而且现在政府手里有好多钱，投大笔钱去摧毁，效果更可怕。在这种情形下艺术家还能做什么？公共艺术家王中最后讲到的那个项目是很有启发的，在一个长1.5公里的地方，根据当地的特点，做出来一个主题公园，孩子们愿意来玩，青年人愿意来玩。规划者并非一开始就决定好了今后大家做些什么，他只开个头，本地人来玩，他们慢慢就发展出自己的玩法，你设计四关，他们发展成六关。一定让生活在那里的人自己来发展文化，那才是真正的文化。文化规划这个事，充其量规划一个开头，建设一个空间，在这个空间里，当地文化的苗子自己生长。

最后我讲一句话，在现在的情况下，我不知道一个人甚至一个团体能做什么。但是很高兴看到有一个、两个、三个或更多人，在能力所能及的范围内做一点是一点，并尽可能坚持。我们面对一个巨大的不如人意的现实，你能坚持多少，就坚持多少。

流金溢彩[①]

——林天苗《一样》个展印象

旧时候有个说法：艺术在于制造幻象。好多年没听人提这话了。艺术为工农兵服务，艺术是真理的体现，艺术是自我的表达，艺术是社会批判的先锋。走进天安时间，走进林天苗的《一样》，"艺术制造幻象"这句老话忽然浮起。

几百种色彩的丝线，缠定206块人骨，一进门面对的墙面上，人的全数骸骨，从右到左，从最细小的排到最长大的。从深蓝经绿色系列、黄色系列、红色系列又排到深蓝，细看，精微难辨色彩过渡的差异，退后两步，一道彩虹，比彩虹艳丽得多，精致得多。天边的彩虹虚无缥缈，谁又把我们的骨骸也做成幻象？

一层展厅，粗大的方立柱方横梁，还有四壁，都用深色平绒包封，方柱上、横梁上，疏疏密密布下形形色色的动物骨骼，人的骨骼、兽的骨骼、鸟和鱼的骨骼，密闭以金箔，在幽暗中熠熠闪光。或完整，呈蹲立状，呈攀爬状；或片断，有的零星散落，有些杂乱堆积。再下一层，《N年的一样》《金的一样》等大型作品布置在这里。天安时间几乎整个翻建，专为这些大作品建了几座墙。

[①] 本文写于2012年1月5日。

林天苗过去的作品，多用白色的丝线，多呈淡淡的影像，这一次不同，由金色主导，辅以其他绚丽的丝线，包缠各式骸骨，包缠着粗拙的刀、斧、锯、锤、刨子、齿轮。粗拙之物，骨立之物，似乎沉入了迷离柔滑的梦乡。骨骸和刀斧嫁接在一起，缠绕上柔滑的银色丝线，美得诡异。

　　丝线是林天苗的看家本领，金箔却是她第一次用。林天苗说，贴金箔是种奇特的经验，你要屏住呼吸，致密完整的金箔，气息微微一扰，就飘散了，无影无形。这是手艺人的体会，在手艺人的手下心里，材质是形形色色的生命体。生命不是这样吗？致密完整，但不知何所由来的情一动，念一动，就消散于无形。

　　动用金子和金色，让《一样》显得很大胆。黄金属于埃及法老、印加庙宇、藏地的寺院，跟我们这个时代格格不入。展露在光线之下的黄金，尊贵而辉煌，锁埋在地库里的黄金却没有光彩。到我们这个拜金时代，黄金只是一个遥远的比喻。适配今人的是纸钞，糜烂的新贵纸醉金迷，上坟的农人抛撒纸钱。《一样》却在尸骨上镶上真金白银。这里的真金白银仍然只是幻象。侧对夺目的《金的一样》，那幅《黑的一样》，深黑丝线织就一片荒林，散乱栖停着细小的鸟类骸骨，裹着闪闪的金箔，就像黄金世纪的残痕。

　　转过来，是核心作品《N年的一样》。在林天苗这一次的全新个展中，17件装置作品全以"一样"为关键词，包括《灰的一样》《黑的一样》等。在《N年的一样》那里，林天苗用彩色的丝线织绘出一幅别样的"爆炸风景"，配以金箔包裹的各种骨骸零件组成的夸张外框，以唤起观众对灾难的思考。开展在12月17日，离开玛雅人预言的毁灭不过数日之遥，人们不禁把它看作我们这个时代的隐喻。我们的盛世烈火烹油花团锦簇，就像旧约里的索多玛。我站在这幅作品前，怎么看都觉得不像。画面上，爆炸的场面太辉煌了，不知是毁灭还是创世记。就说毁灭，也好像跟我们身周的现实不大相干，我们的索多玛不像要在大爆炸中毁灭，更像要在一点点腐败之中朽坏下去。

对批评家来说，《一样》定有深义在焉，至于这深义是什么，见仁见智。对我这类游观者，哪怕只观览了一番诡异的华美，《一样》就值得。听人说起，这个大型装置艺术所费不赀。放在如今动辄上亿的大片成本边上，实不过九牛一毛，然而在这里，华美因其诡异而脱俗。骨骸复以金箔，织以彩丝，与那些乱坟蒿草中的白骨一样吗？也许，都是幻象而已。不知入佛的眼光怎么看，在我凡胎肉眼，即使幻象和幻象也那么不一样。

让教育更加纯粹①

从西方工业革命开始,全世界人们的节奏变快。而中国比西方更为突出,因为中国要在较短时间内走很多路。从辛亥革命到改革开放这六七十年里,有各种各样的"快"。一开始"快"得有点慌不择路,比如我们的"大跃进"。改革开放以后,找到了一条能真正地缩短与西方的距离的路,这三十年可以说是"快"得有成果。

但是,速度的背后掩藏着很多问题,包括教育领域。比如说这几十年所发展大型的大学,就像把巡逻快艇绑到一起想变成航空母舰。十年树木,百年树人,教育是一个"慢工"。像教育这样的活动,我们并没有明确的目的,我们要教育出什么样的人跟教育制度本身处在相互作用的关系。教育,不可能有脱离了教育方法之外的目的。因此,我们必须慢慢地使教育形成自己的传统,逐渐形成教育方法。古代的中国可能是全世界最重视教育的国家,包括老百姓的观念和习惯,都是以教育为先。

改革开放之后,我们一直在"赶路",我们很难允许等待传统慢慢成熟。如此一来,我们更多地是用行政管理教育,由长官意志来决定应该如何办教育。而不是由我们一代一代的教育家,慢慢形

---

① 原载于《美术报》2012年4月28日。

成一个教育制度。比较显而易见的问题就是，指标化管理。当然从行政的角度是可以理解的。当其无法判断教师好坏时，只能凭借教龄、发表文章、教学成果、取得的经费来衡量。把更多的力量用来办项目，而不是教育学生。因为这跟考核制度有关，大家会去迎合这种考核制度也不足为奇。当然，教育学生的品质是最难量化的。可以计算教过多少学生，但是教得好不好无法用数字来告知，即使能用数字来衡量，也得等二十年后。所以也无法考核。

　　以上情况众所周知，难以为继，并且很多人在为之努力。但是这不是技术性的方法所能挽救的，而是需要一场革命性的改革。首先，教育不能行政主导，也就是说缩小教育方面的行政力量，放出更多的自主权和自由权给基层教育部门。比如说给大学、中学，包括资金来源的多样化和评价的多样化，并不是所有拨款都由教育部来决定。让教育逐渐形成一个传统自我生长的机制。自我生长包涵着不同的办学模式，互相之间的竞争。大家可以用不同观念实现目标。这些不同观念可以适用于不同的环境，比如说在一个大都市办一个中学和在一个农村里办一个中学不可能用同样的方式，同样的课本，同样的制度。不同的观念也可以适用于不同的教育类目，如美术教育，如果一个画家想成为博士，他并不需要和其他科目的博士一样写十万字的论文，他的想法可能都画在画面里了。不同地区，不同行当，千差万别，只有贴近底层教育的那些人才知道怎么办才是最好的。说是不同模式，并不是僵死的模式，执行不同的模式的过程是一个网状的互相学习的过程。

　　虽然如此，不可否定这些年我们也培养出了不少优秀学生。因为仍然有很多很多自发的良好力量。有大量的年轻人无论你怎么教他都能出来，也有一大批教师，不管给他何种制度，他都能倾心尽力地去教学生。也有很多的教育行政官员，一方面要应付种种条条框框，一方面他也在相当的程度上保护学生的学习热情，保护教师的教学热情。

说，所说，不可说

——读熊伟《说，可说；不可说，不说》

熊伟先生的《说，可说；不可说，不说》是篇奇文。单说题目就奇，通常论及不可说，只与可说相涉，此文却拉进说与不说。不说，义近于不愿说，不可说，却是愿说也说不出。于是，不可说似乎比不说来得内在。然而，不说，怎么知道可说不可说？缘何不说？缘不当说，比如，说了只会造成误解。说了只会造成误解，那是可说还是不可说？所说未能说出要说的，也就不可说。

说好像在两类不可说中间，一类比语言琐碎，一类比语言高深。谁也说不清梨子的滋味、咖啡的香味、林妹妹的眉眼，好在，尝一口梨子，闻一闻咖啡，看一眼林妹妹，就无须多说。熊伟此文所涉，则是另一类不可说。天命不可说，神意不可说，对生活的至深体会不可说。这类不可说，伴着苦恼，苦恼缘于说的欲望，欲说而说不出，于是苦恼。此文似无这种苦恼——不可说吗？那好，不说。

熊伟是海德格尔亲炙弟子，深受海德格尔影响。他论及可说不可说，一上来就跟我、跟在、跟无连在一起。

说，是说者说，凡有所说，必连着一个说者之我。"我就是亲

---

① 原载于《外国哲学》第 23 辑，2012 年 6 月。

在的本身……只消我在，我就可以说。"① 但这个我，并不一味在此。唯其有尽，才有此，唯其有死，才有我，唯其自知从无来向无去，才知天知地，才有知，才有的可说。"可说，要有可说的有；要有可说的有又要有不可说的无乃成其可说的有。"

亲在在，才有说者。而亲在在一世界中，说，总说出这一世界。"宇宙永远是在说着。无非它说必须用我的身份始说得出，若由它自己的身份则说不出。"

熊伟此文，始于与冯友兰"倾向实在论之眼光"相争。"此客观实在中有我的成分乎？……所谓'实'亦即有我去实，所谓'在'亦即有我去在矣。苟无我的成分，则不管客观实在尚有与否，不管其是什么样子，至少它已是不可说者。因说必须我说。若可说便有我的成分矣。"

所说总跟说者相连，却并非所说都是在说说者。说冰冷说的是冰，不是说说者如何如何。然而，说冰冷，已经连同说者一起说出。若无知冷知热的说者，冰无所谓冷热。

但我们也有办法，把所说与说者切断，不说冰冷，说这块冰零下五度。近代科学的一项主要努力，在于找到系统的方法不连着说者来说，做纯客观的陈述。

今人或以为唯这种纯客观的陈述才说出事物之真实所是，说出真正的存在。然而在熊伟看来，那已经远离了说的本源。哲学并非

---

① 熊伟：《说，可说；不可说，不说》，参见《在的澄明》，商务印书馆 2011 年版第 21—36 页。本文凡未特别注明的引文皆出自该篇目。

说我说我,亦非"说宇宙则已"。哲学说事穷理,说事理,事中之理。这些理,连着说者的理解,不是切断了说者的客观规律。哲学之说中,我与宇宙从不是"截成两半"的。

中国人读佛,尤其刚上手时,难免用老庄来格义。这篇文章,更把海德格尔拉进来。贬之,则谓混搅佛学、庄子、海德格尔,尊之,则谓贯通三学。

理解者,把不理解的连到已理解的,把理解不清楚的连到已经理解清楚的。依此,理解一个新的道理系统,必由格义。用佛学和庄子来讲海德格尔,亦理解海德格尔之一途。"无本身就不"陌生,不妨连到大家比较熟悉的"无其所以无"来理解。但不是要把海德格尔讲得跟庄子相同,只是讲到两者多有相通。如何能不同而相通,相通而不同,端赖讲者深入于各不同者。

为学日益为道日损。学,是学我们从前不知道的新东西,当然越学越多。道,却非远在天外,而在我们已知的种种之内。为道者稀,"天下皆知求其所不知而莫知求其所已知者"①。

若道在我们已知的种种之内,何需"为道"?我们并不总知道我们知道什么。浮面看去,道东露一个端倪,西露一个端倪,所谓求道,是把在浮面上断断续续的道连通起来。越通,道越少,达乎至道,道通为一矣。

然而,这个为一之道岂可道哉?熊伟喜引庄子言,"既已为一

---

① 《庄子·胠箧》。

矣，且得有言乎？既已谓之一矣，且得无言乎？"[①] 说，原是分疏，原出于分别心，"'有'若成了这样一个混成的物，则又不可说，不可说……我若不分别变异，施设种种名言，则我所思之有便尚若有若无……必欲说之，则便有'有'，且亦有名"。我们是说话的生物，即使一言不发，我们也是说话的生物，因而是有分别心的有限亲在。天下本无至道，此一分别心，彼一分别心，相通可矣，无缘尽归大同。天道无别，天何言哉？

维特根斯坦和海德格尔同为二十世纪大哲，两人都对不可说这个题目深感兴趣。不过，维特根斯坦只承认事实可说，其余皆不可说。而可说的都能说清楚。

我们有多种方式来言说，诗歌的言说，哲学的言说，宗教启示的言说。也许，这些言说，不在说出什么，而在显示什么？但若意在显示，何必说，拈花一笑也能显示。拈花一笑能显示的，不必说。但也不必不说，只要说也有所显示。只要我们心知并不是非如此这般说不可。即使最精妙的说，也只是精妙之一道，总归要随说随扫，总归要得意忘言。

可说者不是某种现成固着的东西，仿佛有待说出而已。说，原是可说者的初次成形。不可说者，更不是某种固着的东西，仿佛我们一层层逼近它却永远达不到它。不可说者随着言说起舞，唯其舞姿惚兮恍兮。言说可言说者，不可说也随之显示。"可说固须有说而始可，不可说亦须有说而始不可。"这就像说，无并不是笼统无别的，无与不同的有相映而无。"不可说者在今宇宙内，是达得到者，

---

① 《庄子·齐物论》。

无非我们不以可说来达到,须以不可说来达到而已。"老子的无形,其中有象,无形也是气象万千的无形;庄子的无所谓,是有品有格的无所谓,唯其如此,我们在庄子里读到大悲大乐,读到大智大慧,无品无格的无所谓,不过滑头而已。

熊伟谈海德格尔,谈庄谈佛,终久却说:"我们最正当的态度是应当恬然澄明,同时毫无怨尤地向尘世中滚将入去,自强不息。"这自强不息,明明是儒家语。中国之学,何曾是一家一派?我们原无须画地为牢党同伐异,却也无须立志挟泰山以超北海,统一儒释道。无非各依本性,择善而从。弟子云集熊门时,先生已七十有奇,率真如孺子,诲人不倦更甚于壮岁,以老教授之尊,一堂课一堂课讲授初级德文。说不说可说不可说,看来终是第二层的,第一层的,是做。立功、立言,终是第二层的,第一层是立德。这"恬然澄明"四个字,非先生之谓欤?

教育与对话①

最近读朋友送给我的书，有好几本都跟教育有关，这里想谈谈程广云、夏年喜所著《作为公民教育和对话教育的哲学教育》（以下简称《哲学教育》）和汪丁丁所著《教育是怎么变得危险起来的》（以下简称《危险》）。前两年我读过汪丁丁另一本专论教育的书，《跨学科教育文集》，相比之下，眼下这一本读起来比较容易些，用作者序的题目说，是本"普通人写给普通人"的书。

我没研究过教育，但这一辈子，不是当学生就是当教师，对教育并不陌生，尤其深知教育之难。这些难处，很多来自现行体制，如教育的行政化、官僚化、政治化。这些难处，这两本书谈得不少，别的著作文章也谈得很多，我不重复了。撇开这些，教育的内在难处也不少。单从教育的效果来说吧。一个明显的难处，教育是远效的。造出两辆自行车，哪辆好骑好看，几乎立见分晓，即使有些一时不易判明的优劣，半年一年后也会得出究竟。要看出教育的效果，十年二十年恐怕也嫌少，据汪丁丁，教育"成功与否，只能从它所培养的学生在未来几代人的时间里逐渐表现出来的后果得到评价"②。你家

---

① 原载于《南方周末》2012年8月2日。
② 汪丁丁：《教育是怎么变得危险起来的》，中央广播电视大学出版社2012年版，第24页。（以下引用该书时，仅注明《危险》及页码。）

孩子学钢琴利弊？蔡元培小时候背古书，大些了觉得全无用处，成年后反过头来看，幼时背诵的诗书存在脑子里，随时可用，觉得小时候背书也蛮好。古谚"十年树木百年树人"一语道尽这难处。在我们这个本质上急功近利的时代，这难处自然愈发难了。今天很多遭人诟病的措施，例如分数至上，多与这个难处相连——教育的效果，只有考得的分数立见分晓。

人人都知道，考试成绩最多只是教育效果的一个参考。但此外该用什么标准呢？不管长效短效，我们用什么标准来判断教育的效果横竖都是难事，尤其事涉人格和品德。造自行车的工人，大致知道什么样的自行车是好的，可教师不一定知道什么样的人是"好"的。该把学生教育成谦谦君子呢还是该把他教育成职场上的凶悍竞争者？这个难处，如《危险》反复说到的，在传统社会不那么显著，在西方"稳态社会"也较轻些，关于何为善好，那时那地的标准比较稳定。而在我们这种"转型社会"，方方面面变化很快，没有一套明确稳定的价值标准，更让"教出什么样的人"成为大难题。

《危险》总结说，教育有三方面的目的。一，核心价值观的灌输；二，社会与工作技能的培养；三，批判性思考能力的开发[1]。历来的教育都有前两项内容，只是我们这个时代，价值观纷繁多样，关于何为核心价值难免多有争论，社会发展迅速，科技进步日新月异，今天学到的社会技能和工作技能，明天就可能过时。于是第三项在今天突出出来：无论你被灌输了什么价值观，最后还是得在多元价值中去独立判断；你固然需要学习已有的技能，但更重要的是培养

---

[1] 《危险》，第75页。

不断学习的能力。《危险》最重视的也是这第三项:"21世纪的教育是什么? 是思考力的教育,要培养批判性的思想的能力"①。

批判性思考能力的内容,主要是对话与自省,前者更多来自古希腊,后者更多来自古代东方②。无独有偶,这一条,尤其是对话这部分,构成了《哲学教育》的主题。

像《危险》一样,《哲学教育》也是本论文集,这些论文也相当自然地构成了一个系统。其中第一篇是"哲学何以多元",既然哲学是多元的,自然就不是一家说了算,不是去灌输,而是去对话。于是到了第二篇,"论语与对话",阐明孔子不是以先知、教主的身份出场,一部《论语》里,夫子多半在与弟子们答问对话;作者进而拿《论语》对照《柏拉图对话集》,分析中西对话方式的同与异,于是顺理成章有第三篇,"对话的三个向度"。《哲学教育》后面各部分,如"孔子教育思想三题""柏拉图、亚里士多德哲学教育思想三题"阐论通识教育、公民教育的重要性,也讨论了另一些论题,而"对话"这一主题贯穿始终。正是以对话为主线,本书论证了哲学教育的重要性。

历来有论者强调哲学教育的重要性,例如尼采曾说:"人被最严肃、最困难的问题包围着,因此,如果他通过适当的方式被引向这些问题,就会及早接触到那种持久的哲学性的惊异,唯有基于这种惊异,就像植根于一片肥沃的土壤,一种深刻而高贵的教育才能生长起来。"《哲学教育》的取向则另有新意:哲学教育重要,因

---

① 《危险》,第5页。
② 同上书,第126页。

为从根本上说,哲学教育即是对话教育。作者表明,对话教育的理念针对独白教育而发。独白教育要做的,"是将现成的知识体系和价值体系传授给学生",而像这样"用这样一种权威式的独白教育代替了古典教育中的自由式的对话教育"恰是"现代教育的真正弊端"①。作者力倡从这种独白教育"回到古典教育"。近年来,提倡"回到古典教育"的学者不少,但本书作者所力倡的回归有其独到之处——既不是单纯回归到西方的古典学,也不是回归到中国经典,而是回归到古典教育的根本精神:对话教育②。这种"回到"与其说是怀旧的,不如说是前瞻的:对话教育不是用来培养臣民的,而是用来培养现代公民的。公民最基本的素质是独立思考和独立判断,这些能力不是通过灌输形成的,而是通过对话形成的。培养这些能力正是哲学的宗旨,"在现代条件下,哲学……不提供任何现成的知识体系和价值体系……而是引导人们对于现成的一切进行批判和反思。在这种省思中,人们不断提升自己的精神境界,不断发展自己的人格个性"③。在这个基本点上,《哲学教育》与《危险》不谋而合。依凭这一内在理据,《哲学教育》的作者得出了"哲学教育是公民教育的最高形态"④这一结论。

我很愿附议这两部著作的大致思路及很多论点。没有定于一尊的哲学,哲学实质上总是由对话构成,"对话是哲学的精神和本

---

① 程广云、夏年喜:《作为公民教育和对话教育的哲学教育》,中国社会科学出版社 2012 年版,第 158 页。(以下引用该书时,只注明"《哲学教育》"及页码。)
② 《哲学教育》,第 128 页。
③ 同上书,第 150—151 页。
④ 同上书,第 120 页。

质"①，我自己也就这些想法唠叨过一些，例如在去年出版的《说理》一书中，这里不赘述。不过，书中的个别论断，我觉得还有商榷的余地。权威式的独白是不是现代教育的"真正弊端"我不知道，但权威式教育显然不是现代特有的，我们须做的，似乎不是把以往的教育刻画成对话性质而把今天的教育刻画成权威式的，倒是去研究为什么权威式教育在今天更容易产生弊端，我们今天为什么要格外强调培养独立思考的能力。

我们知道，无论哪种政治正确都正确不过"平等"。近代以来的全民教育，以及其他方面对教育公平的要求，都是近代精神在教育中的体现。全民教育和教育公平的好处自不必说，但它们也带来了教育同质化的问题。成千万成千万的儿童少年，禀赋性情环境那么不同，却在学习同样的课程，这幅图景真不能让人认真去想。教育家们特别鼓励发展学生独立思考的能力，不妨视作对内在于近代教育的教育同质化的重大补救措施。这一方面，西方国家做得稍好。在中国，这样的补救措施远远不到位，往往使得教育造成的问题比它解决的问题更多。现在，中国的学校教育已经破产，却仍然没有引发我们从根本上反思教育的缺陷何在。

这两本书的作者进一步从平等观念出发来讨论对话与"灌输"的关系问题。如上所述，两本书都强调对话，并指出对话的基本条件是"人们以平等的条件参与"②。然而，说到教育，难免有教师和学生，教师并不总在与学生平等对话，教育总带点儿权威性甚至强制性，带点儿独白式的"灌输"。即使把教育刻画成一场对话，师生之

---

① 《哲学教育》，第11页。
② 《危险》，第127页。

间的对话也不是完全平等的,这一点,小学和中学很明显,但大学和研究院里其实也一样。深的且不说,至少学生是付了钱来对话,教师是领了工资来对话。

这里不是要像布尔迪厄那样从权力场域之类入手来分析这种不平等关系,我想的是差不多每个家长、每个老师平平常常都会碰上的问题:一方面,我们希望孩子更多自由成长,一方面,教师不可避免要传授给学生不少"现成的知识",要用既有的价值观影响学生;从学生的角度着眼,如维特根斯坦反复指出,如果他一开始什么都不接受,他就无可反思,无可批判。由于"灌输"这个词不那么好听,把"传授"改叫作"灌输",固然有利于树立批判的靶子,伸张自己的主张,同时却也容易掩盖教育过程中的复杂实情。教育总有强制的一面,没有完全的"自由教育"。斯普林格说:"给孩子不学习的自由会限制孩子未来的自由和幸福。"① 带过孩子的都深知这一点。平等、自由、快乐学习,这些话说说也罢,为人师为人父母的难处却无法就此打发掉。平等自由开心若不只是说说而已,是需要真货色来支持的。

要传授,我们自己就先得有。只有善者才能把孩子教善,就像只有钢琴师才能教会孩子弹琴。但我们自己善吗?我们也许能把孩子教成自己这样,却不敢说把孩子教善。考诸实际,只有极少数超强自恋的父母非要把孩子教成自己那样。很少有谁不知道自己有一堆毛病和弱点,很少有父母愿用这些来教自己的孩子。好在,尽管我们自己远非尽善,但我们大致能够识别善恶,就像我自己不

---

① 〔美〕斯普林格:《脑中之轮》,贾晨阳译,北京大学出版社 2005 年版,第 121 页。

会弹琴，但大致听得出别人弹得好坏。我们因此可能择其善者而教之，弃其不善者而不教之。如果要教的善好是我们自己身上没有的，可以让具有这种善好的人来教，例如让钢琴老师来教孩子弹琴。

这仍然是把自己的、自己这一代的好坏强加给了孩子吗？在相当程度上，这是无法避免的，而且，在一个颇深的意义上，这是必需的，因为天下大多数的事情，脱离了传统和继承，就没有好坏之分。《危险》说："如果我们不知道人类未来的走向，谁都没资格办教育。"[①] 但我们谁知道人类未来的走向呢？作者自己也承认没谁知道。在我们这个剧烈变化的时代，更其如此。但教育并不只是面向未来的，脱离了传统，我们并没有未来。

当然，我们并非只有一个单一的传统，我们无可避免地会以自己所在的传统来影响下一代，就像我们无可避免地会带着自己的眼光来判断各种各样的事情。当代的确是个价值多元时代，但这不意味着我们自己可以站在这多元之外以同样的热情拥抱每一种价值。实际上，唯当我们特有自己钟爱的价值，反思、对话、批判才有意义。我同意《哲学教育》的论点，哲学并不是要提供任何现成的知识体系和价值体系，但我还是愿补充说，这并不意味着有哪一种哲学可以是无立场的，不携带特定的知识背景和价值取向，泛泛地"引导人们对现成的一切进行批判和反思"。只有镶嵌在特定的知识背景和价值取向之中，我们才能"引导人们"批判和反思，当然，首先是引导自己批判和反思。反过来说，批判和反思总是有针对性的，并没有"对一切进行批判和反思"这回事。

---

① 《危险》，第 2 页。

我们不必过于担心自己教给孩子的是些既有的知识和价值。还不仅仅因为这原本无可避免，更在于，他不只在你我这里受教育，他会自然生长，在生长过程中还从社会现实受到教育。随着孩子慢慢长大，这一点愈发突出。我们都读过薄伽丘那个故事，老僧告诉小僧那些女人是些鹅，又怎么样呢？小僧就喜欢上鹅了。这类故事实际上已经提示我们应该从哪里去寻找强制教育的方向与限度。我们在孩子尚不懂事时"硬行"教给他的那些内容，日后受教育者回顾，大体上应能认可它们是其自我的发展的一部分。钢琴训练须从小开始，可几乎没有哪个孩子满心欢喜地接受这些枯燥训练，但我们仍可希望，他长大后会发现自幼学钢琴是有益的，就像蔡元培回顾他幼时背诵经典。当然不可一概而论，如果孩子抵触甚剧，在我看，家长就不必强求。至于向孩子尤其向已经接近成年的大学生反复宣讲那些明显悖于社会现实和人情常理的观念，我不知该说它可恶还是可笑。强加的种类、方式、程度，存乎一心，总体说来，则须着眼于受教育者在未来生长过程中统合他学到的东西，从而能够保持心智的统一、人格的统一，而不是变成一些断片，或变成任人捏成各种形状的泥团。正因此，传授之侧，须逐步增强反思力与批判力的培养，传授逐步让位于引导，教育与受教育逐步化入平等的对话。

我同意，哲学教育非常重要。然而，正是由于我认为哲学教育的主旨在于"培养批判性的思想的能力"，同时又认为并没有游离于特定知识背景和价值取向之外的反思和批判，所以我一方面主张在高中和大学就应该开始通识性的哲学教育，但另一方面则反对在研究生阶段之前开设哲学专业。

读《湘水》杂志

中国的一个省,其风土其人才,足以支持既富特色又枝繁叶茂的一派文化,何况如湖南这样一个地灵人杰的省份。在很多论者一意倡导大一统文化之际,衷心乐见有识之士出版《湘水》,拓宽我们的眼界,激发我们的灵性。愿《湘水》越办越好,愿各省各地,都有更多思想与艺术从土地里从草根里生长出来,华夏文化的真正繁茂庶几可望。

水之积也不厚①

问：2013年到来了，您对新的一年有什么期待？

答：没有什么特别的期待，无论对我自己还是对国家。

问：那您能否简单介绍一下今年的个人工作计划或重点？

答：基本上还是延续此前工作。前两年，我把自己多年以来思考的一些果实集合到一本书里，叫作《说理》，涉及说理、论证、普遍性、事实、哲学为什么重视语言这些问题。在某种意义上，《哲学·科学·常识》是这本书的前奏，它对照科学是什么来谈哲学是什么，这本书则在这个背景上直接谈哲学都做些什么。这之后呢？更集中地思考一些伦理学、政治哲学方面的问题，把一些想法写给《新世纪》，写了一年专栏。最近答应重作冯妇，给《新世纪》再写一年专栏。专栏内容主要还是跟社会、人生、政治关系近一点的。还是有一批有教养的读者对论理文章有兴趣，我尝试跟这样的读者交流。一直以来，我都愿意跟哲学圈外的朋友交流，像去年在你们

---

① 本文由2013年年初《华夏时报》沈山的采访记录整理而成。

《华夏时报》上发表的跟作家狗子的系列对话就是这样。但语言哲学、科学哲学这类关心的人就不多了。

问：您的思考会不会发生什么变化？

答：这个我不知道，我一直追索自己的问题，"一条道走到黑"，但走着走着，也许路子变了，事先无法知道。

问：您能谈谈改革开放以来中国学术文化的发展情况吗？

答：这我可说不了。这得问文化部长。我就是个干活的。

问：您就说说自己的看法。

答：感觉上，这二十几年来，不断形成一些浪花，但没有形成波澜壮阔的势头。阿城的小说，张艺谋的电影，还有艺术，一上来势头挺猛，但后继乏力，没有形成大势，这里那里有些浪头，然后散掉了。不像例如盛唐的诗歌，形成了大势，有了大势，就不在这一两个诗人，没有你会有我，没有我会有他。

问：为什么没有形成大势呢？

答：底子太薄，水之积也不厚，则其负大舟也无力。还有些具体的原因吧，且不说政治上的挤压，这个时代也许本来就不是高等文化的时代，繁荣兴旺的是科学和商业，第一流的人才多数被吸引着去做商业和科学了。很多年轻人，在国内读文学、哲学什么的，出国之后转去读计算机读金融了。文化主要靠在国内做，到国外就成不了气候了。西方的文化创造力也在走下坡。

问：您怎么评价中国当前的哲学学术水平？

答：当然是非常低的。中国人现在还没什么有分量的思想，说不上对人类文明做出贡献。八十年代初，中国的文史哲重新起步，摇摇晃晃，重新学走路。有好东西，但很少，值得精读的东西很少。只不过中国在经济上崛起，这个注重经济实力的现代世界开始注意中国，即使在思想领域也有时带我们一起玩。这并不表明我们有了什么有分量的思想。

我们现在跟国际接轨，要求在外国杂志上发论文。就文科而言，这种导向问题多多，学者们都去谈人家感兴趣的问题，好像只有外国人感兴趣的问题才是主流问题。最容易接轨的是技术性问题，而不是文化、历史中本质性的问题，讨论技术性问题，无所谓你是中国人还是德国人。鸡毛蒜皮成了主流，有思想性的有意思的东西零零星星处在边缘。

学术环境恶劣，主要是缺少独立的自由的学术空间。我这里不特指政治控制，而是更宽泛意义上的行政规划和控制，由教育部、文化部、中宣部这些机构来规划、评判、鼓励，把思想和学术纳入生产模式。他们甚至还想计划着生产学术大师呢。这种行政控制一切的机制当然生产不出什么大师，只能生产腐败。

问：我们自己的学术界是不是也很浮躁呢？

答：当然。坊间不是常说到这二三十年浮躁吗？没有哪个行当比学界更浮躁。十年二十年磨一剑的人有，但不多。学院中人的浮躁跟外面社会的浮躁和功利形成恶性的呼应。学术体制和大学体制非常恶劣，一味鼓励急功近利。这个体制现在恶劣到了极点。我相信，如今学术腐败更甚于经济等领域的腐败，只不过所谓学术无足轻重，不直接去祸害公众，所以公众不那么在意就是了。

问：外国的情况是不是好一点？

答：好一点。行政膨胀、体制僵化、文科衰落，西方的情况也不大好。不过，他们那里，传统没有中断，衰落得比较有节制。

问：您觉得中国的学术状况会不会得到改善？应该怎样改善？

答：改善？不大看得出苗头。应该怎样改善？这我只能瞎说了，中国现行的学术体制最好整个推倒重来。当然，即使在这么个体制下面，总还有一些学者——凤毛麟角吧——在坚守自己的学术操守，在认认真真做事情。这样慢慢积累，积累得丰厚一点儿，假以时日，也许会从内部形成一个传统。学术不像股市，一下子牛市来了，学术积累永远是个慢功夫，学术进步依赖于形成一个有较强独立性的学术传统。

问：您的判断比较悲观？

答：不算悲观。有些好东西，在我就挺高兴。大多数时代都是这样。杰出作品不断涌现的时代寥寥可数。

问：由学术、文化领域再放大到中国的一般社会及政治、经济生活领域，你会有什么样的预期？

答：我没什么新鲜的可说。谈论这些的人很多，该谈的都谈到了，只剩下做了。过去十年，国家取消了农业税，这是对几千年沿袭下来的一项制度的重大改革，但相对来说难度并不是那么大，也不直接触动哪个特定的利益集团。现在我们面临的改革目标则需要更强的政治意志，更高的政治智慧，甚至需要冒相当的风险。

问：最后想问一下，2013年的中国会发生什么？

答：这我哪儿知道。我估计，会有很多新政推出，但没有什么重要的新政会得到贯彻。到年底之前我们会看得比较清楚：新政推行不下去，到时候领导层是缩回来，还是有足够的政治意志，肯冒一定的风险，更加努力去推动中国的现代化转型。这个巨大的转型不会是一路平安的。

"全民腐败"刍议[①]

一

朋友聚会，天南地北无所不聊，物价、天气、旅行见闻、治疗癌症的新方法，还有，道德滑坡。出租车里，报纸杂志网络上，我们时代的道德滑坡被当作一个事实。"滑坡"说得比较温和，狠点儿，说是道德堕落、道德败坏、道德崩溃。报纸上过几天出个巨贪，网上的贪官故事更加曲折也更加惊人，还有贪官情妇排行榜，有位局长大人坐拥情妇167人。民间的情况也好不了很多，地沟油、苏丹红；闹市区殴打妇女，围观者一大群，无人阻拦；老太太摔倒在地，好心人上前搀扶，成了被告；小悦悦事件在全国人民眼前设置了透视国人道德堕落的新准线。好自省的朋友提醒我们每一个人回想一下，我们自己做生意、申请项目、治病求医、为孩子升学，有几个非正道不取，从不曾这样那样小小绕行了一段两段邪门歪道？此"全民腐败"是也。于是乎有妙论曰：不反腐反贪有亡党亡国的危险，贸然反腐反贪同样有亡党亡国的危险。

[①] 本文原载于《财新周刊》2013年第3期。

沿着这个方向，谁都可以不打磕绊说上三天三夜。思想不是侃大山，思想总是磕磕绊绊的。三十年来，中国经济总量的增速世界历史上独一无二，从前全家只有一条棉裤，如今衣食小康，这些真能发生在一个道德崩溃的国度吗？围观当街殴打妇女不去阻拦固然可鄙，可当年两派武斗，得胜的一派把对立派成员抓来煮吃，宁不让人更觉崩溃？环顾四周，你的亲人，你的朋友同事，还有你自己，真的都已父不慈子不孝，出朋卖友？我们的社会真的都是卑鄙小人受到尊崇而诚实慷慨之士无人理睬？一个全民腐败的国度，可还有一点儿康复的希望？我不是在说我们无须担忧中国人的道德状况，我只是想说，不要任我们如焚的忧心把冷静的思考和清明的希望一同烧尽。

中国人是否已经全民腐败是个巨大的问题，只有鸟瞰社会全景的专家才有资格回答，本文只表达几点管窥之见。

二

谈到中国人道德崩溃这样的大问题，首先会碰上的问题是：我们很难做出全面评估。我自己所见的世界是个很小的世界，哪怕我东游西走，见多识广，所见仍很有限。而且，仅仅见得多还不行，必须善于观察，富有洞察力。我们看到什么，往往不那么容易跟我们想到什么分开。在观察道德生活的时候，我们一边看，难免一边就在跟古往今来比较，就在思考变化的原因，难免暗含改善的愿望，以及怎样改善的设想。

当然，我不必只局限于个人经验，我读报纸，上网，听见多识广的人议论，读历史书。贪官很多，我主要是从报纸上从网上知道的，小悦悦事件，我也是从报纸上知道的。同时，报纸上网上也读到不少有德之人和感人故事，最美女教师，最美妈妈，坚守在贫困山区的教师，牺牲在火场的消防战士。道德败坏的人多些还是道德健康的人多些？单举个案很难确定。

那么，去查阅调查统计如何？有的调查统计比较可信，例如气象报告，有的就少一点儿可信，例如污染指数。在气象报告上做手脚的动机较少，污染则略有不同，污染重了，多多少少可以怪罪政府。在市场化程度很高的社会，物价统计比较可信，在指令经济体制下就不那么可信。除了这个，道德领域的调查统计还有更深的难处。道德水准很难量化，而且，不同人群有着不同的道德标准。你若是个三纲五常主义者，听到有人肆意批评元首，看见老婆出去挣钱丈夫在家带孩子，难免感叹世风日下。对道德状况的评估，显而易见，跟我们的价值观紧密相连。价值观调查比道德水准调查中性些，因此也可信些，但仍然会有种种失误。索马里人把安全列在首位或接近首位的地方，瑞典人却把它列在相当靠后，我们不能由此得出结论说，瑞典人比索马里人较少重视安全，结论多半是，人身安全在瑞典得到了多得多的保障，这也许反倒意味着，瑞典人比索马里人更重视安全。同在一个国家，尤其在中国这样一个剧烈转型的国家，仅年龄段造成的差别就很大。老一代民工，能挣钱就行，省吃俭用，攒钱养家，攒钱防老防病，青年民工不行，他除了干活，还要娱乐，还要iPhone，还要什么权利。在年轻人眼里，我们老一辈循规蹈矩、抠抠缩缩、缺乏个性，唉唉，要是你吃了上顿没下顿，要是你有五个娃子嗷嗷待哺，你就会知道，不仅事实上不大容易表达个性,你就连表达个性这个观念都不大容易生出来。

三

滑坡,要从一定的高度滑下来,堕落,要从一定的高度落下来。我们是从什么高度滑下来落下来的呢?面对令人痛心疾首的道德状况,人们不禁怀念起五十年代,怀念起改革开放之前那个平等清廉的年代。

我不知道应该怎么比较两个时期的平等度,但至少,历史资料上明文记载,五十年代的工资级别分成好多档,最高工资与最低工资相差三十倍以上,这还不说绝大多数国民没工资可拿。工资差距只是一端,干部配房子、配医疗,级别更高的配特供、配汽车、配勤务、配秘书、配卫兵、配厨师,而很多居民连公共汽车都舍不得坐,广大农民更舍不得买张车票到县城里逛逛。诚然,享有特权的人数比例不高,大多数国民只有很穷困和极穷困之分,这也不失为某种平等吧。

待遇上的不平等也许跟"道德状况"没有直接联系,但间接联系显然不少,这里只提一条逆向的。有权有势的干部,享受着比平民高上百倍的待遇,贪腐的成本就很高很高,一旦被查处,他失去的太多了。当年的贪腐不如当今之盛,不完全归因于干部有较高的道德觉悟和较强的自我约束。这里说的还是经济待遇方面可能遭受的损失,严酷的政治处理更让人不寒而栗。

峻法严刑的确会有效果。你要禁黄赌毒吗?何难?凡涉黄涉赌涉毒的轻则判他二十年,重则枪毙了事,自然海晏风清。再加上连坐就更好，像商鞅治秦那阵子，"令民为什伍，而相收司连坐，不告奸者腰斩"，厉行十年，果不然"道不拾遗，山无盗贼"。你愿意用这样的峻法严刑来维护"道德水平"吗？即使你愿意，也未见能维持多久。唉唉，秦二世而亡。此后是什么景象呢？秦亡到汉兴不到十年，群雄逐鹿，民不聊生，人相食，全国人口从2000万降至1300万。

我们过来人知道，今天泛滥于国中的贪腐，实滥觞于改革开放之前。"文革"中，干部特权受到新一轮政纲政策和当时主流意识形态的冲击，于是转向半地下的操作。七十年代延至八十年代中期，"贪腐"这个话头说得不多，当时的流行语是"走后门"，上到军区领导市革委会委员打个招呼下了乡的子女就参军进工厂，下到卖肉的你只有二两肉票他切给你三两，只要手里有公权力，就可以开个或大或小的后门。当然，我们现在强国盛世，不去当兵还改吃素了，要弄就弄个国企老总，要弄就弄它个别墅豪车，"走后门"这个用语显得太老气又小儿科，被历史淘汰了。

不当获利只是道德观察的一个方面。大会小会上连篇的空话假话算不算官场道德堕落？这种堕落可早就开始了。亲友邻里告密陷害算不算道德堕落？今天，我同事家住哪儿我都说不上来，难免被责为人情冷漠，但想想当年竖着耳朵听同事说句话抱怨社会忙不及报告领导，我觉得人情冷漠算不上从什么道德高地滑坡。至于刚才说到啖心食肝的风潮，这还真不是"道德"两字罩得住的。的确，无论道德维度多么重要，它也只是社会-政治的一个维度。我不知道三年大饥荒时期的道德状况何如，几千万人活活饿死，道德状况好一点儿坏一点儿又怎么样呢？

今人的道德批判自有今人的道理，但拿鼎革之后三十年如何如何说事儿，我怕选错了标准。我希望对那三十年的怀念只是在表达对今天道德状况的不满，我希望没人把那些好日子当真。

四

拿民国做准绳怎么样？拿汉唐做准绳怎么样？可哪朝哪代都有贤人长者喟叹道德败坏。面对当今的道德滑坡，我们常怀想"民国范儿"，清末民初那阵子人的想法未尽相同，青年张东荪发表的第一篇议政文章，题目就是"论现今国民道德堕落之原因及其救治法"。①明朝时候，王阳明断称："盖至于今，功利之毒沦浃于人之心髓。"②汉唐也许好些？有个成语叫"脏唐臭汉"。追溯到头上，要不是礼坏乐崩，老天也用不着生出咱们的万世先师来重整风俗了。中国外面也好不了多少，只举一例吧——西塞罗说，他那时候的罗马，没有什么不能用钱买到，从荣誉到爱情。嘿嘿，西塞罗之后，恰好是罗马帝国造就的两百年"罗马和平"。

道德堕落之说多兴于两种形势，一是乱世来临，二是时代巨变。第一种情势自然让人担忧，不过担忧也没什么办法——既然道德堕落源自世乱，要做的是重建治世，徒呼改良道德并没有多大意义。第二种情势则颇不相同。道德这东西，有很大一部分本来就是习惯和传统，时代变了，旧习惯老传统行不通了，新做法呢，难与我们

---

① 见左玉河编：《中国近代思想家文库（张东荪卷）》，中国人民大学出版社2015年版，第1—8页。

② ［明］王阳明：《答顾东桥书》。

固有的道德观念相合。婚前"失身"的女性多了，这是道德进步呢还是道德滑坡呢？为什么我们谈论"失身"的女子而不谈论"失身"的男子呢，就好像"失身的男子"是个不合法的词组？在新派人物眼里，单把女性挑出来谈论失身，继而加以惩罚，不惜系石沉湖，那才叫不道德呢。

不同时代有各自的道德标准，不过，至少近代以来，变化有个总体趋向，那就是道德领域逐渐缩小。我们年轻时候，奇装异服颇有不道德之嫌，至于婚外情，那是不道德的巅峰，"通奸者"轻则游街，重则判刑，是啊，如上提到，依家法族规缚石沉湖也不稀罕。这样的道德大事，今人却置若罔闻，最多当它个八卦。把这样的大事都划到道德不道德之外，well，这说不定本身就是道德沦丧之一端。

五

拉拉杂杂说了些，说到最后，似乎总得给出个要点什么的。三点吧，一点是，我并不是在反驳道德滑坡论道德崩溃论，我只是建议，要做这样的整体判断，还有不少要考虑的因素，这里就提出了三两项。再一点是，道德维度只是人类生活中的一个维度，无论怎样为道德滑坡担忧，都不要祈盼用酷法严刑来改善。最后一点是——这一点虽未展开，本文却也两次三番提示，也许现在全民的道德水准都很低下，但核心在于公权力的腐败。这还不仅在于"子帅以正，孰敢不正"——道德，或不如说伦理，原是生活本身的机理，民间自有维护伦理的土壤。纵观历史，只要不陷入乱世，只要政治清明，老百姓没有全盘腐败这回事。

《海德格尔》中译本序[①]

很多学者不建议学生读导论,要读就读原著。我的看法不尽相同。当然,我同意,导论绝对无法代替原著,有心钻研者必须以读原著为主。哲学著作并非意在提供一个真命题集,它倒更像一件作品。单说伟大思想家们各自不同的写作风格,就已经提示大量的思想内容。探索的进程,其意义殊不少于探索的结果。不过话说回来,读书人并不都以钻研为志,钻研者也有程度不同。精研黑格尔的学者,可能也想了解胡塞尔,哪怕他没打算钻研。没有谁靠读科普成了科学家的,但大科学家有时也读科普。为此,我们应该像感谢优秀科普作家一样感谢优秀的导论作者。

导论也有种种风格。考克尔曼(J. J. Kockelmans)写《存在与时间》导论,几乎全用海德格尔本人的语汇,甚至采用海德格尔自己的例子,更多是要给出这本书的一个提纲。英伍德的这本《海德格尔》则不同,他比较大胆地表述自己的理解,用不同的语汇、不同的例子来重述海德格尔的思想。这样写,冒的风险要大些。不过值得一试。任何思想,包括伟大思想家的思想,都不能始终停留在自

[①] 〔英〕迈克尔·英伍德(Michael Inwood):《海德格尔》,刘华文译,译林出版社2013年4月出版。

己的语言和风格中，它总要不断以这种那种方式与别样的语言、别样的思路连接起来，才能保持其生命。当然，我并不处处同意作者对海德格尔的重述或解释——像海德格尔那样深刻难解的哲学家，我想，谁写一本导论都会与别人所写的大不一样。不过，我觉得英伍德对海德格尔思想的整体理解是可信的，他让这些思想对普通读者变得较为浅易，却并不曾让这些思想变得俗陋。这是导论写作难能之处。

我读下来，觉得这本导论有两点主要的不足。其一，作者虽常常尝试用新的方式重述海德格尔的思想，但似乎没有提出很多开拓性的新理解。其二，全书集中在《存在与时间》一书，此外有一章绍述《艺术作品的本源》，极少涉及海德格尔中后期思想。读者来读一本以"海德格尔"为题的导论，难免因此感到挺大的遗憾。

最后，在学术著作滥译成风的今天，我愿特别提到，这个中译本的译文不错，虽不够精细，但可信，也流畅。

挽杨万贵①

得大自在
天资慧明,为事教学功业高标
禀性仁厚,待人接物爱心普惠

---

① 为2013年4月8日为亲人杨万贵遗体告别仪式所写的挽联。

等到小康之后[1]

有人寄给我一段话——"嘉映对'现在流行的资本主义市场经济的意识形态'很不以为然，只要有机会，就不忘提醒自己的学生：更好的房子与汽车，也许能成为你幸福的一部分，但那是相当不重要的一部分，实际上使生活更幸福的事情并非这些。我不知道他的学生能否听进去这些话，如今金钱的说服力比哲学可大多了，勇猛如嘉映，恐怕也没有与之对峙的力量。"不知是谁的话，大概是从网上来的。这位朋友跟我相通，我愿对他的这段话做几个脚注。

物质条件对幸福有多重要？这事不能一概而论。我食不果腹衣不遮体，能改善一点儿物质条件，没有比这对幸福来讲更重要的了——除非我要当苦行僧。去问八十岁还在拾荒的老太太她幸福不幸福，那的确是问错了人。对我们广大俗人来说，小康是幸福的必要条件。

小康之后，物质条件对幸福的边际效用就迅速降低，温饱之后，幸福主要来自别的方面，不在于再多吃点儿或穿得多讲究。小康小康，并不是大康的初级阶段，好像我们明天奔小康，后天就要奔大

---

[1] 原载于《南方周末》2013年4月25日。

康。有了小康,就该想大同的事儿了。这个大同,古人怎么想的我不知道,今人大概不会把它想成天下为公或想成人人都变成一个样子。有点儿相反,小康之后,我们就多多少少有条件去做自己爱做的事情了。真说起来,倒不是小康本身让人幸福,小康给了我们为事的自由,自由地做上一点儿自己爱做的事情,尤其是做点儿于己快乐于人有益的事儿,这让人幸福。我觉得,至少对现代人,这一点还是挺明显的。现在,党领导咱奔小康,咱们都乐见其成。不过,这并不意味着咱有吃有喝就幸福了,咱还想创造一个环境,各个能像马克思向往的那样"发扬个性"。

但小康之后不是大康吗?的确也见过那样的,小康之后接着奔大康,吃完了鲍鱼吃鱼翅,一晚上倾尽一打 Château Lafite Rothschild*,诸如此类,不及备述。这些,在汉语里不叫幸福。汉语里另有些雅俗不等的语词说及这些,例如穷奢极侈、胡造、作孽什么的。那算什么大康?半点儿都不健康。

小康之后,能带来幸福的主要不是更多的物质,而是去做点儿自己爱做的事儿,这些不是什么高见,只是常情常理。当然,你讲这些常理,他照样胡造、作孽。别说区区我,谁有跟金钱加权力"对峙"的力量?对学生讲讲课,报纸上写几行字,焉敢想对抗横流时代的物欲?观念与观念"对峙",例如,我们这里所说的常理跟人人都追求自身利益最大化这类流行意识形态对峙。我甚至猜测,有些人,并非"出自天性"要穷奢极侈,他还以为依据利益最大化的原理他应该这样呢,不这么物欲他就错了呢。的确,这类流行观念让

---

* Château Lafite Rothschild,拉菲·罗斯柴尔德酒庄。——编者

不少人已经利益很大化了却仍然很不幸的样子，没着没落像断了半截翅膀的苍蝇般东撞西撞。据说，这些苍蝇是"理性人"。不知道什么时候"理性"变成这个样子了。我听说的理性不是这个样子。生活中的理性无非是明理吧？明白自己到底要什么，什么能让自己得到幸福，或这么说：明白自己怎样能够过上良好的生活。

李学勤学术成就评议书①

李学勤先生是上古时期研究领域的专家，所谓上古时期研究，范围很广，包括甲骨、青铜器、战国文字、帛书、古史等多个领域。其中有些，我全无了解，例如青铜器研究，有些，例如古文字，最多以猎奇的心态读一读。有些，例如中国古史、古代学术史，我倒是很有了解的兴趣，但所知不多。《新出青铜器研究》《殷墟甲骨分期研究》《周易经传溯源》为学界推重，浅学如我只能出于好奇去翻翻。自上世纪五十年代起，近半个多世纪以来，大多涉及上古时期研究的重大工作，都能见到李学勤参与其间，很多工作由他领衔展开，包括马王堆汉墓帛书、银雀山汉简、定县汉简、云梦秦简、张家山汉简等的整理、注释。他常常为这些工作提出纲领性的指导，例如在青铜器及其铭文的分期、分区、分国别研究中就是这样。我的同事白奚曾说，三星堆刚刚发掘出来后，李学勤去现场看了，回来后在一次关于三星堆的会议上，李把他见过的一个青铜鼎凭借记忆完全画出来了，从形状、铭文、质地各方面进行了全面的介绍和评价，这是一般人很难做到的。这个领域里我所钦佩的学者，如张光

---

① 说明：成都奇人蒋荣昌以一己之力设立"汉语人文学术写作成就奖"，2013年7月首届评奖，我被邀请进入评奖委员会。我选李学勤，提供了这份书面评语。

直、李零，对李学勤的工作也都给予很高的评价。在具体学术问题上当然会有争议，有时还很激烈。前几年他接下夏商周断代工程的大项目，则更引起不少非议。

李学勤的著述，我多少能够读懂的，有《东周与秦代文明》《走出疑古时代》《重写学术史》《古文字学初阶》几种。他依据近世考古发掘的新材料，对中国思想史重加梳理。李学勤以他对古籍的熟悉，更加对新发掘材料的了解，权衡异见，持论允当。例如他根据新旧史料，旁通曲证，详考诗、书、礼、乐、易、春秋诸经的源流，认为孔子并不是中国学术的最早源头，而是孟子所称的"集大成者"（同时也提出与冯友兰划分子学时代/经学时代两分的商榷）。关于老子其人及《老子》的成书年代，历来众说纷纭。李学勤《申论〈老子〉的年代》一文①从马王堆帛书《黄帝书》起论，旁征博引，得出结论说："古书所记老子长于孔子，《老子》之书先成之事，可以认为是确实可据的。"李学勤在多种研究领域都下过功夫，所以即使在篇幅短小的文章里也往往能综观问题，提出独辟蹊径的见解。他的文章不弄玄虚，不弄小巧，文字清楚，论理平易，要言不烦，我读这些文章，常感今日不多见的大家风范。

古史、古文字等领域，因年代久远、证据链不全，在很多问题上无法达至不移的结论。关于老子之书先成，李学勤虽然讲出不少允当的道理，我却仍然固执地抱有不同看法。他从中国学术的历史发展梳理整个二十世纪的古史研究，让我获益良多，但我对疑古时代和走出疑古时代这一划分有所保留。

---

① 载于《古文献丛论》，中国人民大学出版社2010年版。并参见同书《〈老子〉与八角廊简〈文子〉》一文。

生命的直白[①]

语歌曾对我说,她一心画画,就像鸟儿要歌唱,她要画画。语歌好像生活在扰攘的世界之外,也生活在当代绘画之外。当代绘画里,常见的是虚幻、苦闷、怀疑、绝望、愤怒、抗议。语歌的画不同,我们在这里看到的是直白的生命、美好。生命和美好在这里不是飘忽的影子,而是绽放,生命和美好安安静静绽放着。其中有雅致,但不是风雅,是美好生命天然带有的精微。她擅长花卉草木,而以我个人观之,她的风景画尤体现她的风格,土地、河流、天空,无不绽放美好的生命。

以我一个普通观画人的眼光看,语歌的画里不仅有才气,还显露出天才的形迹。

我毫不怀疑,语歌自己的灵性和才能自会不断引导她的绘画。身为一直追随她绘画发展的观者,我会期望她发展出更强的力量,把人性的多重内容纳入并消融在她那纯净的美好之中。

[①] 写给2013年8月苏州陶语歌油画作品展《桃源画语》。

《没有英雄的时代，我只想做一个人》序[①]

那一年，好友刘建住进肿瘤医院，我们几个好友轮班看护。这一夜，我和大踏（他更为读者熟悉的名字是"阿坚"）交接班。病房外走廊里，靠窗，夏末，两人谈起写作，争论起来，记忆中，是第一次听大踏正面反对我的看法。我喜欢简洁讲究的文字，像海明威说的那样，站着写，落笔会比较节省，然后悠悠在摇椅上把可删的一字一字删去。甚至像贺拉斯提倡的那样，文字落成，放上九年再考虑示人。大踏不以为然：写作像生活一样，贵在原生态，当下写成啥样就让它啥样，否则有作假之嫌。

忽忽三十年过去了。他还是他那主张，我还是我那主张。只不过，那时候，我认为自己是对的，他是错的，而今我更愿说，各有各的道理。倒不是和稀泥，是因为我们各自的主张都不是孤零零的主张，这里的分歧连着很多其他不同，比如，大踏一身本事，走南闯北，富感知，高才情；我呢，好读书，差不多是在书里讨生活，坐在书房里写论文——想象不出大踏他那种风格怎么写得出论文。大踏是作

[①] 大踏：《没有英雄的时代，我只想做一个人》，广东人民出版社2013年8月出版。写序时的书名是《一个伪英雄的自白》。

家,但我有时把他看作"半作家",他的写作跟他怎么生活连得很紧,你觉得他写出来的东西有意思没意思,在很大程度上依赖于你看他那种生活内容有意思没意思。大多数作家,典型的作家,完全不是这样。我们几乎不知道莎士比亚或曹雪芹怎么过日子,甚至有人怀疑根本没有其人——至少,把曹雪芹想成贾宝玉的原型在我看来错得离谱。认识的人里,例如刚得诺贝尔文学奖的莫言,也很难从他的作品中看到他怎么过日子。我们关于怎样写作的争点编织在两种不同的生活里,编织在对生活的不同总体态度里;这些不同,复又编织在让这些相异之处息息相关的共同世界里——如果不是共处在这个息息相关的共同世界里,还有什么可争?但要从怎样写作这个争点一直聊到他和我的共同世界,那得聊到什么时候?

　　那时候,我们两个差不多谁都没发表过任何东西。后来,两人七七八八各自不知发表了多少文字,各自把关于写作的主张体现到自己的写作中。我仍然坚持他错把原生态等同于写作随意,但我也不得不承认,大踏走出了自己的路,如果他转而采纳我的主张,我们就读不到这许多大踏风的文和诗了。大踏有一双独特的眼睛,他固执地使用这双眼睛看待世界,于是,三十年来,他笔下出现了一个独特的世界。无法三言两语概括这个世界的独特之处,非要概括,我会说,那是一个被解构了的世界。我不是因为"解构"时髦选了这个词(何况这个词现在恐怕也不那么时髦了),大踏原是咱们中国最早开创解构之风的作家,只因为他一上来就解构得相当彻底,把自己也一道解构掉了,所以不曾以解构先行者的身份暴得大名。1976年,他碰巧领头冲了天安门广场上的公安部小楼,两年后,官方追认他们是天安门英雄,他又是那批英雄里有才有样的,一时间，赞誉崇拜蜂拥而来，可他认准了不走阳关大道。他要走他自己的路。"自己的路"这话说的人多，走的人少。是条什么路呢？曲曲折折，不大说得准，好在他一路走，一路哼唱，算是一路留下标记。他自己说得最到位："跟时代抬杠"，用"小折腾小反抗小颓废"抬杠。大家发财，他偏要受穷，大家成功，他偏要落魄，大家体检健身，他偏喝大酒吃大排档——好在他那身子板儿硬朗，几十年还没折腾零碎。常听知道不知道大踏的人说：能几十年把抬杠坚持到底，这本身就是个成就。

英雄都得扛点儿什么，我们却也不会因为扛着扛着就成了英雄。我们这个时代没有英雄，因此也不会有伪英雄。有真钞，才有假钞，满街成名竖子，还伪啥英雄？大踏及其同伙儿，倒有点儿像我们这个时代的嘲世派（通译"犬儒主义"），他们拒绝一般认作上进的东西，拒绝兢兢业业、守规矩、奢侈荣华，自愿忍受贫穷、脏乱差、身体的痛苦。他们不是要推翻旧社会建立新社会，他们只是在笼统的却也轻微的意义上是"反社会"的——社会是组织起来的，而他们反感任何组织起来的、正式的东西，认为只有通过个人的任性才能获得心灵的提升。

的确，在我看来，大踏倒不是对咱们的社会怀有敌意，我不记得大踏对任何东西"怀有敌意"，他拒斥，或干脆不经心眼。人凭借财产分出等级，或凭借什么别的，例如产地、父母的官位、知名度，乃至凭借劳绩，这些等级在大踏那里都拉平了。也有他佩服的、崇敬的，新近尤其崇敬"有信仰者"，在一首长诗里，他提到苏联流放地的老东正教徒、同治年间的扎合忍耶教派、佛陀、穆罕默德、耶稣、巴哈欧拉、刘胡兰、黄继光、撞毁世贸大厦的原教旨主义者。他自己不是信仰者,也不为自己不是感到苦恼,他仍然兴致冲冲过他喝大酒的生活,时不时把喝大酒也拔高成一种信仰——我因此觉得他崇敬信仰者是否有点儿拉他们来为自己辩护的意思。

大踏写的东西,大多半我都读过,好看,受益,也有不满乃至不快。大踏的生活和写作,几十年来,我都深有质疑。他很早就在自己的写作中洗去煽情和矫情,但他刻意保持的那种抬杠者姿态,是不是也有点儿挺着板着矫情着?的确,这里那里,我会觉得他写到得意处,颇有点儿自鸣得意,而我个人一向把自鸣得意看作写作的或写作者的一个致命缺陷。呵呵,说到这里,恐怕我又要与大踏争论一番,且按下不表,再说他近期的写作也没有这种东西了。要紧的是,对我个人而言,大踏这个人,他的写作,不断把我带向自我质疑,质疑我自己的生活和写作。不久前,我们共同的老朋友梁和平在病床上说,不管我们是否赞同大踏,他始终是让我们审视自己的一面镜子。

以大踏这样一种独特的视角来写1976这样一个独特的年份,读来都会受益,对那一年不知情的,会由此知道很多,从那一年生活过来的,会重新去思考关于那一年的一些成见。这是一本纪实书,书的扉页上说:"我写它的原因,是重回我个人的那段历史。因为好玩,弄假了就对不起自己了,所以要求真,即便写的有误,也是记忆的责任而无关良心。"这我信,实际上,大踏一路解构高调的东西,本来就有求真之意。不过,读者诸君不可指望历史学家式的严谨。记忆弄人,这在心理学上是在论的,大踏写回忆期间也做些查证,但认真比我尚不如,较历史学家所悬的标准更差得很远。要是回到本文一开头说到的真实与原生态,那我会说,这里呈现的是写作时的原生态，而不是事情发生时的原生态。我是 1978 年认识大踏的，此前的事是否写得真实我不知道，此后的事情，我发现了一些失实之处；而且总体上，我猜想，大踏多多少少把他后来发展出来的生活态度投射到 76 年了。

大踏说他写这书写得好玩，善哉，祝诸君阅读愉快！

陈湘安《文化法则与文明定律》序 [①]

陈湘安君好学勤思,近年来尤关心中国文化的主体性及中西文化比较,于是有了摆在我们面前的《文化法则与文明定律》一书。

全书主要内容是中西方文化的历史回顾,作者视野宽阔,从易经到当今的数字化,从希腊罗马到美国。从中国文化发展方面看,简易言之,中国文化在汉朝达到高峰。此后,中国文化经历了两次复兴或复兴的苗头。第一次复兴是在宋朝,这次复兴,可以视作汉朝之后中国文化的又一个高峰。康熙朝标志着第二次文化复兴的苗头,然而,这复兴的苗头,在内外政教保守势力的干预下,"还没有来得及绽放就凋谢了"。而这次凋谢,使得中国错过了首批现代化国家的浪潮,从此落后于西方,作者对此深以为憾。[②]

湘安并不是站在无何有之乡冷眼旁观中西文化的发展,不难读出,他对中国文化的研究基于对中国现代化的深切关怀。作者论断,今天我们面对的所有文化问题,在一百年前都已经出场了[③]。正是这种看法,给予文化发展史研究一种新的意义。

[①] 陈湘安,《文化法则与文明定律:中华文明复兴的千年机遇》,中国友谊出版公司2013年8月出版。(以下引用该书时,仅注明章节。)
[②] 第六章,七。
[③] 第七章,五。

与当前复兴儒学的主流声调不同,作者对儒学持相当的警惕,"中国文化要发展,首先要打破的就是儒家的垄断地位和独尊思想"①。文化发展的标准,在作者看来,是科学。据我理解,这里,科学主要指的不是各门具体科学的进展,而是科学精神,或广义的理性精神。作者论证了中国历史上科学精神的昌明,实际上,西方开始系统了解中国之时,曾对中国的科学精神多所赞誉。可是,在中西碰撞的关键时期,中国的科学精神正在衰落。作者深深惋惜近代中国的不幸,但他并不悲观。作者判断,当今的数字化革命将能够打开中国文化的魔盒,中国文化值此千年一遇的契机,有望重新崛起。②

　　在诸种科学中,作者尤其重视数学。因此,他把扬雄和邵雍视作中国最重要的思想家,因为这两位先哲,一位系统阐发过三进位制,另一位系统阐发过二进位制。我没有钻研过中国思想史,依我的粗陋知识判断,扬雄大概真是不适当地被忽视了。邵雍也颇有独特之处,刘师培论宋学曾说他"别标一帜",推显幽微直承汉学。

　　书中有很多新见,其中有很多值得更深入的讨论。这里无法就书中的众多具体观点展开评论,只就一个笼统的问题提一点自己的初步看法。在文史学中,没什么"当且仅当"之类的推理,然而,或不如说因此,我们格外期望资料和论证厚于结论,读湘安的这本书,在这一点上常有不满,觉得很多结论来得过快过易,例如称1977年西汉汝阴侯墓发掘出太乙九宫占盘"确立了《河图》《洛书》为中

---

① 第三章,四。
② 第九章,二。

国文化之源的理论"[①]，似乎难免理据薄于结论之嫌。所可愿者，此书作为一个契机，引发读者从一种新视野来看待中国文化，从而能更深入地探讨书中提出的诸多问题。

陈嘉映谨识

[①] 第四章，三。

读《从黎明到衰落》①

这本书中译本初版时我没得着空读,这次再版,断断续续读完了这本上下册868页的大书。相似时期的西方文化通史,在我读过的里面,这是最好的一部。像这样一本大书,本来难免有些段落写得讲究,有些段落粗放,巴尔赞的书却不是这样,纵览五百年,涵盖西欧各国,却每一段都来得切实精准。现在,我们绝无这样的作者,多数作者腹中货色不多,每年出一部;看人家,宿儒饱学,这本书从发愿到落成,经过六十年。出版之际,作者已年届九十三。

此书好评如潮,这里我只零星讲几点。

作者的博学令人惊叹。无书不知,且不说同样熟悉艺术、音乐、史学,哲学和自然科学也不陌生。如今互联网发达,什么信息都可以在网上查到。但在文史这一行,会搜索信息与满腹学问满不是一回事。知识在资料库里有一种组织法,装在脑子里是另一种组织法:只有装在同一个大脑里,知识才会勾连成一个鲜活的整体,满腹学问才能满腹经纶。

巴尔赞远不止勤奋、认真、博学,更突出的特点是深见卓识。

---

① 〔美〕雅克·巴尔赞:《从黎明到衰落——西方文化生活五百年,1500年至今》,林华译,中信出版社2013年11月出版。(以下引用该书时,仅注明页码。)

这些深见卓识多半体现在绍述之中。时而，他也就一个论题单独议论一段。这些段落多半深富哲理，读者在这里，比在绝大多数哲学论文那里，应能学到更多"哲学"。

文化与政治交织，这本文化史不可避免会常常触及政治史话题，作者在这方面也颇多深见。有一节说到"政府理论"，本来，没有哪个政府的运作能合乎理论，也没有哪两家政府的运作方式一模一样，政府结构的形成及其实际运作要看机缘，要随形势与利益格局而定。那么，为什么需要政府理论呢？因为，"西方人总是想与自己的经历拉开距离，客观地看待它们，把它们分门别类，归纳到可以传播的模式"。由此就来了理论，因为"对过去和现在的经历做合理的解释，到以同样的方式促进改变，向世界提出新的原理或哲学，两者之间只是一步之差。"① 啊啊，这一步之差却差之千里。我也一向认为，人的探究，包括政治探究，总是解释性的；你自探究你那里的政治如何发展到今天这个样子，其中利在何处弊在何处；你的政治方式，别人当然可能学习、效仿，但通过什么途径影响他者，效仿哪些以及怎么效仿，要由他者依乎他自己的情况去摸索。西方则有一种倾向，以为可以由自己的经历构造出普遍理论，既然普遍，就可以到处应用。

另有一节讨论历史学，指出十九世纪二十世纪之交，"史学的实质和特征发生了剧变……历史学家变成了研究过去的社会学家。"② 这一节所阐发的历史哲学极为精当，的确，虽然作者贯通各

---

① 第 268—269 页。

② 第 706 页。

个文史领域，他毕竟首要地是史家。多种多样的因素促成了这五百年的文化变化，而作者提到最多的是平民化。这一见解，连同他的历史哲学，都深得吾心。

这些大论题，作者多有他独到的见解，行文之中，三言两语的知人知世，则所在多有。"'研究'成了一个具有欺骗性的词……教学大纲里也许有大量的文科课程，但是，如果不用人文方式教授，它们就毫无教育价值。"① "愤怒可以是一种廉价的感情，随意使用以显示自己的正义。"② 是啊，在我们这个"道德滑坡"乃至"道德崩溃"的环境里，千万别以为既然有"道德义愤"泛滥，我们就多了一丝希望。我想，这么一部大书，是得有些这样一语中的的句子穿插其间才提神。再随手从几页范围里摘录两三句吧。"感伤是把行动拒之门外的感情，无论是真正的还是潜在的行动。"③ "崇高需要粗犷和宏大，有了和谐就没有崇高。"④ "鲍姆加登创造了'审美'一词。他不可能知道这个词今后会造成何种破坏。"⑤ 不说德文，单说中文里"审美""审美判断力"这些用语，真不知造成了多少破坏。把艺术的鹄的归为美，已经高度误导，"审"这个字更不知所云，难道我们是在审视、审判吗？审再加上判断，似乎真是在审判。当然，找到一个替代词也不容易，但我们不妨试试艺术感受，艺术感受力、领会力。

---

① 第 657 页。
② 第 342 页。
③ 第 437 页。
④ 第 446 页。
⑤ 第 444 页。

对于文化史上的人物事件，作者多有独特的判断。总的看来，作者格外属意带点儿怀疑色彩的智者，拉伯雷、蒙田。我猜想巴尔赞会觉得自己也比较接近这个类型。睿智难免怀疑色彩吧。作者对中世纪后期的文化思想评价很高；这类评价这几十年来倒不少见，但这也跟作者不把近现代发展一味视作进步有关。有些不那么彰显的人物获得很高评价，例如十九世纪中叶的白芝浩（Bagehot）和霍姆斯（O. W. Holmes，那位美国著名大法官的父亲）。反过来，有些如雷贯耳的大名，并未多说多论。白芝浩和霍姆斯那两节各占两页，莎士比亚一节也不过三页，而且，这一节并未放到他生活创造的十六、十七世纪之交，却放到两个世纪后其地位确立的年代，更有甚者，白芝浩和霍姆斯获得的都是好评，而莎士比亚——歌德那说不尽的莎士比亚，布鲁姆称之为西方经典核心的莎士比亚——浑身都是缺陷。对某一作者的具体批评，我当然常常并不同意，不过，在我读来，这类贬评，未见得是作者的周全评价，更多是针对一些流行看法提出争议。听听主流之外的评价——只要评价者不是刻意在标新立异——通常倒有益无害。毕竟，这不是一本教科书，更不是咱们这里的教科书，似乎随便哪个写书的教授都是在为历史人物做中宣部认可的全面而公正的评价。我更喜欢巴尔赞的写法：我们街上人不知道的人事多谈几句，我们都知道的少谈几句，得到普遍推崇的不妨多谈谈缺点，反正是个人看法。

这本书的书名叫"从黎明到衰落"，所以，说到这本书，不能不说说作者的文化大势观。1500年，大致是西方走出中世纪的年代，是黎明，一个伟大的时代开始了；今天，日薄西山，这个伟大的时代落幕了。不少人有这样的感觉，但很少人做出这样明确的判词。作者说,的确,在二十世纪上半,虽然情况已经相当明显,但生活在彼时的人毕竟仍在庐山之中,不似现在,西方文化的衰落已经明明白白。第一次世界大战提供了一个显而易见的分水岭。可以看到,就在那段时间前后,文化人的政治观发生了巨大转变。巴尔赞列举了一系列鼎鼎大名的学者,弗洛伊德、马克斯·韦伯、涂尔干、汤因比、柏格森、庞德、马勒、理查德·施特劳斯、邓肯,他们纷纷歌颂战争,吹嘘本国军队,煽动对敌国的仇恨。尽管作者列举了这些人以及很多其他名人,我们仍不难再续上胡塞尔、舍勒以及更多的名字。据巴尔赞称,实际上只找得出五六个人像罗素那样的例外。他接着说:"在拿破仑战争中从未发生过这类情形。"① 当然,古代更不是这样。这种巨大的转变由何而起?这是我们每个关心文化史的读者都愿认真思索的,作者也努力加以解释。

这当然只是当代文化衰落的一角。巴尔赞笔下,西方文化方方面面都在衰落。有救吗?西方曾没入中世纪,在无垠的文化废墟上,这里那里,一两个修士在修道院昏暗的油灯下,阅读誊写古代辉煌文明残留下来的文著。如今,说不定这里那里也有几个有心人,未被大众文化的滔天巨浪所裹挟,他们坚持学习已被忽视的文学和哲学杰作,揣摩无人问津的绘画与乐曲,坚定地认为只有它们才与"更充实的生活"相辉映,默默地守望文化的再生。②

---

① 第 760 页。
② 第 868 页。

言意新辨①

提要

　　本文从"我们用语言思考吗"这个问题开始追问。对这个问题回答"是"似乎会引向"语言决定论"。与语言决定论针锋相对,"思想语假说"断然否认我们用自然语言思考,主张我们用"思想语"思考。然而,思想语假说对这个问题的回答包含一种误解——"用什么思考"的意思不是"思考时心里浮现了什么",而是心智活动通过什么表达系统获得直接表达。依此,中国人用汉语思考,英国人用英语思考。思考以语言为归宿——在言说活动中,多种多样形式的心智活动通过一个单一形式的公共表达系统获得表达;这种表达是未成形东西的成形,而不是一种现成物转换成另一种现成物。本文借用交通系统来理解表达系统,进一步阐明以上论点。立足于以上基本思想,本文接下来对"动物的语言"、"形象思维"、"内部语言"、翻译、"普遍语言"、"找词儿"、"言不尽意"等多种论题展开讨论。言说活动一端连着言说者的种种经验,另一端连在语言上。语言不决定我们的思考;但说话的动物习惯以语言为归宿来思考,因此,语言参与塑造我们的思考。用英语、汉语、几何图形思考,

---

　　① 原载于《云南大学学报》(社会科学版)2013年第6期。

思考会有不同。本文并说明，字词语言虽然是人类最主要的表达系统，却并不意味着我们的经验都可以通过字词语言获得充分表达。

一、我们用语言思考吗？

我在美国待了几年，回国后，屡屡有朋友问我"你现在能用英语思考吗？"我是读哲学的，读哲学的有个怪癖，听到这样的问题，先想到的不是回答 yes or no，而是"用英语思考这话是什么意思？"

是啊，用英语思考、用某种语言思考是什么意思？我们用语言思考吗——中国人用汉语思考，英国人用英语思考？这不是一个容易回答的问题，实际上，很多思想家为此颇费思忖，结果得出了相反的结论。读者诸君，我猜想，答案也会见仁见智。的确，我们一旦开始追问用语言思考是什么意思，就会被引向对语言本性的思考，引向如何界定思想的难题，引向源远流长的"思想-语言关系问题"。

我们可以带着我们是否用语言思考这个问题重读关于语言本性的种种探究。我们普通人反思语言的本性，容易这样想：文字是用来记录口语的，这么想下来，口语用来记录心里的意思。古之贤智者，似乎也这样看——"书不过语……语之所贵者，意也"①。按照亚里士多德的著名说法，言语是内心经验的符号，文字是言语的符号；各个民族的言语和文字都是不同的，然而，虽然各个民族的语言有不同的约定，但内心经验对所有人都是相同的，由这种内心经验所表现的对象也是相同的。按照这种看法，我们恐怕不是用语

---

① 《庄子·天道》。

言思考，语言只是把我们已有的思考表达出来，言说只是为我们的思想穿上衣裳。

二、"语言决定论"

直到十九世纪下半叶，这些蛮寻常的看法才受到严重的挑战。不少思想家提出，语言不仅是我们表达思想的手段，它也塑造着我们的思想。洪堡说："每一语言都包含着一种独特的世界观。"① 依照索绪尔的任意性原则，我们并不是面对一个已经清楚分节的世界，然后用语词给这些现成的成分贴上标签，实际上，语言才把现实加以明确区分，"若不是通过语词表达，我们的思想只是一团不定形的、模糊不清的浑然之物……在语言出现之前，一切都是模糊不清的。"② 每种语言都以特有的、"任意的"方式把世界分成不同的概念和范畴。德语把下棋、踢球、打猎、演出统归在 Spiel*之下，英语和汉语却没有正好与之相应的范畴。

诠释学传统的思想家一般持相似的思路。施莱尔马赫说："话语是思维共同性的中介"，他又说道："语言是实际思想的方式。因为没有话语就没有思想。……没有人能无语词地思想。没有语词，思想也不是完成的和清楚的。"③ 狄尔泰说："只有在语言里，人的内

---

① 〔德〕威廉·冯·洪堡特：《论人类语言结构的差异及其对人类精神发展的影响》，姚小平译，商务印书馆1999年版，第72页。
② 〔瑞士〕索绪尔：《普通语言学教程》，高名凯译，商务印书馆1999年版，第157页。
* Spiel，比赛，游戏。——编者
③ 〔德〕施莱尔马赫：《诠释学讲演》，载于洪汉鼎主编，《理解与解释》，东方出版社2001年版，第48、49页。

在性才找到其完全的、无所不包的和客观可理解的表达。"① 伽达默尔甚至说:"现实并不会在语言的'背后'发生……现实完全是在语言中发生的。"②

这个思想方向最知名的代表是萨丕尔-沃尔夫假说(Sapir-Whorf hypothesis):语言使用者对世界的看法是由其语言形式决定的,语言怎样描述世界,我们就怎样观察世界。这个假说,常被称作"语言决定论"或"语言牢笼论"。

萨丕尔、沃尔夫以及持类似看法的学者为萨丕尔-沃尔夫假说提供了不少理据。

动物没有语言,相应地,也没有思想。思想必使用概念,而概念是属于语言的。空间的概念化(或言说空间)是个突出的例子:一个足球落在我前面的一块石头那里,我们会说球在石头前面,豪萨人却说球在石头后面。英语说 A ball is thrown under the table, 有些语言则不说"从桌子底下"而说"穿过桌子"——这些不同说法规定了空间概念化的不同方式:在英语的说法里,桌子主要被视作一个平面,而那些说"穿过桌子"的语言则把桌子视作三维物体。哈哈,当然,汉语是最全面周到的语言,因为我们会说球从桌子"底下""穿过"。我们自己也可以想到很多类似的例子,英语说 put on my coat,汉语则说"穿"大衣,英语说 My thoughts go back to my

---

① 〔德〕狄尔泰:《诠释学的起源》,载于洪汉鼎主编,《理解与解释》,东方出版社 2001 年版,第 77 页。
② 〔德〕伽达默尔:《哲学解释学》,夏镇平、宋建平译,上海译文出版社 1994 年版,第 36 页。

dead father，汉语则说"追"思亡父。

　　语言之间的比较还提供了其他好多例证。各种语言中对颜色的分类相去很远，有的语言有数十个颜色词，而有的语言只有两个颜色词。恩尼·印第安人用同一个词来称黄色和橙色，结果，他们"不大容易分清黄色和橙色"。① 我们用一个雪字所称的东西，爱斯基摩人有几十个甚至几百个名称，然而，他们却没有雪这个总名。西班牙语没有病了这个总的说法，而必须区分久病和临时的病。显然，相关语族的人是在不同的概括层面思维。火、雷、电，在我们的语言里是名词，在霍皮语中则是动词（据沃尔夫，这更合乎道理）。努特卡语看来只有动词没有名词，我们说到房子的场合，他们会说一座房子出现了之类。

　　心理学实验似乎也提供了证据。主试先说一个反事实句，if John were to go to the hospital，然后问接下来的那个主句所说的事情是否发生了，美国学生98%答对，中国学生才7%。研究者称，这是因为汉语里没有反事实句这种设置。

　　按照语言决定论的看法，我们用且只用语言思考，既然我们不可能超出语言思考，语言就是思想的牢笼。

三、质疑语言决定论

　　语言决定论受到众多质疑。
　　关于索绪尔的任意性原则，有论者指出，各种语言对事物的区

---

① 陈保亚：《语言文化论》，云南大学出版社1993年版，第56页。陈保亚是从勒纳伯格（E. H. Lennenberg）那里引述此点的。

分并不是完全任意的,例如自然品类名称,杨树、柳树、松树、橡树等,在各种语言中相同或至少极为接近。

思维不一定借助语言,文学中有所谓"形象思维"的说法,很多文学家艺术家,例如诗人柯勒律治和雕塑家瑟尔斯(James Surls)谈到过视觉意象在他们的思考中起到决定性的作用。实际上,这远不限于文学艺术,爱因斯坦写道:

> 语言中的语词,无论书面的还是口头的,在我的思想机制中看来都不起任何作用。看来思想用作元素的心理物是某些可以"随意愿"调出并组合的符号和大致比较清楚的形象……就我的情况说,上述提到的元素是视觉的还带点肌肉类型的。①

其他科学家也有类似的经验和说法,例如,视觉意象在苯环和双螺旋发现过程中的作用也为人所津津乐道。

再则,语言是线性的,而思想不是线性的。你想到一幅黑云压城的景象,这并不意味着你依次想到黑色、云、压、城池。你看到的是黑云,只是在言说时才分出了黑和云。

婴孩在学会说话之前已懂得别人对他说的一些话,天生的聋哑人思维基本正常,这些似乎都说明,语言是思维的结果而非思维必需的工具。我们甚至可以引猴子等高等动物为例来说明此点,因为它们显然有某些相当复杂的心智活动。说到底,如果在语言之前没

---

① 转引自〔瑞典〕马尔姆贝格:《心理学和哲学对语言研究的贡献》,载于《国外语言学论文选译》,岑麒祥译,语文出版社1992年版,第125页。

有思维，语言怎么能被发明出来？

如果语言决定思想，双语人心里似乎该有两个世界图景，但这不合实情。或更一般地，不同语言的使用者面对的是同一个世界。比较各种语言刻画球从桌子底下穿过的方式并研究它们怎样影响到空间的概念化，依赖于我们能够客观地知道桌子是什么样子的，只是不同语言着意于刻画这个"客观存在"的不同侧面。正由于我们面对共同的客观现实，我们才能讨论不同语言对现实世界的不同概念化，也才可能在不同语言之间进行翻译。如果我们各自囚禁在母语的牢笼里，翻译就成为不可能之事。

语言决定论引称的"事实"有不少是以讹传讹，例如，据后来的调查，爱斯基摩人并没有成百上千指涉雪的名称，实际上，他们指雪及类似东西的名称跟英语大致一样多。努特卡语并非只有动词，而是像所有语言一样有动词名词之分。

心理学研究也并不支持语言决定论。儿童在习得语言之前已有多种认识能力，例如能清楚认识连续出现的物事的次序。一种语言只有两个颜色词，并不意味着这个语族只能区分两种颜色，研究表明，虽然各种语言中的颜色词相去很远，但各语族人对颜色的知觉并没有多大差异。不少心理学研究毋宁得出了反对语言决定论的结论，例如语言病理心理学马尔姆贝格的研究结论是："句子不只是带有意义的、孤立的、并列的单位的重复，而是由一个包括句子全部并且一开始就在说话人的脑子里定型的图式决定的"。[①]

[①] 〔瑞典〕马尔姆贝格:《心理学和哲学对语言研究的贡献》，载于《国外语言学论文选译》，第125页。

四、"语言决定论"往往只是通俗标签

我认为语言决定论完全不能成立。不过,这里得为萨丕尔等人说句公道话。他们的看法中有时出现语言决定论的倾向,但他们在著述中所表述的思想远不可以用"萨丕尔-沃尔夫假说""语言决定论""语言牢笼论"等标签来概括。引用他们的语录,也应留心不要断章取义。例如,萨丕尔的确说过"言语是通向思维的唯一途径",但他在说这话之前并非没有疑虑,他先说,"思维可能另是一个自然领域,不同于人为的语言",而且一般说来,思想高于语言,然后他才说,"然而,就我们所知,言语似乎是通向思维的唯一途径。"① 萨丕尔又说:"语言和我们的思想轨道不可分割地交织在一起,从某种意义上说,它们是同一回事。"② 这个"某种意义"也许需要澄清,但显然不是无条件地把思想等同于语言。人们经常引用萨丕尔的另一段话,这段话说:"'实在世界'在很大程度上无意识地建立在群体的语言习惯上……我们如此这般地去看去听去经验,很大部分是因为我们群体的语言习惯预定了对某些解释的选择。"③ 萨丕尔的用语,to a large extent,very largely 等,也明显留有转圜余地。伽达默尔的确说"我们完全生活在语言之中",但他接着又说:"这绝

---

① 〔美〕萨丕尔:《语言论》,陆卓元译,商务印书馆1997年版,第14页。
② 同上书,第195页。
③ 沃尔夫在"习惯性思想和行为对语言的关系"一文文首所引的就是这段话,见 Benjamin L.Whorf, "The Relation of Habitual Thought and Behavior to Language", in *Language, Thought, and Reality*, ed. by John B. Carroll, Cambridge: MIT Press, 1956, p.134。

对不是监禁在一种语言之中"。①

　　这里出现的是一种常见的情形：人们先用比较醒目的提法来概括某种思想，后人不再关心原著，只是从这个标签望文生义。简单把萨丕尔、沃尔夫称作语言决定论者是不公正的，遑论把索绪尔、伽达默尔也列在其中。尽管萨丕尔、沃尔夫的不少见解我认为无法接受，但他们提出的思路超越了初级反思，提示出向更深层次思考的方向。

五、思想语

　　上节用来质疑语言决定论的理据，不少引自平克(S. Pinker)，例如爱因斯坦用形象思考的那段话。

　　平克认为，这些理据不仅驳斥了语言决定论，也驳斥了我们用语言思想这一流行见解。他认为，虽然我们平常会说我用汉语思考或我用英语思想，但我们并非像字面所说的那样真的用汉语或英语思考。我们真正用来思考的，是思想语②：在所有自然语言之下，有一种思想语，它是"大脑的某种默不出声的媒介"，它也是一种普遍的媒介，是所有人类普遍具有的表征系统。自然语言有种种缺陷，如含混、歧义等，我们不可能用它来思考。思想语这种表征系统则没有这些缺陷，我们的思想寓于这种媒介之中，"每当我们要把思

---

　　① 〔德〕伽达默尔：《哲学解释学》，夏镇平、宋建平译，上海译文出版社1994年版，第15页。

　　② language of thought 或 mentalese，亦可译作**心语**。乔姆斯基的普遍语法已经提示了思想语这个方向。福多(Jerry Fodor)正式提出了思想语假说。

想传达给某位听者时才穿上语词的衣裳"。①

平克在《语言本能》一书系统阐述了他的相关思想,后来又在《心智是怎么工作的》一书中补充了一些论证。这里只举几个例子。在自然语言中有同形异义字,它们会引起歧义。单听到 Jim went to the bank 这句话,我们无法判断这 bank 是 river bank 还是 money bank。但显然,说话人自己知道他指的是哪个,可见,在他的思想里使用的是另一种语言,在这种语言里,bank 的所指是由例如 A 和 B 两个不同的符号来代表的。人称代词也属于此类,说话人用他指的是谁?说话人自己当然知道。同样,我们需要思想语来解释双关语,例如:What do lawyers do when they die?——Lie still。(律师死后做什么事?——静静躺着;继续撒谎。)说话人用来思想的语言是一种更丰富的语言,但他为了迅速地传达思想,在说出的语言里省略了大量信息,由听者的想象去补足,但储存着这些信息的思想语却无须去想象,"因为它正是想象本身"。②代词等只是为了听者而设的,说者本人并不需要它们。反过来,思想语也能解释同义语现象。张三打了李四和李四被张三打了这两个不同的句子表达的是同一个意思,这是怎么回事呢?按思想语假说,这些不同的语词组合方式之外,一定还存在着什么别的东西,那就是那个"同一个意思",它在思想语中是由同一串符号链来表征的。

思想语假说也有助于解释其他诸多语言现象。例如,我们都有

---

① Steven Pinker, *Language Instinct*, New York: Harper Perennial Modern Classics, 1994, p.45.

② Steven Pinker, *How the Mind Works*, New York: W. W. Norton & Company, Inc. 1997, p.70.

"找词儿"的经验:我有个想法,却不知用什么适当的词句表达出来;或者,话说着说着忽然停下来,意识到自己所说的并未准确表达自己所想的;或者,我记不得那人的话语,却分明记得那席话语的意思。我们该怎么解释这些现象?显然,话语之外,另有"所想的"东西。这种东西以什么形式寄存呢?思想语。而且,只有假设存在思想语,我们才能解释孩子怎么学会语言,解释创造新词,解释语言间的翻译,而"懂得一种语言就是知道怎样把思想语翻译成语词串以及知道怎样反过来翻译"[①]。——我们把英语翻译成汉语,实际上是先把英语翻译为思想语,然后把思想语翻译为汉语。

我不认同思想语假说。在我看来,平克的种种论证基于对语言本性的错误看法,他所列举的那些语言现象也无须思想语假说来解释。让我们先从爱因斯坦用形象思考这件事开始。

六、心里掠过的形象

爱因斯坦说,在他的思想机制中,起作用的不是语词,而是形象之类。平克反驳我们用语言进行思考的时候,引用了这段话,用来说明这位大科学家不是用语言来思考而是用形象等来思考。

关于爱因斯坦这段话,本文后面还要论及。眼下先谈两点。第一点很简单:即使爱因斯坦这段话表明我们不用语言思考,它也不能用来支持思想语假说——平克各处谈到的思想语,一点儿都不像

[①] Steven Pinker, *Language Instinct*, New York: Harper Perennial Modern Classics, 1994, p.73.

爱因斯坦用来思考的"形象",更不像带点儿肌肉感的元素。

　　第二点是重点。我们在思考的时候,心里可能掠过这样那样的形象,这些形象并不一般地等同于爱因斯坦所说的思想时用作元素的"心理物"。实际上,我们很难确定思考之际心里都掠过了一些什么。我面对一位朋友,为某件事情要向他道歉,可该怎么开口却煞费踌躇。这时候,我心里也许掠过上次我们见面时我对他不礼貌的样子,掠过他气恼的样子,谁知道呢,也许还掠过当时说话的声调,旁观者的眼神也游移不定地闪过?浮现出懊恼之情,这种情绪可能模模糊糊。这些可都是我用来思考的东西?我脱口说出"原谅我当时的冒失",而偏偏是这句话,甚至这句话里的任何一个词,事先都并未在我脑海里浮现。

　　这其实是休谟他们早就讨论过的一个问题。你教我"三角形三边的垂直平分线相交于一点"这一定理,我努力弄懂这个定理,这时候,我心里浮现的是略带黄色的大大的直角三角形或略带灰色的小小的锐角三角形,这些有什么关系?我心里浮现没浮现三角形,又有什么关系?我听见敲门声说请进,你进来问我说请进时心里浮现了什么,我恐怕答不出来——这委实是个奇怪的问题。

　　你可能会想,请进来得太快了,心里浮现的东西稍纵即逝,我们来不及看清它是什么。啊哈,这个想法已经把我们引向歧途:不管心里浮现的东西是不是稍纵即逝,它根本就不是我们需要在这里查看的东西——

　　　　这里很容易陷进弄哲学的死胡同,以为面临的困难在于我们须得描述难以捕捉的现象,疾速滑走的当下经验,或诸如此类。这时我们觉得普通语言似乎太粗糙了,似乎我们不是在和日常所讲的那些现象打交道,而是在和那些"稍纵即逝的现象"打交道。①

七、直接表达

我到美国几年后,有一个变化,从前,听见敲门,我回答请进,现在,我回答 come in please。

我在说请进和 come in please 之前或之际的一瞬心里掠过什么,掠过的东西是否相同?这是个奇怪的问题。非要回答这样的问题,我也许会说,心里没掠过什么,我直接就说了请进。我没想什么,我"不假思索""脱口而出"。

不管心里当真什么都没闪现过抑或其实闪现过点儿什么,不管闪现过的是些什么,恐怕都不是仿佛我心里先用英语说了一遍 come in please,然后嘴上把它说了出来。

但 come in please 这句话有点儿太简单了吧?的确,我英语不够好,跟英美人对话的时候,我得把自己的想法在心里先用汉语说出来,然后在心里翻译成英语句子,然后再说出来。这,恰恰是人们所说的"(虽然会说英语,但还)不能用英语思考"。

又在美国过了十年,我已经说一口流利的英语。谈天论地,吵架骂人,就像说 come in please 一样脱口而出。这时候,人们会说:"这家伙在用英语思考。"是的,英美人用英语思考,就像我们用汉

---

① 〔奥〕维特根斯坦:《哲学研究》,陈嘉映译,商务印书馆 2016 年版,第 139 页。

语思考。

"我们用什么思想"问的不是思想时浮现在心里的东西，而是思想借以表达①自身的媒介：思考用什么表达出来，所想的通过什么获得直接表达。"你是否用英语思考"问的不是你说话时"心里浮现的是不是英语"，而是你是不是直接用英语表达你的思想。

我们知道，直接是个 slippery word*。不过，在我们的上下文里，"直接用英语表达"的意思相当清楚——它相对于先在心里说汉语，然后把它译作英语。

固然有这样的情况，例如在面试见考官之前：我在心里默默把要说的话说了几遍，说话只是把在心里已经组织好的话语说出来，但通常，把心里想的说出来却不是这样，我心里所想的没有形成语言，它在我说话之际形成语言。

八、"浑然之物"的成形

表达是未成形的东西（"一团不定形的浑然之物"）获得明确的形式。

我要表达一个想法，当然，在一个基本意义上，这个想法已经在那里了。但它不是以某种既成的形式存在在那里。从心里的想法到表达出这个想法，不像把放在抽屉里的项链戴到脖子上，而是某种尚未成形的东西转变为具有明确形式的东西，或用亚里士多德

---

① 本文把**表达**用作概括词，往往笼统包括**表达**、**表述**、**传达**等。

* slippery word，滑稽的词。——编者

的方式说,是从潜能到实现的过程。这一关键之点,先哲多有阐论,这里只选上两段。维特根斯坦说:"人们被引诱使用这样的图画:他其实'要说的',他'意谓的',在我们说出来以前就已经现成摆在他心里了。"① 梅洛-庞蒂:"说话人并非在用言语表达某种既成的思想,而是在实现它"②。

表达不是移动现成的东西,"表达是具有创造性的";③ 事涉复杂的想法,从所想到说出可以是极为艰难的工作。

思维与语言的关系不是两种现成东西的关系,不是现成的东西外面套上一套衣服,如维果茨基所言,"言语不能像穿上一件现成的外套那样套在思维外面。思维在转化成言语时经历了很多变化。它不仅仅在言语中发现了它的表述;它还找到了它的现实和形式"。④ 的确,如果思想语已经是一种成形的语言,思想在思想语里已经获得了表达,那我们不禁要问:当我们要把思想传达给某位听者的时候,为什么还要再穿上自然语词的"衣裳"呢?

你坚信坚持认为,一种成形的语言必须有另一种成形的语言为基础,我们在说出话语之前必定已在心里用另一种语言思考。然而,这并不能帮我们躲过浑然之物成形的这一步——在心里用思想语说话同样是在把某些不成形的东西形成为语言。

尚未形成为语言的想法是些什么呢,它们是心里掠过的意象、

---

① 〔奥〕维特根斯坦:《哲学研究》,第116页。
② 〔法〕梅洛-庞蒂:《知觉现象学》,姜志辉译,商务印书馆2001年版,第233页。
③ 〔德〕狄尔泰:《历史中的意义》,艾彦译,译林出版社2011年版,第63页。
④ 〔苏〕维果茨基:《思维与语言》,李维译,浙江教育出版社1997年版,第137页。

形象、感觉吗？你在默想，我问你你在想什么，你回答说：我在想我刚才应该对这个病人说实话。我说：我是在问你说这话之前在想什么？你听得懂我的问题吗？你若听懂了，大概只能回答：我就是在想我刚才应该对这个病人说实话呀。（当然，也许你没有把你的想法说清楚，那时，你会试着用另一种说法说出你的想法，是的，你仍然是说出你的想法，而不是告诉我你心里浮现出过什么意象。）

心里掠过的意象、形象、感觉并不是你的想法。你也许仍然要说，这个想法曾寄身在这些意象、形象、感觉之中，潜藏在这些形态之中，好吧，如果你的兴趣是追索这个想法未成形之前我的大脑里都出现了一些什么活动，那么，如房德里耶、维特根斯坦等多位思想家所见，你是对"心理学问题"感兴趣。[①] 心理学家可以考察一个想法寄身于哪些心理形态。但这个想法并不是这些形态。

被问到你的想法是什么，我们怎样回答？我们把想法说出来，让尚未成形的想法在语言中成形。否则，我们会像在奇境里漫游的爱丽丝那样，"怎么回事儿呀，我脑子里好像满是想法，可我想不清它们是什么！"用比较拗口的话说：只有通过表达它才是那个想法。

九、表达系统

说话是一种表达。它不同于龇牙咧嘴表达了疼痛，语言表达是通过一个系统来表达，通过语言系统来表达。

[①] 房德里耶称之为"心理学家的主业"，见 Joseph Vendryes, *Language: A Linguistic Introduction to History*, London: Routledge & Kegan Paul LTD, 1959, p.66。

任何一个表达系统都是一种广义的语言。音乐、绘画、绘制地图的符号系统，乃至一些行为举止，这些都是表达系统，都是广义的语言。最典型的表达系统是字词语言，Wortsprache。我们说到语言，凡不会引起误解之处，说的都是字词语言。

本文无意全面界定语言，只须大致说到，字词语言是一个分环勾连的（articulated）系统（简单说，句子由词构成）；这是一个稳定的系统；这在很大程度上是由于这个系统的成分是一式的（例如突出体现在文字形式的一式性上）。与其他表达系统相比，字词语言可说无所不在，渗透在我们生活的方方面面。

绘画语言、音乐语言等与字词语言有极为重要的区别。本文不及一一探讨各种语言的独特之处而只限于泛泛指出，如索绪尔等大师反复强调，字词语言的成分几乎完全由整个系统的结构规定，而绘画等等语言却不是如此。

这里特别要提请注意的是，本文所说的表达系统与人们到处所说的表征系统（representative system）有别。这一点在字词语言这里要比在其他语言那里远为更加突出。表征系统这个用语暗含了镜子隐喻，从而强烈误导，无论把语言说成是表征现实还是表征观念。说语言表征这个那个，近乎说筌表征鱼，道路表征步履。语言哲学中意义指称论等大量困扰即来自这个强烈误导的隐喻。

十、包裹比喻

在各种各样教科书里，我们可以找到关于语言的形形色色的定义。我们也会碰到各种各样的比喻或隐喻。它们也许比定义更多指引我们对语言的理解。其中有一个经常碰到的是寄送包裹的比喻：我要送给你一样礼物，把它打上包装，寄出去，你收到包裹，打开包装，得到了包装里面的礼物。我心里的观念或意义是礼物，表达式是包装。这个比喻比穿外套的比喻更进一层，因为它还包括了寄送（传达）这个环节。它在很大程度上代表了我们对语言交流的初级反思。

包裹比喻跟表征思路拉开了距离，在一点上优于镜子比喻。但它有一个致命的缺陷。我寄送包裹，你连包装带礼物都收到了，你打开包装，里面是礼物；而在语言交流中，我说话，你收到的只有表达式。

也许我们可以把包裹比喻改进一下。我在寄送礼物的时候，需要选择不同的包装，例如，贵重礼物用精致的包装，普通礼物用普通包装，于是，你可以从包装来猜测我要寄送的是什么东西。猜测或猜谜是又一种关于语言交流的初级反思——语词是谜面，说话人握有谜底，听话人则在猜谜，理解一句话的意思就是他猜对了谜底。由于种种缘故，我们有时的确要猜说话人是什么意思，比如在官场上猜测领导的意图，但这不是语言交流的常规。我听到你说请进，说电话在书房桌子上，我并不猜测这话是什么意思，我知道这话是什么意思。

让我们进一步改进这个比喻——每一个意思有它特定的包装，这样，你只看包装就知道我寄来的是什么礼物了。然而，这离开原来的比喻已经太远了。即使如此，这仍然是把礼物和包装设想成两样各自现成的、可以分离的物事，没有体现出意思在言词中成形这一要点。

十一、道路比喻

我自己最喜欢的是道路网的比喻,这是一个古老的比喻,甚至说成比喻也不那么恰当,中国话里的道本来既有道路的意思又有言说的意思。不管怎样,我认为从道路系统来理解语言会有很多收益。①

从道路系统这个比喻着眼,可以这样界说语言:语言是一套公共的、稳定的、系统的表达设施。

语言是一套公共设施,而不是某种在我心里的东西。仅此一点,就把本文的主张与大多数表征理论区分开来。

这一关键点,在我读过的文著里,只有房德里耶、维特根斯坦等少数论者给予明确的阐述。房德里耶说:"语言有它自己的存在,不依赖言说者的心灵倾向。他的语言作为某种已经组织好的东西来到他这里,就像来到他手头的工具。他可以为种种不同的目的使用它……但它总是同样的工具。"房德里耶(J. Vendryes)接下去说:"我们可以不依赖心智单独研究语言";②这话我也同意,虽然加上"在某种意义上"要更稳妥些。

语言是一套公共设施,我心里的意思、"私有的"意思,须通过这套公共设施得到表达。你想要表达思想,你就得先学会一种语

---

① 萨丕尔也提到这个比喻:"(大多数人大概会认为)语言只不过是一件外衣!但如果语言不怎么像一件外衣,而更像是一条现成的路或车辙,那又怎么样呢?"见〔美〕萨丕尔:《语言论》,第13页。不过,熟悉萨丕尔相关思想的读者不难知道,萨丕尔关于此一论题的思想与本文相距很远,往往正相反对。

② Joseph Vendryes, *Language: A Linguistic Introduction to History*, London: Routledge & Kegan Paul LTD, 1959, p.237.

言,就像你得掌握一个城市的交通系统,才能去到你要去的地方。要去什么地方,这个想法已经在那里了,道路系统也已经在那里了。但这个"那里"却不是一式的:我的想法在我心里,道路系统在家门外面。

十二、筑路

怎么一来,我们就有了语言这种设施呢?简单说,就像我们建设起道路设施那样。道行之而成,或者,为行走方便修筑而成。

据说,思想语假说的一个用途是解释语言的产生。语言的产生是个引人入胜的话题,但思想语假说却帮不上什么忙。如果语言必须以思想语为基础才能产生,那么,思想语又是在什么基础上产生的呢?反过来,如果思想语可以在其他心智活动的基础上产生,那么,为什么语言就不能直接在其他心智活动的基础上产生呢?

我们去古已远,只能遥遥思辨语言的发生。但在我们身周的人,随时随刻在创造新的表达式,甚至新语汇和新语法。他们是最广意义上的诗人。语言是稳定的,但不知不觉之间仍在缓慢改变。一代又一代的言说者调整语言,改变语言,创新语言,让一代一代后来人几乎能够想到任何意思。海德格尔说,日常语言是精华尽损的诗。好吧,有人修道,有人行道。

十三、道路网不是牢笼

一套发达的交通系统由多种多样的内容构成,有高速路,有街道；有的平交，有的立交；平交的路口或设转盘，或设红绿灯。

一套既定的设施，例如红绿灯，是自由的条件抑或是一种束缚？一般说来，世上的设施原本应我们的需求产生或建成，它们为我们提供便利，而不是为我们设下牢笼。前辈艺术家摸索出格律、对位法、透视法，我们依格律写诗，依对位法作曲，依透视法作画，并非要把自己套入牢笼。无数诗人依格律写出了传诵千古的佳作。语法和词汇也不是牢笼。

当然，既定设施有可能成为约束。诗人们摸索出了格律，但他们有时会感到格律的束缚。你要是觉得五律这种形式束缚你现在要表达的思想，你可以写七律，可以写五言古风，当然，你也可能完全抛弃格律，用自由体写诗。

当然，语言比格律基本，你很难完全跳出语言。你可以拈花一笑，可以轻歌曼舞或暗送秋波，但你多半还是会开口说话。不过，语言的疆土上有不同类型的道路。诗意盎然的人们可以找到挥洒他们所感所识的语言方式，八荣八耻驰骋在党报的语言方式之中。我们的语言有那么多词汇，语法有那么多门道，足够让你那点小意思得到自由的表达。房德里耶评断说："对于当真有的可说的人，语言从不拆台。我们不必听信那些拙劣的作者，他们写不出好作品，因此怪罪于语言；过错总是在他们自己身上。"① 的确，通常，你不需要改变语言，你精通其中的妙道，蛮可以说得花样翻新。万不得已，你可以试着造词，甚至改变语法，② 只要有足够多的人追随你

---

① Joseph Vendryes, *Language: A Linguistic Introduction to History*, London: Routledge & Kegan Paul LTD, 1959, p.347.

② 关于表述者的言语活动营造起来的语言演变最终被铭刻到形态变化上，海然

的用法，它会沉淀而成语言的一部分。我们的语言是一套相当稳定的设施，但每一代人都在对语言做出这样那样的改变。

十四、娴熟技能与本能

听见敲门，我不假思索说请进，英美人脱口而出 come in please。在很多场合，我们开口就来，让说话看起来颇似本能。我们天天说话，不少人成天唠叨个不停，我们动嘴皮子的本事比水手打结还来得娴熟，还不假思索。但这只是由于我们已经熟练掌握了一项技能，别忘了，我们曾笨拙地学习过，就像水手曾笨拙地学习过打水手结。

用语言表达思想不同于呲牙咧嘴表达了疼痛，说话依于学会一套表达程式，因此，我们显然须把不假思索的说话区别于本能反应。哇的一声哭喊"表达"了疼痛，脸部肌肉抽搐"表达"了愤怒，这是因果式的、不受控制的"表达"。无论我们多么娴熟于说话或打水手结，它都不是因果式反应式的本能，而是自我领会着的、有标的有控制的活动。也因此，言者与听者知道表达得是否正确、是否合适，知道什么是较好的或较差的表达，而除非你在演戏，否则谈不上脸部肌肉抽搐是否更好地表达了愤怒。①

为了避免混淆，我们最好把这些最初习而后得日后得心应手极为娴熟的活动称为习性而不称之为本能——即使称之为"获得性本

热在《语言人》中举了几个有趣的例子。参见〔法〕海然热：《语言人》，张祖建译，生活·读书·新知三联书店 1999 年版，第 326—332 页。

① 这里的区分也适合用来讨论弹钢琴、做水墨画、醉书、"道德本能"等。

能"①也不好。

语言能力包括好多层次好多方面，有些层次上的能力，某些部分的能力，是本能，例如通过软腭的升降发出口音、鼻音、鼻化音，这不是我们有意识习得的，也不是我们通过反思能够发现的。更不消说，我们必定基于某些本能才学得会语言（或学会任何东西）。但这远不意味着我们可以单凭本能说话。

乔姆斯基说：

> 很难设想谁能认真怀疑……语言使用和语言习得契合于心智组织的严格原理，反思无法通达这些原理，但它们至少在原则上可通过间接的途径加以研究。②

语言使用和语言习得契合于心智组织的严格原理，这只能说明我们基于某些本能学会语言，而不能表明说话全凭本能。接下来，乔姆斯基区分反思所能通达的东西和通过间接途径研究所能通达的东西，这是一个深见功力的区分——这的确是区分本能/非本能的良方。语言使用和语言习得，尤其事涉基础语音范围，其中有些部分我们无法通过反思通达，只能通过间接研究来了解，例如，一岁的孩子怎样学会发出完整的音节，怎样学会从句子中区分单词，我们

---

① 冯特把熟练钢琴家弹琴的活动等等称为"获得性本能"，参见〔德〕威廉·冯特：《人类与动物心理学论稿》，李维、沈烈敏译，浙江教育出版社 1997 年版，第 424—425 页。

② Noam Chomsky, "Some Empirical Assumptions in Modern Philosophy of Language", in *Philosophy, Science and Method: Essays in Honour of Ernest Nagel*, ed. S. Morgenhesser, P. Suppes, and M. White, New York: St Martin's Press, 1969, p.277.

说汉语的人在说连续两个上声字的时候第二个字的发音会合乎规律地转音,这些,我们自己意识不到,也无法通过反思知道,我们只是通过科学研究才了解。但另一些语言能力显然不是这样,一个句子里哪个词加重语气,这我们通常有意为之,至少可以通过反思了解。至于我们何以如此遣词造句,更是多在我们自己的掌控之中。

娴熟的技术和养成的习性,使我们在做某些事情的时候不假思索,但它们仍可以通过反思通达。我随手打了个水手结,你要跟我学,问我是怎么打的结,我说不上来。这当然不意味着我靠本能打结,我自己也不"知道"动作是怎么完成的。现在,我为了教给你,我可以再一次打个结,放慢动作,一边打,一边注意自己是怎么打的。

科林伍德在《哲学方法》开篇说,有些事情我们做了却不知自己怎么做的,例如消化。甚至事涉心智也可能如此,例如作诗。但若我们所做之事涉及思考,我们顶好应该明白我们要做的是什么,才能做得好。[①] 的确,诗人可能并不知道自己的诗句是怎么冒出来的,但仍然,把作诗并列于消化难免误导。消化不是习得的,我们人人都会消化,作诗却是习得的,实际上,只有很少人最后学会了作诗。事涉做诗这样的事情,的确,我们顶好应该明白我们要做的是什么,我们怎么弄明白呢?用上文乔姆斯基所立的两分来说,我们通过反思弄明白,而不是通过作诗的间接研究。间接研究的结果不仅没多大意思,而且,其结论若不能获得优秀诗人的认可,恐怕

[①] Robin G.Collingwood, *An Essay on Philosophic Method*, London: Oxford University Press, 2005, p.1.

就没有任何意义。

十五、思维与思想

本文的核心论点是：语言是思想得以表达的形式系统。在实际行文中，我有时说思想，有时说思维、思考。我们知道，在论证过程中不加说明地变换用词这种做法常隐藏着取巧，因此，我应在这里加一段解说。

我若把这篇论文译成英文，在大多数场合，思想、想、思维、思考都将译成 thinking。这意味着它们其实是同义词吗？那么，在用中文写这篇论文的时候，我竟可以随意把这几个词调换吗？这又连回到我们由之出发的那个问题了：用汉语思考或用英语思考有区别吗？抑或我们可以跳出汉语英语改用一种通用语言思考？

先放开这一点，眼下的问题还涉及语词的日常用法与论理用法之间的复杂关系。我在别处已经就此做过比较详细的讨论①，这里只说一点。在英译汉的时候，碰到 thinking，该译成思想、思维还是思考，译者可能颇费踌躇。还有些时候，汉语译法中根本不出现想或思这类字，例如，John thinks very low of Jack。反过来，汉语句子中包括想或思这类字，译成英语也可能完全见不到 think，例如，他想站起来。而在穷理活动中，think 和思想却往往被当作同义词对待。

有意思的是，即使翻译的是论理文著，有意无意间，译者也会

---

① 可参见陈嘉映：《说理》，第 4 章，华夏出版社 2011 年版，第 109—140 页。

随上下文把 think 和 thought 译成不同的汉语词,例如,前面我们引用过萨丕尔的如下译文:"思维可能另是一个自然领域,不同于人为的语言",接下来的译文说:"就我们所知,言语似乎是通向思想的唯一途径。"这两句话的原文,前一句里用的是 thought,后一句里的是 it,复指前一句 thought,① 而译者却分别译作思维和思想。我相信,译者选用不同的汉语词翻译同一个 thought,基于对这两个汉语词的正确感觉——思维一词更多指涉心智活动过程,而思想一词则更多指涉心智活动达至的成果,指涉一种完成的、成形的状态。我们若用思想来指涉心智活动,常加上活动两字,说思想活动(the process of thought)。此外还有思考,它通常也指涉心智活动过程,但它不同于思维:像思想活动一样,思考更多从归宿方面说到心智过程,思维更多指涉过程本身。做白日梦的时候,我不算在思考,但的确有思维活动着。实际上,思维这个词带有理论意味,日常话语不大用到它,因为我们很少会去谈论心智活动本身。Le Penseur*默想沉思,但他不是在做白日梦,在思想者思考者那里,思维活动将结出果实。所谓结果,就是在某种形式中表达出来。

十六、思想归宿于语言

思想通过种种形式表达出来,例如通过行动。但这里所说的是,思想通过语言表达出来,在语言中结成果实——我首先指字词

---

① Edward Sapir, *Language: An Introduction to the Study of Speech*, New York: Harcourt Brace & World, Inc.1921, pp.15-16.

* Le Penseur,指罗丹雕塑《思想者》。——编者

语言，但也不妨结果在其他类型的语言中。

不妨说，思维以达至思想为标的。思想活动是有标的的心智活动，是归宿于表达的心智活动。我们前面曾引用过的一些说法，从这个角度来解读，意义应变得更加显豁，例如施莱尔马赫所说的"话语是思维共同性的中介"，"语言是实际思想的方式。因为没有话语就没有思想。……没有人能无语词地思想"。① 以及狄尔泰所说的"只有在语言里，人的内在性才找到其完全的、无所不包的和客观可理解的表达。"②

思想活动以语言为归宿，思想住家在语言里。

正是在这个意义上，思想不能与语言分离。正是在这个意义上，维果茨基可以说："思想不仅仅用言语来表达；思想是通过言语才开始产生并存在的。"③ 猎豹和青蛙没有语言，它们不思想，虽然它们也有大脑，它们的大脑里也发生不少活动。

萨丕尔有一段话，本文已经提到两次，这里愿再讲讲。萨丕尔一方面说"thought可能另是一个自然领域，不同于人为的语言"，另一方面又说thought高于语言，而且，"就我们所知，言语似乎是通向thought的唯一途径"。从前一方面看，思想与语言没啥关系，而从后一方面看，思想又似乎完全依赖于语言，由此甚至可能走向语言决定论。不消说，这里的困惑正是本文尝试加以澄清的重点。

---

① 〔德〕施莱尔马赫:《诠释学讲演》(1819—1832)》，见洪汉鼎主编，《理解与解释：诠释学经典文选》，东方出版社2006年版，第48—49页。

② 〔德〕狄尔泰:《对他人及其生命表现的理解》，见洪汉鼎主编，《理解与解释：诠释学经典文选》，第106页。

③ 〔苏〕维果茨基:《思维与语言》，第136页。

我认为，萨丕尔有此困惑，因为他以及他所使用的 thought 一词不曾分辨汉语里用思维与思想标识的区别。

think（及 thought）这个词有时指涉思维活动，例如在 his thought was interrupted 这一语例那里。在另一些语例中却显然不是，例如说 John thinks very low of Jack。翻阅心理学文献可知，心理学家在讨论 thinking 的时候，通常都这样提出问题——当我们思想的时候，我们心里或脑子里在进行什么活动？我当然不会否认，当我们思想的时候，我们心里会出现一些活动；然而，thinking 并不一般地等同于思维过程。这一点，明眼人早已指出过——

> 伴随着心灵过程说出句子，这种情况我们的确有时称之为"想"（Denken，think），但我们并不用"思想"（Gedanke，thought）来称这种伴随者。①

认为 thinking 始终意指某种思维活动，这背后有一个更为广泛的误解，那就是一般地认为动词总是指涉过程或状态。万德勒曾就"看"这个动词说过一段切中肯綮的议论。

> 一个水手站在甲板上看着前方说道："一片漆黑，我什么也看不见"。过了一会儿，他说："现在我看见一颗星星"。我们问他："发生了什么？""云散了。""可此外还发生了什

---

① 〔奥〕维特根斯坦：《哲学研究》，第116页。并可广泛参见该书第115—123页，§327—363。

么?""此外什么都没发生。"当然,在世界上和水手的心里发生了许多事情。但他的"看见"却不是所发生之事中的一件。①

John 说他 think very low of Jack,这时,他并不是在报道他的心理活动或心理状态。他的这个想法也许从来没有以语词的形式出现,说到这个想法的时候也无须伴有 Jack 的心象。如果这里竟说得上"心理状态",那么那也是 John 一般的心理状态,而不是此时特有的心理活动。

这一点还可以从反面看到。我们有时"不假思索"说了这个那个,这并不意味着当时没有出现任何心智活动。

十七、形象思维

现在,我们也应该能够比较贴切地解说人们所说的"形象思维"是什么意思,而不至于被这个说法导入歧途。如果把"形象思维"理解成思考的时候心里浮现形象,那么,形象思维就不是艺术家的特权——我们非艺术家思维时心里都常有很多形象。"形象思维"是说:通过形象类型的语言获得表达。画家不仅心里有形象,他用以表达的语言是颜色、线条、形象。文学家用文字描述出个别人物和场景,他通过这些"形象"表达思想。一方面,逻辑学家、物理学家尽可以心里充满形象,另一方面,文学家,甚至画家,心里不必

---

① 〔美〕万德勒:《哲学中的语言学》,陈嘉映译,华夏出版社 2002 年版,第 203 页。

有明确的形象,他心里同样可以只有"一团不定形的、模糊不清的"浑然思想。他们的区别不在于他们在思想时心里都浮现出了些什么,而在于他们用以表达思想的媒介。思想,无论通过字词语言还是通过其他语言得到表达,都不是在描摹或表征我们的思维活动,也不是描摹现成的图像,无论这图像是在身外还是在心里。

我们常谈论艺术家的创造性,创造就是成形,把 chaos* 转变为有秩序的 kosmos**。上帝的灵在绵延不分的水上行走,上帝说:要有光。于是有了光,于是天和地相分,于是曾芸芸不辨者,如今各得其所。

十八、表达让思考变得清晰

在语言中成形,这不只是为了把思想传达给别人,而且也为了使自己的思考对自己变得清晰。(虽然我相信,无论从哪种意义上说,我们都是先学会对人说话,才能够对自己说话。)清晰的一层重要含义是 distinct,环节分明,而环节分明是语言的一个根本性质。难怪维果茨基在说到"思想是通过言语才开始产生并存在的"之后,就拿儿童的思维来对照,他这样说到"儿童的思维":"朦胧而没有一定目的"。何止儿童的思维呢?我们的大部分思维就是这种心游目想,它们飘来、拂过、消散。还用维果茨基的话说:"一种思维如果不通过词来体现不过是一个影子。"① 他还引用诗人曼德尔施塔姆

---

* chaos,混乱。——编者
** kosmos,宇宙。——编者
① 〔苏〕维果茨基:《思维与语言》,第 168 页。

说：我的思想／由于没有落实／回到了隐蔽的国土。

的确，要让思想变得清晰，没有比尝试把它表达出来更好的办法了。常有这样的情形：我有个想法，自己觉得挺清楚的，尝试说出来却是笔糊涂账。在平克那里，事情倒过来了——思想语里的思想逻辑清楚，达乎（自然）语言时却被逻辑不清的语言弄糊涂掉了。

十九、不是浮现，是归宿

我们是否用语言思想这个问题是什么意思？到这里，我可以做出如下回答——我用汉语思考的意思不是我思考时有很多汉语词浮现在我心里，而是说，无论我心里浮现的是什么，它是以汉语表达为归宿的。

汉语是我们中国人的心智活动获得表达的形式系统，它就是我们的"思想语言"。我掌握了汉语这个特定的表达系统，我的思想要达乎这个系统以获得表达，就像我掌握了十进位制这个系统，我通过这个系统梳理和表达涉及数字的想法。

当然，在行向归宿的过程中，我心里可以浮现出很多东西，形象、声音，也许夹杂一个或几个汉语词，但也可以夹杂两个英语词。反过来，我心里也无须出现哪怕一个汉语词。

在青蛙的大脑里，在黑猩猩的大脑里，在婴儿的大脑里，在爱因斯坦的大脑里，都发生着一些活动。这些活动都无须以语言的形式出现。把爱因斯坦和青蛙、婴儿区别开来的，是爱因斯坦掌握语言，德语、英语、数学语言，他脑子里的活动可以通过这种或那种语言成形。爱因斯坦的思考活动有一个方向，指向成形，指向表达式,并最后可以结晶在语言中。我们很可以怀疑,爱因斯坦(同样,还有那些富有创造力的艺术家们)若非已经掌握了思维向之成形的语言,他脑子里翻动再多的意象,也不会具有太强的创造力。

二十、动物不思想

在心智哲学的讨论中,心智活动也应用于动物,至少应用于高级动物,指涉大脑里的活动。在我看,这时使用智能活动更好些,因为动物有没有心灵会惹来争议。好在,心智活动、智能活动这些用语比思维带有很重的理论意味,多多少少可以由理论家自己去定义,不大受日常话语的约束。

跟思想相连的一组语词则通常不用在非语言的生物身上,如果把思考、思想这些词用于黑猩猩或其他动物,我们倾向于加上引号,说这只黑猩猩正在"思考"怎样赢得统治权,以此表示这是思考这个词的延伸用法。同理,我们会说一个婴儿正在"计算"怎样获得更多的关注。

平克曾列举几方面的理据来论证存在着没有语言的思考,其中的一个论证是说,倭黑猩猩能够知道自己这群猩猩中的个体各有什么血亲联系。[①]那么,倭黑猩猩用什么思考呢?当然不是用人类语言。那么,它们用思想语思考吗?而且,为什么停在倭黑猩猩呢?瞪羚和猎豹呢?蛛蛛和青蛙呢?我们该根据什么决定倭黑猩猩思

---

① Steven Pinker, *Language Instinct*, New York: Harper Perennial Modern Classics, 1994, pp.58-61.

考而蛛蛛不思考？动物的技能以及它们"解决问题的能力"并不在于它们能够思考。明尼苏达大学的大卫·科尔（David Cole）挖苦说，蜘蛛能够织出不可思议的网，但我们也未见得由此推论说，这在于蜘蛛拥有一种 spiderese 或"蜘蛛语"。①

二十一、自限于日常语言？

我们分辨思想、思维、思考、think、thought 的含义，这时候，我们差不多总是查看这些表达式平常是怎么用的。我们借用思想这个词不用在非语言的生物身上来论证动物不思想。然而，哲学这么高深的学问，岂能自限于日常用法？在《心智是怎么工作的》一书中，平克尝试驳斥塞尔的"中文屋论证"，②他最后总结说："在我看来，塞尔只不过在反复探讨关于英语词 understand* 的一些事实罢了。"然而，"科学的历史对常识的简单直觉从不曾慈悲为怀"。科学发明新概念，用一个新词来表示这个新概念，抑或沿用一个旧词但赋予它以新的技术性含义，本无所谓。无论用不用理解这个词，我们对是什么东西使得理解得以进行的说明都是一样的。按塞尔那个路子，他还可以反驳麦克斯韦理论呢。"说到底，科学涉及的是事物得以运作的原理，而非提供究竟有哪些事情才是一个熟悉

---

① David Cole, *I Don't Think So: Pinker on the thinker; mentalese monopoly in thought not vindicated*, 参见 http://www.d.umn.edu/~dcole/pinker.htm. 我从前的博士生王苏娜告诉我这篇文章，在此致谢。

② 本文没打算讨论塞尔中文屋论证的是非。

* understand, 理解，明白。——编者

的语词的真实例子。"①

科学概念与日常概念的分合,我在别处曾予讨论②,这里只讲一点儿最相干的。我看到图拉真纪念碑静静矗立着,牛顿说,它在做直线匀速运动。这两个说法之间的差别绝不是简单的此是彼非。现在,平克坚持认为科学语言才"葆真了现象的本质",好吧,就算如此,就算科学语言才葆真了本质,我们仍无法否认,在牛顿力学出现之前,我看到图拉真纪念碑静静矗立着这话已经有个意思,人们也明白这话是什么意思。我很乐于承认,本文所讨论的问题,例如"思想、思维、思考、think 这些语词的意思是什么?""我们是否用语言思想这个问题是什么意思?"是街上普通人交流时的意思,只是我看不出,我们怎样能够脱开普通人交流时的意思来讨论这些语词的意思。这些讨论跟科学都发现了什么只有辽远的关系。我看表知道现在是下午五点,我无须知道表盖下面的机械"得以运作的原理"。反过来,我学知表盖下面的机械怎样运作,并不回答下午五点是什么意思这个问题。科学不仅对运动/静止做出了新的表述,科学还发现了视觉的生理机制。但不管科学所发现的视觉机制多有趣多重要,"我看到"中"看到"的含义并不曾发生多少改变。关于心智如何运作,我们能够从平克和其他心智科学家那里学到很多,但他们回答的是另一些问题。

别忘了,《语言本能》《心智是怎么工作的》这些书都是用"日常语言"写就的(平克写一手出色的英文),在绝大多数篇幅里,平

---

① Steven Pinker, *How the Mind Works*, New York: W. W. Norton & Company, Inc. 1997, p.95.

② 陈嘉映:《哲学·科学·常识》,东方出版社 2007 年版,第 127—154 页。

克也是在讨论日常意义上的 think 和 thought，这时他并没有抱怨他使用的语言给他带来什么不便。

二十二、动物的语言

我们前面说，瞪羚和青蛙不思考，因为它们没有语言。然而，它们没有语言吗？这个论断是否有点儿武断？我们有时甚至会说到星球的语言，岩石的语言，寒鸦的语言。

我们在延伸的意义上说到它们有语言。语言概念包含很多层次，一个层次是给出信息。星球发出的光线给出了其化学组成的信息，这光线就是星球的"语言"。但星球和岩石并不表达，是我们，而不是它们，懂得它们的"语言"。

再一个层次，是传达。鱿鱼变化其皮肤色素在同种之间传递信息，寒鸦展示它脖子上的羽毛对异性传递信息，鹅伸长并压低它的长脖子对敌人传递信息。它们不仅给出信息而且懂得这些信息。我们把这叫作本能，因为动物的"语言"一般说来不是习得的，因而它不知道怎样"更好地表达"或"更好地解读"。

蜜蜂的"语言"是最出名的。其独特之处在于，在某种程度上，它们传递的信号可以清晰地分解，可以视作复合信号——侦察蜂通过复杂的舞蹈指示蜜源的方向和距离，环飞时以横切的轨迹指示方向，垂直向右 45° 表示蜜源在太阳向右 45° 方向；每分钟环飞的圈数表示蜜源离蜂房的距离。然而，那种"语言"仍是本能。人为转动蜂房的方向，蜜蜂将不知所措。

不同于"岩石的语言"和"蜜蜂的语言"，字词语言，以及音乐、绘画、图纸之为语言，在于它们各自形成一个须得学而后会的表达系统。当然，这些系统的语言性质又各个不同，这里不能深论。

二十三、爱因斯坦的心象是语言吗？

那么，思考之际在心里浮现的种种，图形、颜色、声音、气息、情绪是不是语言呢？或者，在这众多媒介中，会不会有一些，例如心里浮现出的图形、辅助线等，组成了一个统一的表征系统，可以称之为思想语？

有些声音组成了音乐的语言。几何图形系统当然也是一种语言，我们用它们来表达我们关于空间的思考，表述几何学问题、进行推论等。我们可以用它们来思考，亦即，我们的有些思考可以通过这种语言获得表达，就像我们可以不着一字只用地图符号来表达我们的勘察结果。至于我们思考的时候，把所使用的图形画在心里还是画在黑板上，无关眼下讨论的问题，就像我可以不把想到的句子从嘴里说出来，而是在心里默默地说。

我们思考时心里浮现出音符、图形、辅助线，有时也会浮现出一个词或一串语词。但仅仅浮现，还算不上用语言表达。前文说到，用语言表达思想，是自我领会着的、有标的有控制的活动。说到他常用形象来思考时，爱因斯坦恰恰说，这些清晰程度不一的形象可以由心随意唤起、控制、组合。这里的关键之点在于"随意控制"。如果他心中那些形象构成一个稳定的系统，它们能够由心随意唤起、控制、组合，那么，它们就属于一种语言。

爱因斯坦还特地提到这些形象"清晰程度不一"。请注意，清晰程度与"随意控制"有密切的关联——我们只可能由心随意唤起、控制、组合那些清晰的符号。

那些已足够清晰的图形和字词属于这种或那种语言，它们本身不构成一种完整的语言。它们所属的语言，没有任何神秘之处，它们就是公共的几何语言，公共的汉语，等等。然而，这里的关键在于看到，在心里浮现出来的种种东西却并不组成一种语言，例如，爱因斯坦特有的语言。心智活动多种多样，有多层次多方面的内容，这些内容不构成一个一式的稳定的表达系统，我们不能笼统把这些心智活动称作一种语言。实际上，我们心里浮现的大多数内容清晰程度极低，不是我们可以由心随意控制的，这些说不清道不白的东西更像索绪尔所说的"一团不定形的、模糊不清的浑然之物"。心智活动中那些模模糊糊的东西，我们无法用它们来表达什么，无法"使用"它们。

用语言表达思想，是自我领会着的、有标的有控制的活动。相应地，无论"思想语"是什么，它都不是表达思想的语言，因为，即使我们据有它，我们也不能通过反思知道我们据有它，无法由心随意把它们唤起、控制、组合，不懂得怎样用它来表达，怎么表达是正确的或更好的。（同样的道理，懂得一种语言不可能是像平克所说的那样，"就是知道怎样把思想语翻译成语词串以及知道怎样反过来翻译"。我们不能翻译自己不懂的东西，也不能用自己不懂得的东西来进行翻译。）

我们重新定义语言怎么样？这种重新定义过的语言无须是自我领会着的、有标的有控制的活动。我们干吗要重新界定，凭什么做出不合寻常理解的界定？只是为了支持思想语假说吗？本文的一个基本目的在于刻画我们语言中的语言一词包含哪些内容，如果另有一个另行定义过的语言概念，这个新概念跟我们平常所说的语言相去很远，那它根本就不是我们的关注所在。

二十四、维果茨基的"内部语言"

爱因斯坦"用来思考"的符号和图形是这种语言或那种语言的片断。它们提示着从"混沌一团的思想"通向表达的努力，通向清晰思想的努力。

在我们称之为思考的活动中，心智活动以语言为归宿。各种心智活动，有的极为含混，有的接近于成形，有的尚远离语言，有的接近于语言，用维果茨基的话说，"思维和言语的关系好像穿越了一系列层面的一种运动"。①那么，最接近语言的那个层面是否本身就是一种语言呢？

维果茨基给予肯定的回答，把这个接近"外部语言"的层面叫作"内部语言"："内部言语是为个体自身的言语；而外部言语则是为他人的言语。""内部言语是一种差不多无词的言语"（第159页），但它是"与语词相联结的思维"（第163页）。"我们的实验使我们深信内部语言不能被看作是言语减去声音，而是一种完全独立的言语功能。它的主要的和独具的特征是它的特有的句法。"（第151页）它是"一种特殊结构，有其自身的规律，与其他言语活动形

---

① 〔苏〕维果茨基：《思维与语言》，第166页。本节来自该书的引文只随文注出页码。

式有着复杂的关系。"（第 141 页）

因此，在维果茨基那里，我们大致看到三个层面：最内在的"思维本身"，内部言语，外部言语。（第 143 页）这里所谓的"思维本身"，维果茨基有时称之为思维流，与人们所称的意识流意思相近。之所以称之为"流"，因为它"不是由彼此独立的单位所组成"。这个思维流里包含着欲望、需要、动机等。维果茨基是位心理学家，他在进行语言研究时会格外关注尚未到达"外部语言"的种种思维形式，关心"内部语言"和"思维语言"的特征。

戈德斯坦（K. Goldstein）认为维果茨基所谓的"内部语言"虽然包含了言语动机以及将用言语表述的思想，但它压根儿不是语言，确切说来，它是一种智力的和情感-意志的活动。维果茨基不接受戈德斯坦的看法，坚持认为那是一种语言，因为它有"独立的思维语法"。（第 139、151 页）不过，关于这一点，他的表述有时要弱些，内部语言只是"较为系统"，"与外部言语相比，内部语言显得不联结和不完整"（第 151 页），不过，"它仍然是一种言语，也就是说，是与语词相联结的思维……它是一种动态的、转移的、不稳定的东西，在词和思维之间波动着"。（第 163 页）

索绪尔关心的是语言与非语言的区分，不妨笼统地把"语言出现之前"的心智活动说成"一团不定形的、模糊不清的浑然之物"。维果茨基的关注点则不同。他提出"内部语言"的设想，从根本上说，是要建立"一团浑然"般的心智活动和语言之间的桥梁，建立"思维与语词的联结"。出于类似的动机，很多论者设想过内部语言，例如奥古斯丁，例如房德里耶的"内部语言"或"心智言说"。思想语也可视作一种内部语言。

但我站在戈德斯坦一边，认为所有这些所谓的"内部语言"是否应被称作语言是高度可疑的。语言的一个要素是分环勾连，简单说，一个句子是由语词组成的，而"内部言语是一种差不多无词的言语"。语言是稳定的、系统的设施，而"内部语言"则是游移的、不稳定的，且充其量只是"较为系统"。所有这些都提示，所谓"内部语言"仍属于本文笼统所称的心智活动，或戈德斯坦所说的"智力的和情感-意志的活动"。

我认为"内部语言"并不是一种语言，这不是要否认前语言的心智活动（思维、思考）清晰程度不一，甚至有可能分成一些可加识辨的不同层面，甚至可以分出"一系列的层面"，其中有些层面接近于达乎语言。我设想，爱因斯坦所称的"大致比较清楚的形象"当属于这些层面。然而，我们不能把语言视作这些层面中最上面的一层。这里的关键点在于，心智活动发生在个体内部，而语言则是一种公共设施。语言是心智活动的产物，向语言成形是一种心智活动，all said and done*，语言本身却不是一种心智活动。心智活动与语言的关系，不是两种语言间的关系。当维果茨基说"很显然，从内部言语向外部言语的过渡并不简单地把一种语言翻译成另一种语言"（第162页），他差不多已经无法坚持认为"内部语言"是一种语言。

维果茨基的内部语言"是为个体自身的言语"，它不是一种语言，而是向语言成形的心智活动，①"在词和思维之间波动着"。所

---

* all said and done，都被说出并完成。——编者

① 类似于陈保亚所称的"思维轨迹"："我们所说的思维轨迹是思维能力在语言系统中的实现。"参见陈保亚：《语言影响文化精神的两种方式》，载于《哲学研究》1996年第2期，第29页。

谓的"独立的思维语法"恐怕只能是心理学研究有可能发现的某些心理规律，而不是我们通常所说的语法。通常所说的语法只能属于具有公共性的表达系统。

然而，"内部语言"可以在另一种意义上具有公共性，即，心理学研究也许能发现所有人的心智活动都遵循的某些规律，就像佛多和平克把思想语设想为一种普遍的媒介，是所有人类普遍具有的表征系统。然而，这种"人人都具有"意义上的共同性跟一种设施人人都可利用的公共性不是一回事。① 公共设施有它的用法，语言有它的"语法"，思考要通过语言表达，可能表达得对表达得好，也可能表达错了或表达得不好，而心智活动遵循心理规律发生，这是因果式的活动，在这里谈不上对错好坏。同理，即使真有思想语，我们心里用思想语这种表征系统来表征这个那个，由于这里的表征活动不是由我们控制的，那也就谈不上表征的对错优劣。

维果茨基所称的"内部语言"不是一种语言。在同样的意义上，思想语也不是语言。我们记得，思想语不仅不是索绪尔所称的"一团不定形的、模糊不清的浑然之物"，或小说家脑海中梦境一般流过的意识流，它也不是爱因斯坦说到的"大致比较清楚的形象"或维果茨基所说的"动态的、转移的、不稳定的东西，在词和思维之间波动着"；思想语有着清晰的逻辑性的完备的符号体系，它同自

---

① 弗雷格早就明确区分了"思维规律"和"逻辑规律"。可参见〔德〕弗雷格的《思想：一种逻辑研究》，载于《弗雷格哲学论著选辑》，第 129—156 页。顺便可以说到，弗雷格简明断称"句子表达一个思想"，这合于本文的相关论断，不过，弗雷格把思想视作在"第三种范围"里与句子对应的现成物，则是本文所要批评的。

然语言一样有自己的句法和词汇库,是用于表征事物和进行思考的符号系统。然而,除非在达乎语言的努力中,思想活动并不向自己(或向任何他人)表征什么。这一点,海克(P. M. S. Hacker)说得很明白:"认为当我们知道或相信事情是如此这般的时候,我们是在向我们自己表征什么东西,这种想法是错误的。只是当我们说出(画出、雕刻出等)我们想的是什么、知道的是什么或相信的是什么的时候,我们才是在进行表征。思想、知识和信念都是信息而非媒介。"①

说完以上这些,有一点需要特加说明。我们说"内部语言"不是语言,"思想语"不是语言,并不是在做资格审查,仿佛在所有心智活动中,只有达乎语言这件事情才是重要的,于是,其他心智活动都应受到轻贬。达乎语言是"穿越了一系列层面"的活动,当然是各种心智活动协同工作的结果。如果争点在于创造性,那么,创造性属于整个心智活动。这里与平克的争点,无非两个。首先,如大卫·科尔所言,"某些创造性的思想涉乎语言之外的某种东西,但这种东西是意象类型的,而不是像思想语建议的那样是像自然语言那样的命题类型的东西"。② 其次,在语言中获得表达,不是把既有的东西搬到语言里,而是成形。成形本身即是创造。把"已经在那里"的心智活动表达出来,这本身是一种最重要的创造活动。

---

① Peter M. S. Hacker, *Analytic Philosophy: Beyond the Linguistic Turn and Back Again*, 转引自胡欣诣:《"语言转向"已成过去了吗?》,《哲学分析》2012 年第 5 期,第 125 页。

② David Cole: *I Don't Think So: Pinker on the thinker; mentalese monopoly in thought not vindicated*, 参见 http://www.d.umn.edu/~dcole/pinker.htm。

二十五、意义观念论

对语言性质的初级反思，最容易来到的是语词意义的指称论，即认为语词的意义来自它所指称的事物。对指称论的批判所在多有，这里不赘。对语言性质的进一步反思往往来到语词意义的观念论。洛克说："语词无非是代表其使用者头脑里的观念……他用自己的一些观念来向自己表现别人的观念时，即使他愿意给这些观念以别人通常（为别人自己的观念）所用的那些名字，他其实仍然在为自己的观念命名。"[1] 罗素更具体，把"自己的观念"径直解作语词让我们想到的东西。俾斯麦的意义因人而异，即使大家都把他想作"德意志帝国的第一任总理"，仍然于事无补，因为"德意志一词又会对不同的人有不同的意义。它会让一些人回想起在德国的旅行，让另一些人回想起德国在地图上的样子，等等"[2]。这个方向上的意义观念论，不啻主张语言意义是"私有的"——语词代表个人心里的观念，人们心里的观念各个不同，于是乎，我们只是貌似在交流，实则在各说各话。

但意义观念论也可以取"人同此心心同此理"这样一条不同的路线，依此，语词所代表的观念在人人那里是相同的。中国思想传统中的形和象大致取这条路线——"物固有形，形固有名"[3]，

---

[1] 〔英〕洛克：《人类理解论》，关文运译，商务印书馆1962年版，第386—387页。

[2] Bertrand Russell, "Knowledge by Acquaintance", *Mysticism and Logic and Other Essays*, London: Longmans, Green and Co., 1925, p.217.

[3] 《管子·心术上》。

"言生于象,故可寻言以观象;象生于意,故可寻象以观意"①。表象(Vorstellung)这个概念以及房德里耶的"言语形象"(verbal image)等与中国传统的象遥相呼应。据房德里耶,思想是一种"内部语言"或"心智言说",在这种语言里,句子(由一些单位)连缀而成,一如在出声的语言中那样。他把这种语言中的前语词的"心理单位"称作"言语形象","言语形象是两面的,一面导向心智的深处,另一面则反映着声音产物的机制。"②

这条思路固然不会滑入私有语言的泥淖,但也带着一个基本疑点——既然依观念论,语词指称某种共有的东西,那么,何不干脆接受原本意义上的指称论,让语词直接指称外物,它们才是明显共有的东西。在语词和外物之间插进观念,颇有叠床架屋之嫌。蒯因大致从这个角度来反对观念论:"语言绕过观念,在物体那里住家。对语言研究来说,很少有什么比观念更没用的了。"③

从托马斯·里德到维特根斯坦、蒯因,对观念论提出了多方面的、深浅不一的批判。然而,观念论似乎有它自己的道理。的确,语词与世上的事物太不相像,而且,事物是个别的而语词是共相的,似乎很难设想语词直接代表事物,于是,人们设想,事物与语言之间需要某种中介,它是象、形象、图像、象征、eidos、Vorstellung、"内心观念"和"言语形象"。象这一类中介一方面与事物相像,一方面

---

① [曹魏]王弼:《周易略例·明象》。

② Joseph Vendryes, *Language: A Linguistic Introduction to History*, London: Routledge & Kegan Paul LTD, 1959, p.65.

③ [美]蒯因:《指称之根》,载于涂纪亮、陈波主编:《蒯因著作集》第4卷,中国人民大学出版社2007年版,第541—542页。

已经有了意。

无论何种意义上的观念论,都像指称论一样,没有摆脱语言基于表征的思路。而本文的主旨则在于阐明,语言不是映像意义上的表征系统,而是一套表达设施。因此,语词根本不是事物的或远或近的映像。在心智活动达乎语言的过程中,我们并不需要有一些半像语言半像事物的东西。用来射飞禽的弓箭不需要长得像手或飞禽,虽然它的确需要以某种方式跟手和飞禽相联系;道路不需要长得像脚或人们要去的地方,当然,它必须适应于脚才能领我们走到要去的地方。"内心观念""内部语言"等,须从思想达乎语言的努力来理解。

二十六、折算与翻译

一种语言是一个系统。系统这个词已经提示出形式性。我们追随索绪尔的 langue 直至乔姆斯基的"内化语言"(Internalized Language,简称 IL),从形式系统的角度来界定语言。相应地,表达、表述等等言语活动在索绪尔那里叫作 parole,在乔姆斯基那里叫作"外化语言"(Externalized Lnaguage,简称 EL)。言语活动当然不是纯形式的活动,表达等言语活动把心智活动和语言系统连结起来,在这一点上,我也追随上述语言学家,只不过,我不像乔姆斯基那样把这种连结理解为内化语言的外化,而是把它理解为心智活动借语言系统成形。言语活动一端连结于语言系统,一端"导向心智深处",编织在形形色色的经验之中。

"言语形象是两面的,一面导向心智的深处,另一面则反映着声音产物的机制。"

你初到美国,买东买西会把美元价格折算成人民币。这件衣服 thirty five dollars,相当于 230 元人民币。你知道不知道 thirty five dollars 是什么意思呢？你当然知道,要么你怎么能把它正确地折算成 230 元人民币？可是,既然你知道,为什么先要在心里把它折算成人民币数额呢？

粗说,这里谈论的是两个层次上的知道。你正确地把 thirty five dollars 折算成 230 元人民币,意味着你在形式上知道 thirty five dollars 值多少,知道甲形式系统中的某一片断对应于乙形式系统的哪一个片断。你之所以要在心里把它折合成人民币,因为你从经验上知道 230 元人民币值多少——你无数次用人民币 40 块钱、100 块钱、1000 块钱买过东西。你知道这件衣服 230 元的意思,不在于你能把这个语符串翻译到另一个形式系统之中,例如翻译到思想语中；我直接知道它是多少,因为 230 元这个数目融浸在你的日常经验之中。

初学英语的时候,我们免不了要在心里或笔下把它译成汉语以便理解,但我们用不着再把汉语翻译成什么别的语言以便理解。对我们来说,汉语就是浸润在切身经验之中的语言,我们理解汉语,是连着我们的经验来理解的。不妨说,我们感知汉语。我在美国学的开车,跟驾车相关的语词,我不把它们译成汉语,我直接知道这些语词的意思。用萨丕尔的话说,母语中的一个语词"包括着成千累万不同的经验"[1]。

---

[1] 〔美〕萨丕尔:《语言论》,第 12 页。

前面说，汉语就是我们的"思想语言"。单单掌握两个形式体系中各片断的形式转换不是思想，唯联系于感知才是思想。为了能够用没有感知的机器来进行翻译，我们尽可能充分地把源来语言和目标语言转化成形式化程度更高的符号系统，以便使它们的各个片断能够更准确地互相对应。本文不讨论这种转化能做到何种充分程度，只想指出，我们平常进行翻译并不是这样一种单纯的符号对应工作，而是依赖于对两种语言都有感知的翻译者。

在个别情况下，译者可能并不"理解"源来语言，不得不只在形式层面进行一一对应式的翻译。这种一一对应式的或近乎一一对应式的"机械翻译"之所以可能，是由于两个形式系统中有些元素有现成的对应关系，例如 dollar 和美元，这时，即使翻译者碰上他没有经验之知的语言元素，他也可能通过查字典之类的方式把这个元素翻译过来。同理，根据兑换率，我们可以把一定数量的美元准确地折合成相应数量的人民币。然而，两种语言之间，尤其像英语和汉语这样两种各方面差异极大的语言之间，一种语言中的一个表达式很少能刚好对上另一种语言中的表达式。翻译者必须先在经验之知或有感之知的意义上知道源来语言的意思，然后把这个意思在目标语言中表达出来。就此而言，翻译是表达的一种：重新表达。

实际上，翻译者对源来语言的感知程度差别很大，一流的译者差不多是双语人，他富有感知地理解了原文，把这种丰厚的感知重新表达在目标语言里。这是充分意义的再表达。

英语和汉语，各有短长。表述美国梦，用英语比较达意，表述中国梦，最好使用人民日报的语言。话语愈是曲尽一种语言的妙处，这话语就愈难翻译成别的语言。音乐语言能表达的，绘画能描述的，一旦用字词语言说出来，最多只得些皮毛。我们要讨论直线、曲线、平面、立体之间的种种关系，平常的话语很难说得简洁而又准确，笛卡尔创制一套解析几何的语言，做这类事情变得容易很多。不妨说，这套语言是处理几何问题的"理想语言"但它并不是普泛意义上的理想语言。我们用自然语言表述的事情，多一半也无法翻译成解析几何的语言。

二十七、"第三种语言"

在思想语假说那里，思想语是理想的语言，是所有自然语言的中介。说出一句汉语是把思想语翻译成汉语，理解这句话是把汉语翻译成思想语，通常所说的翻译则是把一种语言翻译成思想语然后再把思想语言翻译成另一种语言。平克纳闷儿若如果这两种语言之下没有第三种语言翻译是怎么可能的。

我们都知道，毛笔和仁很难译成英语，pastoral[*]和humanity[**]很难译成汉语。这里的困难看来并不复杂——英国人没有毛笔这种东西，我们中国人没有pastoral的这种东西，pastoral这个词编织在中世纪英国人的生活世界和其他种种观念之中。

思想语假说则大致这样来说明这里碰到的困难：自然语言中的一个语汇相应于某几个思想语语汇的集合，设想毛笔相应于思想语里的a、b、c、d的集合，而英语里找不到一个单词恰好是这四个

---

[*] pastoral，牧师的，田园诗。——编者
[**] humanity，人性，人道，人文学科。——编者

思想语词汇的集合。我们很有理由怀疑这种理论，但退一步说，即使中国人和英国人真的共享同样的思想语词汇，这些词汇在汉语中如此这般地结合成汉语词汇，在英语中如彼那般地结合成英语词汇，这些不同的结合方式能够还原为它们所包含的元素吗？这些不同的结合方式难道跟我们如何思想毫无关系吗？

在处理其他问题时，平克也借用这种"理想的第三者"的思路。例如，张三打了李四与李四被张三打了这两句话的意思相同，平克争辩说，这里有一个单一的事件，你知道这两句话同样都指涉这个事件，可见，你心里就"必定有另外某种东西在表征那个单一的事件，而这个表征不是这两个语词串中的任何一个"。①

"理想的第三者"源远流长，可以追溯到通俗柏拉图学说的理念。为了沟通或衡量短长，必须设想存在着一把短短长长事物之外的巴黎标准米。关于这种通俗理念学说的批评也同样源远流长，本文不再多言，只愿再说一遍，母语是被直接说出的，也是被直接理解的。在通常的翻译活动中，源来语言是被直接理解的，翻译成目标语言，是已经获得理解的东西的再次成形。

二十八、语言塑造思想

我有个意思，然后通过语言把这个意思表达出来。你听到的是语词，理解的是我的意思。这么说来，心智活动和语言是分开的。

---

① Steven Pinker, *Language Instinct*, New York: Harper Perennial Modern Classics, 1994, p.72.

在一个基本意义上,未获表达的东西当然在获得表达之前已经在那里了,它不依赖于任何一个特定的表达系统而存在。我们的"所想"的确是在语词之外,我们宽泛的感觉、欲望等在语词之外。然而,表达不只依赖于这个意,同时也依赖于我们借以表达的表达系统。表达不仅与心里所想的东西相连,它必须服从既有语言的约束,依赖于既有的"表达式"。

对我们每个人来说,道路网已经在那里了。不过,道行之而成,最初,道路网是交通的需求塑造的。这一点不难看到。然而反过来,既有的道路系统也塑造着交通的需求。我大多数时候只想去既有道路能领我去的地方,饭馆、药店、景区。语言塑造我们的思想,塑造我们想什么,怎样想。

语言是公共设施,不妨说,语言在我们"外面",在我们所要说的意思外面。然而,由于我们的思考以语言为归宿,我们内部的心智活动,我们的意图、愿望、所思所想,不断调整自己以期达乎语言,我们"内部"的心智活动不断由"外部"的语言塑造着。

> "意图镶嵌在处境、人类习俗和建制之中。若没有象棋技术,我就不可能有下棋的意图。我之所以能事先有句子形式的意图,是因为我会讲德语。"[①]

我们在第二节曾经讲到洪堡特、索绪尔、萨丕尔、伽达默尔这些思想家,他们的有些言论固然可以解释成"语言决定论",但总体上,

---

① 〔奥〕维特根斯坦:《哲学研究》,第117页。

他们的立场没有那么极端,而是在主张:语言会塑造着我们的思想。

二十九、得鱼忘筌

话语与意思,或表达出来的思想与未获表达的意思,这两者是一回事还是两回事,这要看你从哪个角度说。听话语要听的是对方表达的意思,是故庄子有筌蹄之说,王弼有"得象忘言,得意忘象"之说。但这并不意味着,听者从话语去猜测说话人的意思。你给出了特定的路线,你也就给出了你的目的地,就此而言,意思并不在表达式之外——对于熟悉道路网的听者,你给出了你的经行的路线,他就知道你到了哪里。他并不是在猜测你到了哪里。对照寄送包裹的比喻,这一点可以看得比较清楚。在包裹比喻中,从听者说,他只收到包裹皮,由此去猜测它可能包裹什么。

当然,比喻总是跛足的。在筌和鱼的比喻中,鱼上了钩,不是鱼的实现。而意思达乎语言,是意思实现在话语中。达意之言中,意思和话语合一——昨晚我梦见了周公,这句话的意思就是我心里的意思,我的意思就是昨晚我梦见了周公。

意并非躲在言背后,有待听者通过言词去猜测。听言词就是听意思。得鱼忘筌,是得鱼者也,"忘筌在得鱼",不似不结网而临渊羡鱼者也。

三十、同义语

我们的心思是有深度的。有的心思浮在表面,在那里,心思仿佛已经被语词塑造好了,你要说的用请进说出,没有什么别的办法说出你要说的。那些深层的、复杂的、纠缠而成一团的心思则不然。它有好多条路径达乎语言。从一个胡同穿过,人人都这样走,除非有谁无端去绕一个大圈子。从潭柘寺到国贸该怎么走,不是那么清楚,实际上,你有好多路线可供选择。

我们应当这样来理解同义语现象——所走的道路不同,却殊途同归,到达了同一个目的地。

不过,如本文再三提到,"意思"并不是一个现成的东西,"同一个意思"也不是现成的东西,两个表达式相同还是有别,要依特定的情境而定。即使请进和进来吧,这两句话虽然通常可以换用,在特定情境里也会显出区别。

更何况,行路并不总是只求最快捷地到达目的地。游山逛水之际,我们不在意绕道,有时还故意绕道呢;我们不是要赶到什么地方去,我们只是要多多观览沿途的风景。哈哈,那就是诗的言说了。

三十一、找词儿

据说思想语假设有助于解释"找词儿"这种现象包含的疑难——找词儿的经验被刻画成从思想语翻译成自然语言的经验。然而,这里并不存在什么疑难——存在着未获表达的心智活动,这一点在我们看来是当然之事。说话之前、说话之际,当然有很多语词之外的东西,有感觉、欲望、情绪、不成形的想法。只不过,这些心智活动不具有语言的形态,不是内部语言或思想语,它们在语言中成形，而不是从某种成形语言翻译成另一种语言。

在我看来，找词儿的经验所提示的恰恰是：语言是思考的归宿。我有个想法，要找适当的语词来表达它，忽然，click*，找到了那个适当的语词，同时涌上一阵喜悦。就像我在野山的丛林里东闯西突，忽然来到一处，恰可把一座奇峰收入眼底。

不妨说，奇特的不是我们需要找词儿，奇特的倒是我们通常并不需要找词儿，是我们竟能找到适当的语词。各有各的知觉、感受、想法，它们的差别细密绵延，而我们竟能在公共语言中找到一个适当的表达式来表达它，公共语言里竟有一个表达式当当正正对上我那特殊的心思，这不是很奇特吗？

这样奇特的事情的确发生，这说明我们从一开始就向着表达来形塑我们的思想，我们习得的语言一直在引导着我们的思考。说请进的时候，我们并不找词儿。我们平常说话并不找词儿，意思到话就到了。诗人和哲学家经常找词儿，因为他们在深处思考，在远未成形的深处努力成形。成形的喜悦报答了推敲苦吟。

除了"找词儿"现象，思想语假说还被用来解决另一些"疑难问题"，例如，话说着说着忽然停下来，意识到自己所说的并未准确表达自己所想的。常常，我记不得那人的话语，却分明记得那席话语的意思。思想语假说还被用来解释孩子怎么学会语言，解释创造新词，等等。依照本文提供的思路，言说是通过语言系统来表达尚未成形的心智活动，在这条思路上，这些根本无所谓"疑难"。

---

* click，咔嗒声，恍然大悟。——编者

三十二、言不尽意与不可说

事涉复杂的想法,从所想到说出可以是极为艰难的工作。仅仅极为艰难吗?我们有众里寻他千百度蓦然发现适当语词的经验,但我们不会最终也找不到合适的语词吗?这是人们常常谈论的"不可说"和"言不尽意"。

一种常被提到的情况是,我明明能分辨两种咖啡香味,然而却无法把这种区别说出来。我请你帮忙到火车站去接个客人,我描述了半天他的长相,你仍然很难根据我的描述在火车站的人流里把这个人认出来——除非他像姚明那样长得极有特点。另一种常被提到的是无法言说痛疼之类的感觉。

字词语言当然不是万能的,好多事情口不能言,只能得之于手而应于心,或干脆手上功夫也没有只是灵犀一点相通。单说关于默会之知的研究,① 对这一点就已经阐述良多。本文不详谈这些,只从本文的主旨出发做出几点澄清。

首先,人们谈论不可说或言不尽意,指的是意思总比语言丰富,言语原则上只能传达部分意思。这讨论的不是言说者对语言掌握得不够好。用英语说话,我常说不出或说不清自己的意思,其实,有很多英语表达式现成摆在那里,只是我不知道或不熟悉。就像我围棋不精,不掌握某种高手常用的手筋,因此无法处理某个围棋难

---

① 默会之知有时被界说为"不可能用语言手段充分地加以表达的知"。可参见郁振华:《人类知识的默会维度》,北京大学出版社 2012 年版。

题,就像我进到一座陌生的大城市,找不到一条合适的道路到我想去的地方。

其次,一种语言可说的,另一种语言不一定可说。有两种颜色相当接近,熟悉色谱及其名称的中国人把它们分别称作黛色和黎色。英语里没有与这两种颜色相应的两个词,英美人无法像我们这样一言道出这两种颜色的区别。这还只是两种字词语言之间的区别,至于字词语言与其他语言之间的区别更大得多。描述面孔或两种颜色的细微差别不是字词语言的长项,但语言描述做不到的,相片可以做到。

字词语言固然有它的短板,但它也有种种补救之方。咖啡友之间,可以用蓝山咖啡或可娜咖啡来区分两种咖啡的香味,若不行,还可以用有点儿像可娜咖啡的香味这类表达式。我们不能为每一样东西起个特别的名称,但语言里有很多弥补设施,我们利用这些设施可以绕道把要说的说出来。我们的道路网四通八达,但要漂洋越海,还得改坐轮船,非要到月球上去,得另行发明飞船。字词语言当然不是万能的,但也许应当庆幸它已经够能的了。

第三,由于心智活动受到表达系统的塑造,我们平常说话并不总言不尽意。你说,请进,下雨了,门口来了个人,这里,意思和言词通常并无隔阂,你并不觉得只传达了部分意思。你要说的用请进说出,没有什么别的办法说出你要说的,反过来,你说了请进,就把你要说的都说尽了。我不能问你,你还想说什么,你还有什么可说的。另一方面,我听见这些话,也不觉得言有尽而意无穷。"言有尽而意无穷"几乎只用在诗歌品评之际。

当然,门口来了个人没说出门口来个女人还是男人,但这不算言不尽意。我说出了所有想说的，我本来就不是为了详尽描述世界而说话。如果需要，如果我愿意，我可以说门口来了个女人。初学写诗的人总觉得言不尽意。他有那么多要说的。然而，话不在于说得详尽，在于说得合适。诗人千锤百炼，练就"一语道尽"的本事，他道尽了，读诗的人仍觉言有尽而意无穷。

第四，言说疼痛与言说人的相貌有相同之处也有不同之处。你能够言说疼痛，例如你可以告诉我：我头疼。

但你能准确描述那是哪一种疼法吗？你可以说：刀割似的，一阵一阵的，连续不断的，等等。如果你坚持说，这些描述仍没有穷尽描述，那我会请你描述李娜抛球时的动作，无论你描述得如何准确细致，你都不曾穷尽描述。

但描述疼痛跟描述抛球的确有重要的区别，这个区别不在于前者无法详尽，而在于：你描述不清李娜抛球的动作，你可以带我去看她怎样抛球，你却不能把你的头疼拿出来给我看。（也不能让你尝尝我头疼的滋味。如果我知道头疼的原因，也许我可以让你也头疼，但即使这时候，仍不能像确定两张相片上是不是同一个人来确定你的头疼跟我的头疼是不是一样。这将导向"你我的感觉是否相同"这类特殊问题。）

最后，如果说"言有尽而意无穷"几乎只用在诗歌品评之际，那么，不可说多半涉及的是哲学中的玄理。柏拉图直截了当认为，不可言说的是"最高的事物，万物的第一原理"。虚无、太极，说不出：虚者无象，无者无名。

我们平常说话，没觉得不可说，也不常觉得言不尽意，为什么到了论理时候就来了这些遗憾？我想，第一层来自论理天生的困难。我在《说理》一书中谈了论理特有的一些难处,[①]这里不赘,只提相互关联的两点。其一,论理不像说请进或电话在书房桌子上目的明确,何时我的意思已经说出何时尚未尽意殊难把握。其二,道理连着道理,说到一个道理,难免又牵进了另一个道理,不说到那至极的真理似乎总难尽意。可说到至理,把它叫作太极,似乎还有无极,说到无极,无又牵连着有,于是绕了回来,于是不可说不可说。

无论描述还是论理,总可以不断说下去。然而,我说,门口来了个人,电话在书房桌子上,我说出了所有想说的。论理呢?在我看,就像我们不是为了详尽描述世界而说话,我们论理时也不要打算说尽天下的道理;有人有这想法,那是他糊涂。

三十三、结语

这是一篇长文,扼要涉及言意之辨的很多方面。

我们从"我们用语言思考吗"这个问题开始追问。对这个问题有截然不同的回答,"语言决定论"回答"是","思想语假说"则断然否认我们用自然语言思考,主张我们用"思想语"思考。本文指出,思想语假说对这个问题的回答包含一种误解——"用什么思考"的意思不是"思考时心里浮现了什么",而是心智活动通过什么表达系统获得直接表达。依此,本文认为,我们的确应当说,中国人用汉语思考,英国人用英语思考。我们用(自然)语言例如汉语思考,这话的意思不是:我们在表达思考之前,先用汉语默默在心里

---

① 主要见陈嘉映:《说理》,第 4 章,第 109—140 页。

说了一遍，而是：我们的思考直接用汉语表达出来，即，通过汉语成形。表达是未成形东西的成形，而不是一种现成物转换成另一种现成物。

这种理解显然不会导向语言决定论。的确，思考以语言为归宿——在言说活动中，多种多样形式的心智活动通过一个单一形式的公共表达系统获得表达；换言之，言说活动一端连着言说者的种种经验，另一端连在语言上。语言不决定我们的思考；但说话的动物习惯以语言为归宿来思考，因此，语言参与塑造我们的思考。用英语、汉语、几何图形思考，思考会有不同。

本文经常借用道路系统来理解表达系统。心智活动在我们心里，语言却不在我们心里，就像道路系统不在我们心里——除了在这个意义上：这个城市的随便哪条路都在我心里。我们心里的活动可以分出层次，但不宜把其中任何层次称作语言。维果茨基（及其他论者）对"内部语言"的刻画表明，它所指的应是接近于表达层面的心智活动。

每一种表达系统都是一种语言，其中，字词语言是人类最主要的表达系统，这却并不意味着我们的经验都可以通过字词语言获得充分表达。除了通过字词语言，我们还通过其他类型的语言表达我们的思想。

实践/操劳与理论[①]

一、亚里士多德的实践概念

我们的**实践**一词，是辗转从希腊词 praxis 翻译过来的。亚里士多德是第一个系统阐述实践概念的哲人。读者对亚里士多德的实践概念都不陌生，但为方便后文的讨论，我还是做个简略的重述。

亚里士多德把人的活动分成理论活动，实践，制做。实践不同于理论，因为实践改变对象；实践不同于制做，因为制做的目的在制做活动之外，而实践的目的则并不尽在实践之外，乃至于"良好的实践本身就是目的"。(NE, 1140b1-6)[②] 这是我们都知道的人类活动三分法。不过，在亚里士多德那里，概念区分并不总是那么一致和清晰。有时候他把制做也称为实践，这时，实践分成实现外部目的的活动，如盖一座房子和本身即是目的的活动，如生活整体、沉思。在另一些场合，他在很广的含义上使用 praxis 这个词，这时，连星辰、植物都有实践，但他通常会说，唯人有实践，"动物没有实

[①] 原载于《同济大学学报》（社会科学版）2014 年第 1 期。

[②] 亚里士多德的引文都引自《尼各马可伦理学》，依通例随文标出贝克尔版编定的页行码，译文则参考不同译者、论者的译文杂糅而成。

践"（NE，1139b20）。本书不讨论亚里士多德文著中的这些细节，大致从理论活动、实践、制做的三分法来谈论亚里士多德，这也是后世的一般做法。

亚里士多德的学科分类与上面这三类人类活动相应，一是理论学科，包括第一哲学、数学、物理学；一是实践学科，包括政治学、伦理学、经济学或曰家政学；一是制做学科如诗学、建筑学、医学。

理论之知是 episteme，与此对应，实践之知是 phronesis。这样区分这两个词是亚里士多德哲学里的论理用法，在柏拉图那里，episteme 和 phronesis 经常混用。在亚里士多德那里，它们的用法也并不总是一致的。有时候，亚里士多德把所有的知都称作 episteme，依此，phronesis 属于 episteme。但专门讨论实践时，亚里士多德通常把 episteme 和 phronesis 对称。这些细节本文也放过不论。

特属于实践的知是 phronesis，通常译作**实践知识**或**实践智慧**，也有译作**明智**的。把 phronesis 译成**实践知识**是有疑问的，**知识**这个词主要指明述的系统的知。**实践智慧**这个译名怎么样呢？**智慧**似乎太重了。我们可以说罗斯福或邓小平有实践智慧，但一个人会做饭，会盖房子，叫智慧有点儿过了。而且，无论译作**实践知识**还是**实践智慧**，都更像是解说而非译名。译成**实践之知**也有这个缺点。**明智**这个词，主要用于对手段的考虑，而 phronesis 不是种技术而是德性，（NE，1140b25-26）不仅是选择正确手段的能力，也包括思考哪些目的值得追求的能力。我觉得译作**明慧**之类比较好。

拿亚里士多德的框架和我们平常所说的实践／理论两分加以比较，可以看到两点突出的区别。第一点区别挺明了的，亚里士多德区分实践和制做,今人不大做此区分。第二点区别比较复杂。亚里士多德三分法中的每一项,都有两个方面:行和知。理论活动是一种独立的活动,有它特有的知,episteme,大意是对世界的系统真知。另一方面,实践也有它自己的知,phronesis。而依实践/理论两分,实践是做,理论是知,仿佛实践没有自己的知,实践是去实施或应用理论或知识。例如,马克思主义是个理论,到列宁和毛泽东这里,这个理论转化成了现实。把理论付诸实践,理论指导实践,这些都是近代才流行起来的观念。

二、海德格尔的 Besorgen(操劳)

我们都知道,海德格尔熟读《尼各马可伦理学》并深受其影响,这种影响在他的早期著述中尤其明显。《存在与时间》中的操劳这个概念(Besorgen),从很多方面看,继承自亚里士多德的实践概念,差不多就是 praxis 的译名,有一处,海德格尔在 der besorgende Umgang 后面加上了"(praxis)"(SZ,第85页①),有时,海德格尔混用**操劳**和**实践**,(例见 SZ,第485页)虽然按照他的一贯风格,在使用**实践**这样的传统论理语汇时,往往给它打上引号,写成"实践"。

海德格尔提出操劳这个概念,在很大程度上是要纠正近代哲学围绕着物理客体打转的本体论以及与此相应的认识论。海德格尔

---

① 〔德〕海德格尔:《存在与时间》,陈嘉映、王庆节译,商务印书馆2019年版。本文所引海德格尔都出自此书,只随文标出"SZ"及页码。本文对有些译文做了细小修订。

说,世内存在者首先不是对"世界"的理论认识的对象,而是被使用的东西、被制做的东西等。此在与世内存在者"最切近的交往方式并非一味地进行觉知的认识,而是操作着的、使用着的操劳——操劳有它自己的'认识'"。(SZ,第 99—100 页)很明显,"操劳有它自己的认识"与"实践有它自己的知"一脉相承。

世内存在者首先作为被操劳的东西映入"认识"的眼帘;所以,只有投入操劳活动,实际参与操劳活动,才可能"认识"这些存在者。用锤子来锤,这种活动顺适于锤子这一特定的存在者,正是这种活动对锤子有最恰当的了解,从而揭示出锤子的本来所是,揭示出锤子的存在(Sein)或"真的自在"。在操劳过程中,物事被加工、改善、粉碎,而正是在这些过程中,物事才"是"它本身,才"存在"。

这样的存在者不是纯粹的物,而是用具器物(Zeug)。世内存在者首先以用具的方式照面,我们首先与之打交道的是文具、缝纫用具、加工用具、交通工具、测量器具。海德格尔把以这种方式照面的存在者称作"上手事物"(das Zuhandene)。器物是用来做某种事情的,通过这种"何所用",一样器物连到另一样器物那里,这是所称的器物的整体性。同样,通过"何所用",器物首先映现出来的品质是有用、有益、合用、方便等。

操劳活动有它自己的知,但这是对操劳活动整体上的知,而不是对工具本身、材料本身的知。换言之,这不是对工具、材料等的客体化的知,而是就它们与此在相关联的源始情形的知。

操劳过程会出现某些障碍,例如工具坏了,材料不适用等,这时候,用具本身材料本身变得触目了:它们不再融合在操劳活动中,然而,它们仍然摆在那里。这种脱离了操劳活动而仍然摆在那里的世内存在者，是些现成之物（das Vorhandene）。

现成存在仍然和用具的上手状态联系在一起，还不是人们通常所说的**物**（das Ding）。在《存在与时间》中，海德格尔关于物没有说很多，大体上，物是脱离了具体情境的摆在哪里都行的物事，与理论静观相对应的物事。后来，海德格尔在完全不同的意义上使用**物**这个词，而《存在与时间》里所说的**物**，海德格尔后来倾向于用**客体**或**对象**（Gegenstand）来指称。

前面说，在今人的观念里，实践通常被理解为受到理论的指导，用来实施理论或理想。依照这种观念，仿佛实践没有自己的知，如果没有理论指导，实践就是盲目的。而在海德格尔那里，理论与实践的关系完全不是这样。实践和理论的区别不仅仅在于一个是行动而另一个是（理论）考察。（理论）考察原也是一种操劳，实践则原有它自己的认识。因此，操劳活动或曰实践活动并不因为自己盲目而需要运用理论知识。海德格尔还特别加上说：虽然理论活动的眼光不同于操劳活动的眼光（寻视，Umsicht），但它并不因此就是无规则的，它在方法中为自己造就规范。我们看到，在这一点上，海德格尔的总体思路差不多是亚里士多德的翻版——理论和实践并非一个是知，一个是行；理论和实践是两种不同的活动，各有自己的做与知。

当然，海德格尔的操劳和亚里士多德的实践也有明显的区别。其中最突出的一点是，海德格尔与今天流行的观念一致，不区分实践与制做。上文提到，在亚里士多德那里，实践的目的在于其自身，而制做的目的在于制做活动之外。而在海德格尔那里看不到类似的区别，说到目的，操劳的"何所用"归根到底是为此在所用，归根

到底要回到此在这个"真正的、唯一的为何之故"。(SZ，第123页)

与此相关的另一重区别在于，亚里士多德的实践活动看来都与人相关，与社会-政治相关，而海德格尔的操劳活动主要涉及的是"世内存在者"或曰器物。在 Besorgen 中也有人，但他只是作为操劳者和操劳目的之所归的此在。但这样一来，Besorgen 就不大像亚里士多德所说的实践，倒更像亚里士多德所说的制做。《存在与时间》中也谈到人与人之间的交道，海德格尔命名为 Fuersorge（操持）。不过，在世分析的重点始终落在操劳上。

当然，操劳与实践还有更深刻的区别。依海德格尔，此在在操劳之际失落自身于非本真生存，只有通过畏才能回到自身，这会是亚里士多德无法理解的；在亚里士多德那里，人只有通过实践活动完成和完善自身。不过，这不是本文所要讨论的。

三、实践有其内在的善好

把海德格尔的操劳、亚里士多德的实践和今天流行的实践观念放到一处加以比较，可以看到，在实践有它自己的知这一点上，海德格尔追随亚里士多德，不同于今天的主流观念。但另一方面，海德格尔没有采用亚里士多德的三分法，不区分实践与制做。

然而，实践与制做的区分极其重要，而且，亚里士多德的确为这种区分提供了最重要的视角，即：制做的目的在于制做活动之外而实践的目的则在于其自身。

有些人类活动的目的是"外在的"，这一点不难理解，例如工匠制做马车，就工匠而言，他制做马车的目的是挣工钱，就马车而言，其目的在于运输,有了其他更便宜的运输方式,就没人再去制做马车了。另有一些人类活动,其目的完全在于这些活动本身,例如下象棋这种游戏。然而,大多数人类活动则处在这两个极端之间,它们有外在的效用,但我们从事这些活动并不是完全因为它们的效用。我试以绘画为例稍加解说。

  从画家方面看,画家靠画画挣生活,但他不是只要挣钱这个结果,他喜欢画画,除了挣钱这个结果,他也要画画这个过程。从作品方面看,一幅画可以有它的效用,例如教化信徒、装饰、政治宣传、商业广告,但效用不能完全界定画家的绘画活动。即使这幅画是有人为特定的目的定制的,目的是祝寿,纪念某次重要的战役,为某人或某家庭做肖像,为一款新式风衣做广告,画家以及定件人事先仍然不知道落成的画面确切会是什么样子。绘画的结果不能事先确定,不仅因为画家在技法上可能有所创新,而且,绘画的目的本身也随着绘画活动不断改变。若把表现美这样笼统的东西说成是画画的目的,那么,你用古埃及人的方式画,用拉斐尔的方式画,用凡·高的方式画,"美的观念"会随着这些不同绘画方式改变。可以这样说:一幅出类拔萃的画作有可能不仅让我们看到了某些新东西,它通过这些东西改变了我们看待事物的眼光。

  一幅画起到了宣传作用,广告作用,除了这些"效用",绘画还有其内在意义。这一方面是指促进绘画这一实践门类本身的发展,使画画这个行当变得意趣充盈生气勃勃,这个行当连同画家整体受到尊重;另一方面是指,创造性的劳作使画家的生活充满深刻的乐趣,他在绘画上的成就充实了他的生命意义。此古人所谓"外得于人,内得于己"。

这里关于绘画所说的，也可以用来刻画其他门类的艺术以及学术活动等。更进一步，像建筑、行医乃至经商等等更注重取效的活动，同样有其内在意义，因此无法完全用它们的外在目的来加以界定。①

建筑、行医、艺术、学术，它们是我们常说的实践活动，它们不同于下象棋那样的游戏，在不同程度上都有取效的一面。不过，当一种实践达乎炉火纯青的境界，它就在一个更高的意义上成为游戏，凡·高为绘画本身而画，柏拉图为追求真理本身而思。这时候，我们当真可以说，"良好的实践本身就是目的"。

总之，实践活动的目的不只在于其外部效用，无论一门实践活动有什么目的，什么效用，这些目的和效用都不能完全束缚这种实践。实践是多多少少自主自治的活动，这是说，实践本身不断重新定义其目的、效用和方法。

四、实践传统

绘画是一个多多少少自主自治的传统：绘画的目的、效用和方法在很大程度上要视绘画实践和绘画传统而定。一串前后相续的活动和事件还不足以构成传统，"传统"总是指某种自主自治的发展。

没有理论，怎么来了实践传统呢？有人胡乱在墙上涂抹，成了一幅画的模样，有人看着好看，也学着画。一种画法吸引了越来越

---

① 这里关于目的、实践所说的，我在《何为良好生活》（上海文艺出版社2015年版）第4章中有更详的阐发。

多的模仿者，成了一种绘画的传统。行医，一开始并没有什么医学理论，有人生了病，需要治，于是想这种办法那种办法去治，巫师戴上面具舞跳一阵，或钻颅驱魔。更靠谱点儿的是像神农那样去遍尝百草。有些做法，有些草药，效果似乎彰显些，后世就更多沿用，渐渐形成传统。

实践不是从理论来的，实践者从前人的榜样那里领取指示。刚开始写诗，你模仿李白或者李清照，刚开始画画，你模仿拉斐尔或者凡·高。不仅学习静修、画画、游泳、行医主要靠跟随师傅实践，就连说理这样比较抽象的活动也要靠典范的熏陶才渐渐学到。今天，从小学到大学，主要在课堂上授课学习，在数学这样的科目上，多少行得通，但用滔滔不绝的说理来进行素质教育，只是自欺欺人。实践者追随榜样，在实践活动中得到历练，培养起来的是phronesis，明慧与练达，而不是理论知识。

即使一开始是书本上的理论让你信服了共产主义，你在投身无产阶级革命的实践过程中，还是以列宁或托洛茨基或保尔·柯察金为榜样。共产主义理想体现在这个人或这些人身上，民主理想体现在这个国家或那个国家身上，体现在华盛顿、杰弗逊与他们的选民身上，体现在英国美国这些国家日常运转的细节之中。热爱民主制和民主文化的朋友，多半不是因为比较了各种政治制度理论之后挑选了民主制度，而是直接受到良好民主国家的吸引。我们从英美北欧而不是从菲律宾学习民主。

近代宪政民主是从英国大宪章运动开始的，英国人当时没什么宪政民主理论，他们是要解决自己面临的问题。别的国家要解决相似的问题，看着英国人的办法不错，加以模仿。你模仿他，我模仿你，形成了宪政民主的传统。笼统言之，道行之而成；鲁迅把它翻译成白话文：世上本没有路，走的人多了，也便成了路。以某种相似的方式来从事一类活动，做的人多了，形成了一个实践传统。建筑、行医、教育、科学活动，都是这样生长出来的传统。

上一节申言，实践活动有它自己的目的和内在的善好，这里要补充说明，这种"内在"并没有什么神秘的来源，实践自己的目的及其内在的善好来自实践传统的历史性。一个实践传统有它的自主性，这不止是说，每个传统都有它突出的甚至特有的技术、品德、规矩，这特别是说，这种实践活动要达到何种效果这件事本身多多少少要由这个传统自己来界定。一幅画的好坏，我们不仅要看受众是否喜欢它，而且要看它是否促进了绘画这门实践自身的发展，看它在"美术史"上是否做出了贡献。绘画的目的随着绘画活动不断改变，画家无法完全在绘画传统之外考虑自己该怎样画，我们也无法完全在绘画传统之外客观地评价一幅画是优是劣。

希腊哲学甚少容纳历史的维度，与之相应，亚里士多德几乎不从实践传统的角度着眼讨论实践活动。在把历史性引入哲学这一重大转折中，海德格尔起到了突出的作用。可惜，在《存在与时间》里找不到实践传统的观念。而这与我们在那里也找不到操劳活动自身的目的是相互联系的。即使在专题讨论了历史性的第二篇里，虽然海德格尔声称要从与历史性息息相关的时间性着眼进一步澄清操劳的结构，但相关章节仍然只阐发了实践有它自己的知这一思想，完全没有涉及"实践传统"。[①]

---

① 后来，麦金泰尔在《追寻德性》中深入阐发了实践传统这一概念。

五、亚里士多德：理论活动
为真知本身而求真知

　　如果实践活动并不是去实施或应用实践之外的理论或知识，实践传统是追随榜样形成的，那么我们就要问：我们要理论做什么？理论是怎么产生的？

　　这对亚里士多德不是个难题，因为理论科学为真知本身而求真知，而"为真知本身而求真知"本来就是最高的善好，从事理论活动是最高的幸福。

　　希腊人是个理论兴趣极为浓厚的民族，占星技术和历法技术到了希腊发展出天学理论，测量技术到了希腊发展出几何学，治病的技术到了希腊发展出医学理论。他们从事理论，主要不是为了指导实践，而是为了理解世界。希腊人发展出天学理论，是为了解释天球的运动，尤其是解释七大行星的运动，这真正是种"理论兴趣"，并没有想到要指导天球的运行。

　　理解世界，这尤其在于把一个特殊畿域里的道理跟其他畿域里的道理乃至跟整个世界的道理连到一起。亚里士多德的天学理论，与四元素理论及以太这种元素的理论相连，与位置及运动的理论相连，更进一步还与圆周运动的优越地位等等相连，与人在实践活动中通过自制求取圆满相连。即使生理-医学理论，在古希腊人那里，主要也不是用来指导实践的，他们发展出四体液理论，如此一来，生理病理就跟希腊整体自然哲学中的四元素说连上了。至于精通这些理论是否就能治病，当作别论。

六、海德格尔：从上手之知到理论

我们为什么要发展出理论认知，这对亚里士多德不是一个问题，对海德格尔却是，因为在海德格尔那里，理论认知并没有独立的地位，更谈不上是最高的善好。

在亚里士多德那里，理论之知和实践之知可说是并列的，前者不是从后者发展而来，而在《存在与时间》里，上手之知（对上手事物的认知）、现成之知（对事物的现成状态的认知）、理论之知被排在一个线性发展系列里。说是"发展"不太好，总的说来，这是一个逐步退化的系列——上手之知是对事物的最真切的知，而"只对物做'理论上的'观察的那种眼光缺乏对上手状态的领会"，（SZ，第103页）这种眼光总是"把世界淡化到纯粹现成事物的齐一性之中"。（SZ，第198页）按照海德格尔对源头、源始的推崇，出生较晚的理论认知大概也只能是退化的产物。但为什么会发生这种退化？

在《存在与时间》的第二篇里，海德格尔尝试从时间性着眼进一步澄清操劳的结构，从而能够"追问科学研究的可能性"。（SZ，第477页）其大意是说，理论认知是一种专题化，而"专题化进行客体化"。（SZ，第492页）我们且不管海德格尔的阐论与时间性有没有关系，不管客体化与专题化是怎样联系的，"客体化"这一入手点的确洞见到物理学型理论的肯綮，虽然这一洞见在《存在与时间》中仍然显得相当微弱，但它将在海德格尔今后的工作中展现更加深入和丰富的内容。然而，作为"科学研究的可能性"，这种洞见提供的是认知结构的转变,并未涉及为什么会产生理论认知以及理论认知有什么意义的问题。

通过专题化过程形成上手之知、现成之知、理论之知的序列,包含着另一层疑问——似乎所有理论都是上手之知的理论化。民主宪政理论可以是实践经验的理论化,但微分学、行星理论和基因理论是哪些实践经验的理论化呢?在这里,我们需要区分两类理论,一类是物理学型理论,一类是伦理学政治学型理论,后者是实践经验的专题发展而前者不是。

《存在与时间》笼统地用实践经验的专题化说明理论的发生,包括物理学型理论在内:"理论研究也并非没有它自己的实践"——设立实验设备、收取实验数据、制做切片,这些都需要错综复杂的技术性工作;考古挖掘要求最粗拙的操作;就连依赖以上各种工作所得的结果进行抽象研究也还需要书写之类的操作。(SZ,第486页)后来,科学学里的建构主义一派,就有不少论者力图沿这一思路来解说科学理论。但这一思路包含一个重要的错误。你在研究行星逆行,你夜晚走到野外,举头观测夜空,但行星理论却不是从你行走你举头这些行为发展而来。同样,解一道复杂的几何题难免要用纸笔写画一阵,但解出的结果却不是这些活动的专题化和理论化。诚然,研究者需要通过训练掌握正确的观察方式,正确的操作方式,他有时需要反过来检视研究过程,找出是否有某种因素产生了干扰,例如是否自己看花了眼或望远镜安装出了错。但这种检视依赖于我们有一套正确的观察、操作方式,例如没看花眼,望远镜安装正确。我们的确可以对研究活动本身进行专题化研究,从而发展起科学学或调整了知识论,无论这些学科能教给我们些什么,反正它们不能产生行星理论、基因理论这些物理学型理论。

　　海德格尔从上手事物开始，的确有助于我们警惕近代哲学围绕着客体打转的本体论以及与此相应的认识论。我们的确不能同意，世界只是粒子的交互作用。我们不能同意，梅花的暗香疏影，云梦泽的气蒸波撼，只是我们在真实世界涂染上的主观色彩。暗香疏影，气蒸波撼，它们也是事物的本来所是。但另一方面，读海德格尔的论述也够古怪——人们在那里锤锤子，缝皮衣，这些活动不仅有其用途，它们还指向"质料"，指向毛皮、线、钉子等，毛皮又进一步指向生皮，生皮指向野兽牲畜，锤子则指向矿石、石头、木头，一句话，用具器物也指向那些不用制做的自然，"处在自然产品的光照中的自然"。读这样的论述，我们不能不同情胡塞尔关于海德格尔陷入了人类学的批评。实际上，关于上手之知怎样导向理论之知的这一构想背离了海德格尔所欲引向的目标：世界固然不只是粒子的交互作用，而同样，森林也不只是一片伐木场，山岚也不只是采石场，"处在自然产品的光照中的自然"并不是人"诗性地栖居"于其中的自然。

　　现成之知、理论认知并不都是从真实所是渐行渐远的退化。我们一开始看见的星星，是夜空中的一些小光点，它们像是夜空的装饰，但也有它们的用处，例如指示方向，甚至还有更深的用处，它们有点儿神秘莫测，因为神明居住在那里，或它们本身就是神明，是神意所在，指示人事的兴衰。后来我们渐渐认识到，它们是些巨大的天体，有恒星，行星，射电源等。这时候你说它们的"真的自在"是些小光点，大体云云只是理论考察的结果，离开它们的实际所是已经很遥远，难免让人疑惑。的确，真知远不限于单纯对"物"的认知，但也远远不限于我们最早认识到的世界形态。

七、理论指导制做，不指导实践

"理论何为"对亚里士多德不是个难题，但这只是就"为真知本身而求真知"的理论学科而言。那么，伦理学、政治学这些"实践科学"呢？一方面，伦理学政治学是科学，是系统的、明述的知识，不同于在实际伦理生活或实际政治实践中的知，不同于行为者的 phronesis，而另一方面，伦理学政治学不像物理学那样是纯粹理论的知识，亚里士多德说，伦理学"不像其他（知识）分支那样，以静观、理论为目的……而是教人怎样成为善好的人，否则这种研究就没有意义了"。（NE，1103b26-29）从伦理学可以教人为善来为伦理学何为做辩护是有疑问的，不说别的，善好和德性是否可教这本来就是个争论不休的问题。其实，亚里士多德本人有时似乎对此有持否定态度。

在伦理学何为这个问题上，海德格尔面临的困难更甚于亚里士多德。当然，我们知道，海德格尔排斥伦理学，更不愿我们把他的生存论-存在论视作伦理学，不过，我们可以就他的生存论-存在论提出同样的问题：生存论-存在论显然不是物理学这样的理论科学，但另一方面，它是系统的、明述的知识，不同于行为者的明慧练达。亚里士多德赋予伦理学以教人为善的任务，这至少给出了一条安置伦理学地位的线索，而海德格尔似乎并不主张他的生存论-存在论具有这种教育功能。在阐释良知现象时，海德格尔说："在生存论上恰当的良知阐释并不保证在生存上对（良知）呼声的领会，一如生存并不必然地、直接地因在存在论上不充分的良知领会而遭贬损。"（SZ，第404页）生存论认知似乎与生存中的认知蛮不是一码事，例如，生存论-存在论阐释揭示，良知现象的核心是唤向罪责存在，而"日常良知经验却认不出向着罪责存在被唤起这样的事儿"。（SZ，第401页）的确，海德格尔明称："虽然是生存论（良知）阐释为这些日常存在者层次上的知性理解提供了存在论上的基础，它们两者却必然相去迢迢。"（SZ，第372页）从这些论断推想，生存论-存在论似乎更多出自理论兴趣，与实际生存关系遥远。

我想，这里的问题，核心在于澄清在物理学这样的理论科学和phronesis之外，还有何种认知形态。伦理学-政治学之知不同于实践活动中的知，在于前者作为系统论理，意在明述和总结我们的实践经验，并以此为出发点进一步穷理。就此而言，它主要出自理论兴趣，像物理学为认知物理世界而认知一样，伦理学-政治学为理解人类活动而认知。如果我们像亚里士多德那样，认为物理学类型的认知活动本身即是一种至高的善好，那么同样，努力理解人类活动的认知本身也是一种至高的善好。

然而，伦理学-政治学认知与物理学类型的认知也有根本的区别。

首先，我们可以借用海德格尔后来强有力地阐发的客体化概念来看待这种区别。当伽利略区分两种类型的性状之际，他已经确定下了近代物理学的研究范围——物理学只研究那些可以充分客体化的物事。实践活动是我们自己的活动，是与人/社会打交道的活动，这些活动无法客体化，或无法充分客体化。通俗说来，伦理学-政治学跟人类具体活动挨得太近了，充分客体化将使它们失去意义。

其次，与第一点相应，伦理学-政治学所明述和总结的，是我们自己在实践活动中多多少少已经明白的道理。如我们上面已经提到的，物理学型的理论不是对相关研究活动的明述和总结。

最后，伦理学-政治学作为实践之知的明述和总结，作为基于实践活动的穷理，即使并不能指导伦理生活和政治活动，却必然对实践活动发生影响。然而，我们断不可把这类影响理解为理论指导实践，它们与实践关系要内在得多，微妙得多。我们多次表明，实践活动在不同程度上以自身为目的。依亚里士多德，实践之成为良好的实践，是由于它包含着 phronesis 这种"真实理性的实践品质"（NE，1140b20）。获得合理性本身就是实践活动的一部分，唯明理才能更明慧地实践。亚里士多德的这一思想，以一种新形式体现在海德格尔"存在本身包含存在之领会"这一基本思想之中。唯因此，良好的伦理学-政治学论理会促进实践活动中的明理，从而提升实践的品质。

伦理-政治领域的思考和论理有助于提升实践的品质，然而，伦理学政治学并不指导实践。伦理政治实践更不是去实施或应用伦理学政治学理论。本来，从亚里士多德到牛顿，物理学型的科学也不指导实践，它们为真知本身而求真知。牛顿他们发展出近代力学理论，借这个理论，我们可以理解行星的运动，潮汐运动，落体运动，再往大处说，我们可以理解上帝是怎么让整个世界运转的。这些理论家没想着指导星球、上帝或我们该怎么做。但此后几个世纪，人们发现，物理学、地质学、生物学的基础理论竟然可以带来实效，靠着这些科学理论，人类发展出了各种各样新技术，化学理论指导染料工业，地质理论指导探矿采矿，量子理论指导我们为战争或为和平开发原子能，生物学基础理论通过生物工程学应用到医学、药物制造上。

所以，我们今天说到物理学类型之知和伦理学-政治学之知的区分，哪怕追随亚里士多德进一步区分实践与制做，其内容都不可能与亚里士多德的完全重合。在亚里士多德那个时代，即使物理学类型的研究，其客体化程度也还远不充分，如上文提到，希腊天学不曾完全脱开人事的含蕴，会把天球的圆形轨道与人在实践活动中通过自制求取圆满连在一起讨论。亚里士多德更不会想到他所称的"理论科学"会这么广泛地应用于制做。不过，即使在今天，我们仍然不是完全着眼于效用来从事研究和探索，物理学并非只在意能否应用于制造，伦理学也并非只在意教人为善。它们始终包含着为真知本身而求真知的维度；也许，今人不再像亚里士多德那样把求真本身视作最高的善好，志在求真的生活却仍是良好生活之一途。但这是另一个话题。本文的关注之点则在于，理论和"用处"的关系发生了根本的改变，乃至于我们今天要为一项理论研究做辩护，首先要说明白该理论能够有什么应用前途。技术这个词的含义也发生了巨大的变化。从前人们叫作 techne 或 ars 的东西，差不多应该翻译成"艺术"，统治的艺术，布兵列阵的艺术，盖房子的艺术，做一件家具的艺术，画一张画的艺术，这些艺术不是发明出来的，学习这些艺术，靠的是在一个行当中模仿师傅，然后自己摸爬滚打。今天，技术更多跟科学连缀在一起：科学技术[①]，科技。的确，现在

[①] 我们可以从两种不同角度来理解**科学技术**这个短语，一是把它理解为联合词组，由**科学**和**技术**并列合成，一是把它理解为偏正词组，指基于科学发展起来的技术。

占统治地位的技术差不多都是科学理论的应用。从前,医疗是一门艺术,今天,虽然没有"现代医学理论"这样的东西,但医学在很大程度上成为一门综合应用科学,广泛应用生理学、化学、物理学、心理学等的成果,这些学科则各自有其理论。甚至在今天仍然被称作艺术的那个行当里,画画、雕塑、写诗,也得先掌握一两种理论,或至少声称这幅画这首诗背后有理论撑着。

我们还记得,亚里士多德区分理论学科、实践学科、制做学科。今天我们该怎样看待这种区分呢?

我认为,首先,保持实践和制做的区分甚为有益,而现在流行的理论/实践两分法掩盖了这一区分。今天,我们可以这样刻画这种区分——在制做活动中,我们把所对待的物事充分客体化,把它们作为纯粹客体来对待,这时,我们完全采用目的与手段的框架,制做的目的落到制做的技术手段之外——"为什么"制做与对象本身无关,完全是我们的事情。实践活动则是牵涉人与社会的活动,因此,实践活动的目的始终与它所涉及的对象交织在一起,无法完全独立于实践活动本身加以界定,在极端情况下,"良好的实践本身就是目的"。回想海德格尔的 Besorgen,其"为何之故"从来不在于操劳过程本身,而在于此在自己,就此而言,它刻画的与其说是实践,不如说是制做。

其次,我们看到,制做越来越摆脱经验与艺术,越来越多地受到理论科学的指导。理论可以指导制做,甚至可以蓝图在先,然后依蓝图施工制做——必须有量子理论在先,才可能造出原子弹或原子反应堆。相应地,我们不再有独立的、与理论科学并列的制作科学,它们作为广义的工程学连结到理论科学上。

通常说到实践与理论的关系，所涉及的只是伦理学、政治学这些理论，跟物理学型的理论则毫无关系。然而今天，在指导制做的意义上，科学理论变得越来越有用。反过来，伦理学-政治学却没有变得越来越"有用"。的确，近世以来，流行起一种观念，仿佛我们可以先通过理论研究得出一套理想制度，然后尝试把这种理论应用于现实。除了其他种种缘故，这种流行观念一定受到了近代工程技术发展的启发。然而，以近一两个世纪的实际历史观之，物理学类理论指导制做结出了无数果实，理论指导政治实践结出了什么呢？伦理学-政治学不同于物理学型的理论，它本来就是基于实践明慧的论理和穷理。伦理学政治学对实践活动会有所影响，但这类影响不同于物理学型理论的技术应用。当然，源于实践明慧的论理和穷理有可能逐渐脱离实践活动中的明慧，甚至被弄成物理学型的理论。然而，我们不能因此像海德格尔那样，依照上手认知、现成认知、理论认知的线性模式笼统主张，所有理论考察都缺乏对实践活动的真实领会，理论认知必定是从真实所是渐行渐远的退化。我们需要的倒是努力在伦理-政治论理中始终保持与实践明慧的联系，保持对实际实践活动的真切领会。

读《无限与视角》[①]

哈里斯的这部《无限与视角》是研究现代性起源的一部力作。主要线索是视角这一概念。库萨的尼古拉突出地认识到我们所熟悉的世界景观是通过某一个特定视角——地球人的特殊视角——显现出来的,沿着这种认识想下去,就很可能对地心说这样的观念产生怀疑。围绕着视角概念,哈里斯探讨了那个时代的多种观念,既反映在天文学发展上也反映在绘画发展上。本书从库萨的尼古拉一直讲到伽利略,多方面探讨近代科学-技术发展对传统生活的颠覆。其中,在我看,最富教益的还是第一部分对库萨的尼古拉的研究。此书题献给汉斯·布鲁门贝尔格(Hans Blumenberg),最后一章也以阐发布鲁门贝尔格的"宇宙心智学"作结。所谓"宇宙心智学",可用布鲁门贝尔格自己的一句话来概括:"对于人来说,没有什么东西可以替代地球,正如没有什么理性能够替代的人的理性一样。"[②] 在纷纷繁繁的后现代喧哗中,我自己一直沿着布鲁门贝尔格指出的方向踽踽前行:知其虚无守其笃爱。无论哪种主义的原教旨,我都敬而远之——无论粗俗的还是精致的虚无主义。至于那些

[①] 〔美〕卡斯滕·哈里斯:《无限与视角》,张卜天译,湖南科技出版社2014年2月出版。

[②] 参见〔美〕卡斯滕·哈里斯:《无限与视角》,第350页。

其实什么都不在乎却不断宣扬某种原教旨的大师,更让人厌恶。所幸,在我狭小的交往中,这一处那一处的读书人,这一处那一处做事的人,时不时可遇到知其虚无守其笃爱的朋友。

这本书正好与我正在读的另一本书辉映——雅克·巴尔赞的《从黎明到衰落》。两本书的共同之处在于,无论哲学、科学还是绘画,都纳入画面。不同之处则是,那一部是大画卷的文化史,论述一个人物或一幅画只有几行,最多一两页。这一部是思想史,特点是细致深入。例如,哈里斯从思想史角度解读勃鲁盖尔的《伊卡洛斯的坠落》这幅名画,引人入胜。

从思想史视角看,中世纪晚期到近代科学革命的思想转变是最关键的一章——在此之前,科学史依附于哲学史,在此之后,科学史主要是科学内部发展史。然而,对这一转变,国内的相关研究不算多,张卜天是这方面的专家。他年纪轻轻,却学识渊博,中英文俱佳,他的译文既可信又流畅。张卜天在《科学文化评论》2014年第二期上刊出《现代世界图景的思想起源——评〈无限与视角〉》一文,在短短篇幅里概述了本书的要点,可以作为该书引言来读。

伦理学有什么用？[1]

伦理学有什么用？伦理学教人为善这个命题颇为可疑。要让别人接受自己的愿望、想法、主张，伦理学，作为系统说理，不是最好的办法。但说理并不是都意在说服，说理首先是一种伦理态度，视对方为理性存在者的态度——希望理解他者，也希望他者理解自己。就此而言，与其问"伦理学有什么用"，不如问"说理是怎么来的"。回答是：理性人凡事要明个道理，德性重要，我们就想弄清楚德性之理。

一

我们都知道，亚里士多德把人类活动分成三类：理论活动，实践，制做。与这三类活动相应，亚里士多德区分三类学科：理论学科；实践学科，包括政治学、伦理学；制做学科。这里只说说理论科学与实践科学的区别。据亚里士多德，理论科学的目标是为真理而求真理，它们不改变事情本来的样子，例如，对天体的研究不改变天体的运行。实践学科不是单为真理本身之故而探求真理，例

---

[1] 原载于《世界哲学》2014 年第 5 期，第 145—151 页、第 161 页。

如，伦理学研究的目的不在于知道善人是什么样的人，而在于我们自己成为善人，不仅意在知道什么是德性，而在力求使我们自己有德。伦理学"不像其他知识分支那样，以静观、理论为目的……而是教人怎样成为善好的人，否则这种研究就没有意义了"。[①]

善好和德性是否可教？即使可教，是靠"身教"还是靠伦理学这样的系统论理来教？其实，亚里士多德本人对伦理学教人为善也有相当的保留，他说："但事情却是，使人高贵的诸种理论虽然似乎有力量使那些生性高尚的人归于德性，但它们却没有能力去促使大多数人追求善和美。……想用理论来改变在性格上形成的习惯，是不可能的，或者是困难的。"（NE，1179b）伦理学教人为善这个命题若说古时已经可疑，今天恐怕更难成立。一个一个伦理学系跑一跑，哪个教授好意思说他敢教人善好和德性？他一个个斤斤于蝇头名利，他一个个百无一能的腐儒，顶好也不过是个方头正脸的亚中产。毕竟，尚没有伦理学的时候，世间早已有善好之人善好之行。伦理学教人为善这个主张还进一步暗含，有大家都要接受的善好，而伦理学家更了解这种共同的善好，这些也都有待商量。

二

后世的伦理学家常把伦理学分成理论伦理学和实践伦理学，"前者发现规律，后者应用规律"。这个区分在一定程度上可以缓和

[①] 〔古希腊〕亚里士多德：《尼各马可伦理学》（下面简称 NE），1179b。参见〔英〕乔纳森·巴恩斯编：《亚里士多德》，生活·读书·新知三联书店 2006 年版，第 25 页。

伦理学是否教人为善这个问题的尖锐性：理论伦理学不关教人为善的事，教人为善的是实践伦理学。蔡元培是最早从西方系统引进伦理学的学人之一，他在《中学修身教科书》接下理论伦理学和实践伦理学的区分，实践伦理学"本理论伦理学所阐明之原理而应用之，以为行事之轨范"——"理论伦理学之于实践伦理学，犹生理学之于卫生学也。"①

也有伦理学家区分规范伦理学和描述伦理学，这种区分与理论伦理学和实践伦理学的区分颇为接近——规范伦理学探讨我们应当怎样生活，尝试提供一套伦理规范。描述伦理学则只是描述各种伦理规范，并不告诉我们应当遵从哪套规范。

我对上述区分颇多异议。这里分成几点来说。

第一，如果所谓规范伦理学的任务是提出一套道德规范，那么，无论这套规范多么高尚或恰当，无论规范的提倡者多么有学问，它似乎更接近于某个教派的传道书，更接近说教或政治思想教育，不成其为一门什么"学"。蔡元培在《中学修身教科书》之前，出版了一本《中国伦理学史》，他在该书绪论中区分伦理学与修身书，修身书"示人以实行道德之规范"，伦理学则"以研究学理为的"，又说："伦理学者，知识之径途；而修身书者，则行为之标准也"。伦理学既然是研究学理的，所以"于一时之利害，多数人之向背，皆不必顾"。（第5页）他后来在《中学修身教科书》中采用理论伦理学和实践伦理学这对用语，原来的框架则未变：上篇为实践伦理学，下篇为理论伦理学。实践伦理学这个名号颇为误导，观其书中的实践

---

① 蔡元培：《中国伦理学史·中学修身教科书》，商务印书馆2010年版，第208页。本文所引蔡元培皆出自此书，不再另立脚注，只随文标出页码。

伦理学部分，实际上即为修身书，以提供行为之标准或规范为目的。蔡元培也明确说：应用之学，其实属于术，"唯理论之伦理学，始可以占伦理（学）之名也"。（第208页）若强说实践伦理学与修身书有什么差异，则可说实践伦理学背后有理论伦理学的原理支撑，即"本理论伦理学所阐明之原理而应用之"。这就引到了第二点。

第二，区分伦理学与修身书，这我很赞同，但修身书与伦理学总有一层特殊的关联，把两者做个区分容易，要说清两者之间的关联就麻烦些。依照梯利与蔡元培的刻画，所谓修身书或实践伦理学即是现在所称的应用伦理学。应用伦理学探讨在具体行业中应当怎样合乎道德地行动，例如医学伦理学探讨医疗或医生的伦理等。上面说到，实践伦理学这个名号颇为误导，同样，应用伦理学这个名称也有疑问。蔡元培说应用之学其实是术，这倒不尽然，应用力学、应用数学，它们也是独立的学科。不过，更重要的疑问在于，医学伦理等的探究是不是伦理理论的应用？照蔡元培的设想，应用伦理学预设了一套伦理学理论，就像应用力学预设了理论力学那样。然而，理论伦理学能不能提供理论力学那样的理论？只说一点：应用力学之成立，依赖于大家对力学基本理论没有什么争议，而伦理学有多家多派的理论，"伦理理论的应用"应用的是谁家的理论呢？伦理学是哲学的一个分支，如果并没有哲学应用一说，自然也谈不上伦理学的应用。我同意维特根斯坦，哲学并不提供理论，数学哲学不是把哲学理论（谁家的哲学理论？）应用到数学领域，科学哲学也不是把什么理论应用到科学领域，它们是对数学和科学的哲学思考，同理，医学伦理学就是对医学的伦理学思考。当然，应用伦理学已成定名，就像印第安人一样，不妨将错就错，未必需要改掉，我们只要不被名称误导就好了。

第三，描述伦理学这个名称也有疑问。描述一个民族都有哪些伦理规范，似乎是人类学-社会学的任务而不是伦理学的任务。诚然，人类学-社会学是否能做到不带评价的"纯描述"，这本身是个问题；但更重要的在于，哪个学科固然都离不开描述工作，但任何学科，无论是伦理学还是人类学-社会学，从来不止于描述，它需要追问事情为何如此。

概括言之，我认为把伦理学分成规范伦理学、理论伦理学、元伦理学等，尽管在特定上下文中可能起到提示作用，但更多的恐怕是误导。我很同意蔡元培，以修身书那样的方式列举多项道德规范不是伦理学的任务，对各种各样的道德规范进行反思进行论证才是伦理学的任务。不过，提供规范与对规范进行反思、论证并不一定互相隔绝，所谓规范伦理学通常不会只列举些道德规范。例如，新儒家意在提供一套儒家道德规范，但同时，他们也在从事伦理学论证工作，这包括论证儒家的伦理规范比其他的伦理规范系统更加优越，论证这些规范如何可能应用于或适用于今天这样一个已经大不相同的世界等。

三

按梯利、蔡元培他们的看法，修身书或实践伦理学"本理论伦理学所阐明之原理而应用之"，但依我看，这是把"理论伦理学"的位置弄反了。社会生活总要求我们遵行某些伦理规范，到一定时候，就有圣人把生活中的实际规范加以整理，去陋存精，"示人以实行道德之规范"，如摩西十诫或孔子在论语中的很多金言。这套规范的道理何在，他们没说什么，或零星说到一点儿，民使由之可也，未必使知之。实际上，圣人固然对天人之际体会得宏达又精微，却不一定长于成套论理，实际上，圣人出世的时候，成套论理的需求和技术都还不曾发展起来。伦理规范系统是否合宜，原不在于是否讲出一套道理，而在于这套伦理规范是否合乎道理。但文字时代既已开始，道术为天下裂，你提倡一套规范，他提倡另一套，每一套规范的提倡者，即使起初并不好辩，这时也不得已要为他所倡导的规范讲出一番道理来。当然，他若要讲得出道理，他提倡的那套规范本来就得有道理。

　　一条合理的规范所依的是什么道理，并不总清清楚楚。大多数规范系统不禁止杀生，却禁止杀人。这当然是有道理的。① 其中的一条道理大概是，蚊子或蚂蚁在死亡过程中不怎么感到痛苦。这个道理有一定的解释力，例如，它也能解释为什么随意杀死一条狗比踩死一只蚂蚁更难让人接受，自愿堕胎权利的支持者有时沿这条思路来论证自己的主张——胎儿并不感到痛苦。但尽管这条道理有一定的解释力，却也会招来一些显而易见的质疑：你怎么知道蚂蚁不感到痛苦？你怎么知道胎儿不感到痛苦？放过这些不论，我们要问，杀人和踩死蚂蚁的区别主要来自蚂蚁不感到痛苦吗？一刀砍死一个睡梦中人，他没感到痛苦，却跟其他杀人案例没多大差别。也许，杀人和杀死青蛙的区别并不在于它们是否感到痛苦，而在于前一例中你消灭的是未来可能富有意义的生活。这可以部分解释为

---

① 下面这段参见麦克马汉关于堕胎问题的讨论，载于〔美〕拉福莱特主编：《伦理学理论》，龚群主译，中国人民大学出版社2008年版，第107页。

什么杀死一个孩子或一个大家爱戴的人更遭人痛恨。但这一点也并非那样一清二楚：我们凭什么从生存具有多大意义来看待杀生呢？又该由谁来确定哪种生存更富意义呢？

无论什么道理，都不是孤零零的，每条道理都连着别的道理，这条道理得到一些道理的支持，却与另一些道理不合。目的的正当性是否能为实现这一目的所采用的任何手段提供充分辩护？曰是曰否，都能说出一番道理。知行是两回事抑或知行合一？跳水救人是出于道德考量抑或出于本能？保护古建筑或救黑熊重要吗？曰是曰否，也都能说出一番道理。在同一平面上的反复辩驳也许不能得出究竟，为此我们也许需要追索更深层更普遍的道理。系统地追索纷繁道理背后的更根本更普遍的道理，就是我们通常所说的哲学活动，从前则称作"穷理"。所谓穷理，不是在平面上追索，而是向纵深处追索。蚂蚁是否感到痛苦——我们该怎么想才能开始回答这个问题？这个问题显然联系于我们怎么知道蚂蚁是否感到痛苦，而这又显然联系于我们怎么一般地知道其他人以及动物们的感受。为此我们就需要考察什么叫知道，什么叫痛苦，什么叫心理或心灵。何为知，何为心，何为苦乐，这些即是近世哲学家所称的概念考察。哲学家通过概念考察梳理拢集在心、物、苦、乐这些概念里的道理，这项工作不是字典学的工作，而是一种集中的、有代表性的穷理形式。有些哲学家会说，他们不拘泥于人们对这些概念的流俗理解，他们是在挖掘什么是知的真义，行的真义，苦乐的真义。

上一节说到，任何一门"学"都在于追究事物的为什么。人们向不同的方向上追究为什么，其中一种是追究机制意义上的为什么，例如追究两种物质为什么会化合；在这里，"为什么"和"怎样"

的意思差不多。对机制的追究很可能离开我们的常理越来越远。追究理由和道理直至概念考察或辨名析理,不同于弄清楚事物工作的机制,穷理始终受到常理的约束,它要使之解释的困惑本来就是从日常道理生出来的。离开了知、行、苦、乐的寻常意义,就谈不上知行苦乐的真义。

人但凡有点儿灵性,不可能从不对生活中的某些事情感到困惑,继而加以思考。伦理思考是人类思考的重中之重,人人都想过自己怎样处理一件事情比较公平,想过别人一种做法是对是错,人人都曾尝试用某种道理来说服别人做某件事或不做某件事,都曾用某种理由为自己的某种行为做过辩护。生活中的实际伦理思考、讨论、争论,这些既是伦理学的源头,也是伦理学所要探究的课题,但这些活动本身并不是伦理学。每个人的困惑由这个那个具体的、偶然的事件引发,而求解惑的努力会把我们引向一些多多少少具有普遍性的问题,"哲学问题"。在那里,这个那个偶然的问题,你的问题和我的问题,交织起来,平常说理转变成系统论理。

总括言之,伦理生活总是从默会或明述的规范开始,这些规范在现实生活中打磨出来,由圣贤提炼出来,是些多多少少有道理的规范,后世乃可得演绎其中的道理,相互质疑、驳斥、辩护、补充,辨名析理,从而形成比较完整的道理系统,是为伦理学。

四

伦理学旨在说理、穷理,但说理、穷理能否劝善?稍有常识的人都知道,我们很难指望通过说理让别人接受自己的愿望、想法、主张。为此，除了说理，还有种种其他办法：好言相劝、恳求、纠缠、煽动、欺骗、利诱、威胁。

我们可以从不同角度来为这些方法分类。斯蒂文森先把威胁利诱之类放到一边，把其余的方式分为理性的方式与非理性（nonrational）的方式。[①]诉诸事实和逻辑来支持自己的主张是最典型的理性方式——你列举吸烟的种种有害后果劝说父亲戒烟，说明某种药剂的疗效来说服生病的丈夫服用它。指出对方不合逻辑当然也是典型的理性方式。诉诸事实和逻辑，也就是我们通常所说的科学求真。非理性的方式，据斯蒂文森，其中最重要的是persuasion，如劝说、劝诫、恳请、恳求，等等。你就让他这一次吧，我求你了，这时候，我不是在为我的请求提供理由。我们说好言相劝，突出的不是好理由而是相劝时的好态度。这两大类方式并不总是能明确区分，引征权威、诉诸公议似乎就落在两类交集之处，在实际讨论和争论之际，人们通常也交替并混杂使用这两种方式，但它们大致有别，这一点还算清楚。用理性方式与非理性方式标示这一区别显然不大好，非理性强烈含有胡做混来的意思；尽管我们可以声明这里使用非理性时不是指胡做混来，但这种人为排除法既笨拙又不是很有效。我觉得不如更朴实地把前一大类称作说理，后一大类呢，就称作非说理的方式。为论述方便，我还临时编造一个词，劝求，用来概括这两大类方式。

[①] 〔美〕C. L. 斯蒂文森：《伦理学与语言》，姚新中、秦志华译，中国社会科学出版社 1991 年版，第 156—158 页。下面马上说到，**非理性**不是 nonrational 的良好译名。有译者译之为**理性无涉**等，也未必佳。其实，rational 和 nonrational 本来也不一定是良好的标签。汉语里的**晓之以理**与**动之以情**也许更恰当，虽然斯蒂文森这里所谓**非理性方式**比**动之以情**要宽些。

把说理与其他方式分开,是要说明说理是一种独特的劝求方式,不是与其他方式并列的一种。不过,说理之为独特的劝求方式,并不在于用它来劝求格外有效。学者以科学求真为业,容易高估事实和逻辑的力量,我们却知道,在日常生活中,要让别人接受自己的愿望和主张——这里仍然把利诱、威胁排除在外——好言相劝、恳求、宣传、煽动通常效果更佳。维特根斯坦曾注意到,虽然人们在劝求时有可能提供理由,"但这些理由能达到多远?理由穷尽处,是劝请(ueberreden)。(想想传教士让土著人改信宗教时的情况。)"① 你信念执着激情洋溢,或表现为如此,人们就容易被你打动,即使人们后来发现你的主张与事实、逻辑相悖,只要他们相信你本意真诚,也不大与你计较。科学求真在群众那里没有很大市场。我们不必太多为事实和逻辑抱屈——人们本来不是要为正确生活,而是要生活得热热闹闹忽忽悠悠,而且,细节之真本来与正确判断关系不大,例如,我记住一大堆数据,照样会错判经济形势,经济学家各个都记得比我们多十倍,对大形势做出的判断时常截然相反。生活中到处是紊流,分明的事实和清明的逻辑不一定能带我们走多远。不管怎么说,求真态度以及与之紧密联系的准确性,在日常生活中是相当边缘的德性,只是在哲学-科学的发展那里,它们的重要性才集中体现出来。

至于伦理学这种系统论理的劝求作用,则更加可疑。生活中的争执多半与利益相关,调解利益之争主要靠谈判,谈判虽也要引征道理,但跟系统论理关系不大。即使所涉并非利益而是德性,也不

---

① Ludwig Wittgenstein, Gertrude E. M. Anscombe, George H. von Wright. *On Certainty*, Oxford: Blackwell, 1969, p. 81, §612.

可高估伦理学的劝求作用。我们更多依据品质出自直觉行事,无须很多审思和反思,何况,为事者需要坚定和敏捷,这些德性会因系统论理受到损伤。波斯纳列举了罗尔斯等一串"学院道德家",认为他们的理论几乎不可能说服任何原本持有不同观念的人,不能改变任何人的道德直觉,而且,它们"并没有为道德判断提供很合用的基础,也不能使我们在私人角色上还是在公共角色上道德更高尚"。由是,波斯纳断言"道德理论毫无用处"。① 我自己也不相信辨名析理这类哲学论证在实际事务中有多大作用,也认为"学院道德家"在塑造道德观念方面恐怕为自己提出了不切实际的任务。不过,我倒也不认为系统论理在实际生活中"毫无用处"。在简单事例上,我们更多依据品质和直觉做事,但在复杂事例中,这些往往不够,品质和直觉之外还需要审思。

但我更想辩明的一点是:我们一开始就不能只从或主要从说服、达到共识之类的"效果"来看待说理。在伦理领域,何曾有哪套道理让所有人都信服,最后达到了共识?问题还不在于达到共识是对说理的功效要求过高,而在于,在伦理领域中,达到共识并不总是可欲的目标,如威廉斯所云,看法上理解上的价值上的"分歧(不同意)并非(总是)必须克服的"。②

与这一点相关但未尽相同的还有一个重要之点较少为人觉察。这种要求把说理完全视作说服他人的努力,从而把说理与某种傲慢

---

① 〔美〕R. A. 波斯纳:《道德和法律理论的疑问》,苏立译,中国政法大学出版社2001年版,原书序,第3—4页,正文,第3页。波斯纳所区分学院道德哲学和实业道德哲学,后者才是有意义的。

② Bernard Williams, *Ethics and the Limits of Philosophy*, London: Routledge, 2006, p.133.

连在一起。晓之以理蕴含"我比你高明"的意思：我有道理而你没道理，或，我比你更有道理。这种优越感，"至少是临时的优越感"（威廉斯语）贯穿于古往今来关于说理和理性的各种阐论，不可不察。今人固然不敢自视为孔子那样的万世先师，更不敢自视为柏拉图笔下的哲人王，但很大程度上由于我们首先从科学论证来看待说理，这种进取性的、居高临下的说理观不仅没有削弱，反而有所加强。然而，居高临下宣扬任何一种道德主张都适足让人心生警惕。更别说那班成功者的喋喋不休了——他的成功已经够为他做宣传了，他还要振振有词地教训我们。

考诸实际，说理远远不都是进取性的。我们只要想一想人们为自己做辩护的情形就够了——自我辩护者不是要宣讲某种人人都要遵行的道理，而是要表明他并不是没道理。他希望别人理解他。海德格尔认为我们时代的基本调性是 Verhaltenheit，谦抑。我们的确需要以更谦抑的态度来看待说理。我们与其从进取性的说服着眼来看待说理，不如首先把说理视作不同的经验之间求取理解的努力。而其他的劝求方式，好言相劝、恳求、宣传，却并非这种努力，煽动、欺骗、利诱、威胁当然更非此类。

五

我干吗要理解你呢？我干吗要让你理解我呢？这些宽泛的问题可以从很多角度来回答，但首先，因为我把你当作 human being[*]。

---

[*] human being，人类。——编者

理解有层层含义，我们会说，某人正在尝试理解红细胞运送氧气的机制。但理解的首要含义，或至少，我们这里讨论的含义，是人之间的互相理解。人际理解远不止是一种智力活动，而首先是一种伦理态度，视对方为理性存在者的态度。

我们来到一片新大陆，把土著当作敌人，准备攻击他们，或者防范他们攻击我们，就像防范、攻击野兽一样。为了有效地防范和攻击，我们需要了解他们怎么看待事物——这种了解并非出于对他们的心灵有兴趣，我们只是要了解他们将对各种事情做出何种反应，就像我们经常需要了解自然力，了解野兽的反应。唯当我们把土著视作人，才会去努力理解他们——不是为了对付他们去了解他们，而是对他们怎样看待世界这件事本身感到兴趣。同时，我们也希望他们理解我们。

所谓他者，the other，就是在互相理解层面上遭遇的存在者。一块石头不是他者。他者是我希望去理解也希望得到其理解的造物。在跟你相处的时候，你的看法，你对世界的看法，你对我的看法，matters*。唯当你的理解matters，我才向你说理，才"运用理性"。理性首先是一种态度，诞生于互相理解的努力之际。

单从劝求效果着眼，说理并没有什么优势，但在劝求的种种方式中，唯说理最真切地体现出理性存在者的本质。从态度上说，说理体现着互相理解的愿望，从内容上说，说理也不同于其他的劝求方式。其他的劝求方式终结于有效或者无效，唯科学求真的说理，由此及彼，由浅入深，逐渐形成系统论理。说理活动一端系于日常

---

* matters，事关紧要，有影响。——编者

的劝求,一端延伸向穷理,从而发展出种种学理系统。上文说说理是一种独特的劝求方式,其意在此。

六

单从劝求效果着眼,伦理学也许如波斯纳所断言的那样"毫无用处",但在我看来,普通说理已然不尽在于求效,伦理学作为系统说理更非如此。即使说理一开始起于劝求的目的,伦理学却如蔡元培所称,转向"以研究学理为的"。伦理学的主旨在于穷理求真——像物理学为认知物理世界而认知一样,伦理学-政治学为理解人类活动而认知。所以蔡元培可以说,伦理学虽起于喜怒利害,却终于"于一时之利害,多数人之向背,皆不必顾"。明了于此,我们就大可不必因伦理学未见得能教人为善而否认伦理学的存在理由,如果我们像亚里士多德那样认为物理学类型的认知本身即是一种至高的善好,那么同样,努力理解人类实践的认知也是一种至高的善好。

当然,在其他方面,伦理学与物理学有种种不同之处。伦理学所求之真,不是充分客体化的真,伦理学之求真毋宁在于探求实然与应然和合的源头。因此,伦理学对实然的探求隐隐约约总含有劝化在内,伦理学讨论所引的理据,与物理学理据相比,不可避免与喜怒利害、多数人之向背等有着剪不断的联系。从而,伦理学虽为系统论理,却与实际伦理生活息息相关。系统论理不仅无助于采纳坚定的立场,甚至可能有害,但它很可能增强特定立场的合理性。这并非无关紧要之点——我们并非只需要坚定和敏捷来把事情做成,我们还希望过上合情合理的生活,过上互相理解的生活,甚至过上知天达命的生活。伦理学在这里可以提供助益：虽然人们依据一般道德感做出道德判断，但他不一定明确知道自己依据的何种道理，所谓"我乃行之，反而求之，不得吾心"，而有时他却要知道这种道理，要讲清楚这种道理，例如他可能需要为自己辩护，也可能需要说服别人。这时候，由于不会说理，他可能在概括的层面上弄错，例如，人们经常会引用"人都是自私的"这一类的说法，虽然他自己的做法本来并不是出于自私。

最后，回到最初的问题——伦理学，或伦理领域中的穷理，有什么用？"伦理学教人为善"之类的回答未免过于急切地看待伦理学的"用处"。穷理是文字时代/理性时代的一般需求，往往，与其问"伦理学有什么用"，不如问"穷理是怎么来的"。理性时代人凡事要明个道理，德性重要，我们就想弄清楚德性之理。勇敢本来是天生的美德，但到孔子、孟子那里，到苏格拉底、柏拉图、亚里士多德那里，把勇敢与知联系到一起却是自然而然之事——勇不同于鲁莽灭裂，因为勇连结于知畏知怕。若我们坚持用"有什么用"来追问伦理学，那我会说：理知是文字时代人领会世界及自我领会的一个有机部分，而种种德性必伸入理知，从而形成"理性人"的新型人格。当然，这里所说的不是经济学里的"理性人"，而是这样一种人——希望理解他者，也希望他者理解自己。如果可以说得更辽远，他希望知天达命，并为天所知。

想象的共同体？

——《人类简史》① 中的一个疑问

我感到十分荣幸，能来与尤瓦尔·赫拉利先生对谈，感谢中信出版社的邀请。赫拉利先生的《人类简史》从七万年前智人的出现写起，写到我们这个世纪，还写了几行对未来的预想。我很佩服赫拉利先生，年纪轻轻，却知识渊博，思想广阔。书译成中文不过四百页，利用了生物学、人类学、历史学、社会学等好多领域的知识，涉及人类生活的方方面面。关于人类历史，作者有他自己的见解，例如，"历史从无正义"，你也许不同意或不愿同意吧，但读读书里的内容，对这类让人不快的结论会多一点儿理解。我自己最受益的是第一部分史前史的部分，这方面的新研究最多，作者替我们做了一番搜集梳理，省了我们自己很多气力。

在今天这场读书会，作者的演讲概括了书里的四个主题：认知革命，商业的基因，数据崇拜，人工智能。每个主题都很吸引人，都提出了很多饶富意趣的问题。这些问题，我都愿有机会和作者讨论，但时间关系，我只就一个问题谈谈自己的浅见。

---

① 〔以色列〕尤瓦尔·赫拉利：《人类简史》，林俊宏译，中信出版社 2014 年 11 月出版。

这个问题是"想象的共同体"。据赫拉利，人类获得如此巨大的"成功"的秘诀在于合作。但赫拉利接着指出，合作并不都是善好的。发动侵略战争、建设集中营，都需要合作。这是个明显的事实，早有不少论者指出，却仍然被广泛地忽视。伦理学里，人们研究道德的起源，往往集中去研究合作的进化，好像合作和道德是一回事。依我看，这在很大程度上是因为当代推崇实证研究，合作的进化适合于实证研究，而道德却不适合。

为什么人类能够产生大规模的合作呢？依赫拉利，这主要是基于人类的想象能力，人类的想象能力则与人类语言有关——动物的语言只能描述现实，人类语言却能够创造虚拟现实。人类的成功在于合作，合作基于想象，大家对这样的想法并不陌生。安德森的名著，书名就是"想象的共同体"。赫拉利表示，基督教、民族、中国或以色列，这些都是想象的共同体。

作者没有解释想象力为什么跟语言相关。一般认为，唯人类有语言，动物没有语言，所谓"动物的语言"是比喻的说法或"语言"概念的延伸用法。另一方面，动物心理学一般认为，动物也会做梦，在这个意义以及类似的意义上，动物也可能有想象。因此有必要说明，人类的想象力有什么特点，它跟语言的联系何在。我对这个问题做过点儿思考，大致想法如下。人类语言是用语词来构成句子，相当于把所要传达的内容分解成零件然后重新组装，重新组装出来的可能是全新的东西。正是这个特点构成了人类想象力的本质：人类不仅能想象出现实中没有的新东西，而且，这些东西可以是合乎语言逻辑的，或宽泛说，是合乎逻辑的，有可能得到实现的。也就是说，基于语言能力的人类想象不只是与现实对立的东西，它是沟通梦想和实现的桥梁。

如果我说的不错，那么，赫拉利把民族、国家之类视作想象之物并因此不是现实之物的主张就太过粗率了。什么是现实的什么是虚构的？据赫拉利，一座山是实在的，看得见摸得着。民族或国家呢？美国或以色列，你看不见摸不着，它们是想象出来的。然而，看不见摸不着的东西不一定都是想象出来的，例如空气，还有黑洞，也看不见摸不着。有人举北京大学为例，你参观北京大学，见到了楼房、操场、学生和教师，可你看不见北京大学。还有因果关系，我们见到这个网球拍接触到网球，但没有看到挥动网球拍和网球运动之间的因果关系。

把民族这样的共同体说成想象，甚至说成虚构、虚幻，这样的议论有时起警醒作用。警醒是为了更深一层思考，而不是让我们把警醒之语奉作新的教条。奔驰公司是实在的吗？工人可以全部换掉，经理层和投资人可以全部换掉。但这并不意味着因此这个公司只是想象出来的，像赫拉利所说的那样只是"法律虚构"，只是个故事。我身体里的细胞，组成细胞的原子也可以全部换掉，这并不意味着陈嘉映只是想象出来的。当然，在有些哲人眼里，我们的肉身的确只是虚构，不过，在这个意义上，山岳和草木也都是虚幻的。

我想说，我们需要区分多个层次多个种类的虚幻。在一个极端上，色即是空，万物都是虚幻，爱情和生命也是虚幻。在另一个意义上，国家、民族、货币，是实实在在的东西。就拿以色列和巴勒斯坦的冲突来说吧，仅仅申明民族和宗教都是虚构故事，有点儿高蹈，解决之方也不可能是发明出一个双方都能接受的故事。双方需要在好多不同角度和不同层次上探讨哪里存在着可以转圜的空间，哪里可以创造出可以转圜的空间。

　　关于共同体的虚构性质，我有这样的疑问，有幸向赫拉利先生当面讨教。

陈德中《政治现实主义的逻辑》评议书①

陈德中潜心研习政治哲学多年，对这一领域的文献和观点相当熟悉。作者怀有对现实政治的深厚关切，因此，本书虽涉及形形色色的政治理论，却不失琐碎的往复辩驳，无论作者对他人的观点是赞成还是批评，皆处处紧扣问题实质。这在当今文史研究中难能可贵。作者有图大之心，努力形成一个相当新的政治分析框架，区分伦理学与政治学，强调政治生活的自主性，把权力问题置于政治学的核心。在这个大框架下，提出不少新见，例如区分机制性的自由主义和理性的自由主义。我与作者分享看待政治问题时的现实主义态度，对在政治问题上诉诸美好人性来解决难题的进路甚少兴趣。但我相信，作者尚有相当余地深化其政治现实主义的思路，尤其是更加周全地阐论政治的自主性——

政治固有其自主性，但这自主性来自哪里？这一自主性又怎样联系并受限于各个时代的其他观念尤其是伦理观念？我也可以从另一个角度提出这个问题：报告以霍布斯条件和洛克条件分别标识权力要求和道义要求。在这一论述框架中，很容易把权力和道义视

---

① 陈德中：《政治现实主义的逻辑》，中国社会科学出版社2015年1月出版。

作单一维度上的两条标准线,忽略权力和道义的内在联系。具体发问,政治权力与一般强力的区别何在?泛泛想来,两者是有区别的,因为权力的获得,among other things*,需要人们在某种意义上承认其正当性,而这种考虑将把我们引回道义维度,即引回人们对生活的一般理解,引回伦理维度。

  总之,我会乐见作者今后更多考虑政治生活中各维度之间的交织与渗透。

---

  * among other things,除其他事物之外。——编者

《查理周刊》血案余想[①]

人们到处谈论着《查理周刊》血案。也是在新年伊始，另一批极端主义者在尼日利亚制造了巨大惨案，不仅屠杀的规模大得多，而且，被屠杀的更多是妇女、儿童、老人。听起来，人们把注意力集中在前一惨案上似乎有点儿势利。其实不然，至少不尽然。以我个人论吧，在法国，我有不少朋友熟人，我在法国工作过，旅行过，我相当熟悉法国的历史，曾从法国文化汲取不知多少营养。如果我可以有不止一个精神故乡，法国定是其中之一。我在巴黎找路，也许比在上海还容易些。我想，多数人像我一样，对法国要比对尼日利亚亲熟得多。就此而言，像大多数人这样，像我这样，对发生在巴黎的血腥袭击更加关注也许无可厚非。当然，有些人不是这样，例如那些从万里之外奔赴尼日利亚去与埃博拉抗争的白衣天使。

听到这样的惨案，当然有强烈的反应，有感情反应，也有想法。这些反应应该与大家差不多吧，不会想到要把跟别人差不多的所感所想写出来发表。可是后来听到一些议论，有些出自平时颇有见地的朋友，竟与我的想法相差很多，于是觉得不妨说说我的想法，与不同意见者商榷。

[①] 本文原载于《财新周刊》2015年第7期。

有人谴责袭击,但是,对,"但是",他们说,他们也极不赞成《查理周刊》刊出那样的漫画。不赞同的程度不同,程度深的,差不多站在袭击者一边。《查理周刊》侮辱了伊斯兰信仰,而信仰是不容侮辱的;言论自由不足为之辩护,是,查理们动口没动手,但是,一位议论者说,你说我睡你妈,是,你没动手,但我决不能容你这样侮辱我母亲,我就是要跟你拼命,这有什么不对吗?话说到这里,不再是各打五十大板,而是在为杀戮者辩护了。

这里至少有一个区别。睡你妈,这构成对对方的侮辱,旁听者也会公认:说这话意在侮辱。但查理周刊刊出那些漫画意在侮辱吗?他们也刊出讽刺本国总理、讽刺梵蒂冈教皇的漫画,在那里,这些被视作讽刺,也许是过分的讽刺,有点儿恶毒的讽刺,但总理们教皇们没有以侮辱人格罪起诉他们。不同个人,不同文化,对这些漫画是否构成侮辱并无一致看法。

有议论者说,在这种事情上,你我怎么看不重要,重要的是伊斯兰人怎么看,感到侮辱的一方怎么看。对此我有两点疑问。

第一点疑问是,我们干嘛要这么虚怀若谷,声称自己的主张不重要。当然,极端主义者看到这些漫画会怎么反应,法国人在遭受袭击杀戮之后将采取什么措施,你怎么看我怎么看对这些事情没多大影响,就此而言,你我的看法的确不重要,他们两方的看法才重要。他们的看法重要,是因为那些是行动漩涡中人的看法,不妨说,他们的行动就是他们的看法。行动当然是最重要的,然而,却不是唯一的,行动之外,还有反思、讨论、争论。你我现在正是在讨论这个问题,这时候,你我的看法不重要,那还拿什么来讨论?

那我们是什么看法呢?当然,各不相同。有些议论者心里同情的是西方价值观，有些则更同情袭击者一方——他们也许不愿这么说，但把查理周刊的漫画比作睡你妈，已经透露出这一点。

第二点疑问是，即使你我的看法不重要，为什么是伊斯兰人的看法重要，而不是法国人的看法重要呢？他们说，在这种事情上，要以受到冒犯的一方如何感受为准。有那么一些时代，有那么一些地方，有人见到女学生穿着裙子逛大街，大感不适，乃至大受冲撞，于是女学生们就该找点儿布头把露肉的地方都遮住？朝见皇帝不匍匐跪拜，曾经被视作对天朝的大不敬。没几十年前，说说蓝萍往事，就是对"伟大旗手"的恶毒攻击，为此丢了性命的不止几个，关进大牢的更不知其数。

考虑到谈论蓝萍往事很可能招致严重后果，我可能因此噤口不言；你可能出自政治明智的考虑反对公演刺杀金正恩；你可能出于相似考虑或其他考虑批评《查理周刊》对政治讽刺画的尺度掌握有误；但这些不是在上述层面上的对与错，不是单单因为有人觉得受到冒犯所以我们错了所以应该改正。

有些议论者同情极端主义者，不单单是因为他们受到冒犯，更多是因为他们所代表的伊斯兰文化是一种有信仰的文化，而《查理周刊》所代表的西方文化轻浮腐败。让我们先说说文化，再说信仰。

这些议论者当真不认同西方的文化价值而更加认同伊斯兰的文化价值吗？这不大可能呀。他是以言论为生的人士，不会对因言获罪因言死难更多一点儿同情吗？在一旁议论的时候，他对西方文化嗤之以鼻，但他有机会留学的时候，去了法国，去了美国，没去伊朗，更没去伊斯兰国。他的儿女打算出国定居，他建议他们去欧洲去美国，没建议他们去伊斯兰国。也许，只因为这些西方国家生活好？什么叫"好生活"？除了奶酪红酒，也许还包括对多元文化的宽容，还包括你喜欢看的杂志，说不定其中包括《查理周刊》。

再说信仰。有些议论者反复声称，先知是不容侮辱的，信仰是不可侵犯的。我们什么时候开始对宗教信仰如此肃然起敬了？是因为我们自己也皈依了哪种宗教，成了坚定的信仰者？还是苦于心里不但没有宗教信仰，而且不再有任何坚定的信念，于是要靠去崇拜别人的信仰聊做心理补偿？我们自己若没有信仰甚至无所信从，我们若为此感到苦恼，这该是培养某些信念的好兆头吧。我们是因为自己无所信从感到苦恼和谦卑了吗？抑或由于无所信从而不加分辨地鼓呼任何一种好勇斗狠？

在我想来，不信奉哪种宗教并不是什么坏事——只要我们对美好事物怀抱坚定的信念。我相信，绝大多数中国人仍怀抱这类信念，虽然历经种种摧折，这些信念已经相当脆弱，需要努力维护、增强。这靠的是日复一日事复一事的培育。远远看一眼陌异的信仰，嘴上对它赞美一番，无法由此填充信念阙失的心中空洞。

有特定宗教的信仰当然也没什么不好。可是，就像多少罪恶假自由之名而行，世间多少罪恶在信仰名下横行。在耶路撒冷屠城的十字军没有信仰吗？党卫军信仰得不够坚定吗？波尔布特徒众呢？信仰并不曾颁发给信仰者怎么干都行的空白许状。天下哪条公理告诉我们，只要信仰坚定，就可以去屠杀异教？就该凶狠暴烈？在这一端，即使纳粹党徒，即使十字军骑士，各个人的具体行事也不尽相同，在另一端，我们还见得到坚定信仰与宽厚人道主义的结合。领导非暴力抵抗的甘地信仰不坚？推行种族和解的曼德拉丧失了信仰而落入了西方意识形态的陷阱？若把极端主义推崇为信仰的楷模，该把甘地曼德拉们置于什么位置？该把千千万万不肯卷入极端主义的伊斯兰信众置于什么位置？查理周刊杀戮事件的确透露出信仰冲突，但我们不能因此笼统地把伊斯兰教信仰等同于极端主义者的所作所为。

也许，有些议论者并不那么关心信仰不信仰，他们倾向于同情伊斯兰人，多多少少在于，两造之间，伊斯兰文化处于弱势。刚才谈论冒犯的时候，我为了显得振振有词，没举强者冒犯弱者的例子。然而我承认，一种冒犯是否构成侮辱，跟出自强者还是出自弱者颇有关系。同情弱者本来是种正当的感情，更何况，面对强势西方文化，我们也许还心有戚戚焉。我不否认，尽管在西方，政治上正确的是多元文化共荣，但轻视乃至压制相异文化的观念和举措并不鲜见。而且，虽然当今的西方已不再具有压倒性的文化强势，但与其他文化相比仍然相当强势，这种强势仍时时需要引起警惕，有时，我们还要为维护光大自己的文化传统奋起一争。我们若以捍卫文化多样性为名起而与强势文化抗争，那我们不是该十倍更加警惕那些容不得任何异见的极端主义吗？同情弱者是种正当的感情，但它不是唯一优先的感情，不意味着只要是弱势一方感到不公就该判定事情不公，更不意味着感到受了侮辱或事实上受到了侮辱就可以大开杀戒。

文化多样性并非专指在旅游景区展示多彩的文化产品；维护文化多样性的努力可嘉可叹，恰恰在于一不留神，不同文化之间会发生冲突、斗争甚至战争。更进一层，这种努力还在于，即使在斗争甚至战争之中，我们仍要努力理解并尊重对方的文化品格与信仰。在政治教育课程答卷上尊重他人的信仰，人人都得满分。真要说到尊重他人，正是在斗争中尊重他人。

法国是一个崇尚言论自由的国度，《查理周刊》人也的确因为他们自由发表见解遭到杀戮。但这一事件的斗争却首要地并非在于捍卫自由言论这种价值，而是在捍卫生命本身。威廉斯引用施蒂纳的话说，老虎扑过来的时候，我有权反击它——如果我有这个能力，这时候，我不是在保卫我的权利，我就在保卫我的人身。按照流行的意识形态，无论我们做什么，似乎都要依赖于甚至源出于某种具有普遍性的道德要求。这不仅扭曲了实情，而且，把所有实际斗争都上升为原理和道德高度上的斗争。在我们的时代，两种主义两种政治力量相争，甚至单纯的利益相争或两军对战，各自都会尽力占领道德高地，在道德上污化对方，在人格上矮化对方，凡敌人，必定心思邪恶、甚至体貌猥琐。我们这一方是正义之师，敌人则失去理性，不讲道理。

没错，我这样做是有道理的，然而，我有我的道理并不意味着敌对一方就没有他的道理，我更多占理不意味着他毫无道理，可一旦把我的道理上升为普遍道德，敌对一方就不再有任何合理性的余地。甚至用"被洗脑"来刻画敌对一方也未见得确当。物理学家戴森曾引日本神风攻击队队员的日记为证，认为"他们是一群有思想、内心敏感的青年男子，既不是宗教狂热分子，也不是民族主义狂热分子"。他接着说："如果我们想要采取有效措施，减少恐怖主义对带理想主义色彩的年轻人的吸引力，首要的一步就是理解我们的敌人。"① 遏制极端主义的努力中包括这种努力，即使那些扫射平民的

---

① 〔美〕弗里曼·戴森：《反叛的科学家》，肖明波、杨光松译，浙江大学出版社2013年版，第374—375页。

凶徒，痛定思痛，我们也要尝试去理解他们怎么会这么干。但若我们面对扫射平民这样的事情不再感到震惊，不再为这样丧生的人们感到悲愤，我们还能够理解什么呢？事情从来不止于理解。该斗争只好斗争。我个人以说理为业，但从来没幻想过说理总能取代赤裸裸的斗争。面对极端主义者的杀戮，最直接的反应就是起而与之斗争。我站在起而与他们斗争的一方，只是，我不需要把这场斗争想象成正义战胜邪恶的斗争。

反思与过度反思①

现代人感到要为自己的生活方式提供辩护

周濂（以下简称"周"）：您在《价值的理由》中谈到"虚假观念"的时候，说了这么一句话："事事都要显得合乎或明或暗的意义才是当代生活的重大疾病。我们倾向于把平平常常、琐琐碎碎的动机欲望上升为观念。"这是您所观察到的当代生活的一个重大病症，这背后关联到什么是良好生活的整体图景，能不能对此稍作一些解释？

陈嘉映（以下简称"陈"）：一时也不知道从哪儿解释起，咱们这样先说着。这跟我的那种观察连在一起，就是前人的生活总的说起来比较直接，他碗里吃的饭他知道是从哪来的，他手里用的工具是他自己做的，或者他看着邻居给他做的。一样一样东西，他从头到尾大致见着是怎么回事。那现在的人呢，基本上使用的所有的东

---

① 本文整理自周濂的采访，原载于《东方早报·上海书评》2015年7月5日。本稿是周濂整理的，小标题也是周濂加上的。

西都是终端产品。我从这个角度讲过现代人特有的风险感。实际上我们的生活比以前要安全得多,各方各面都安全得多,但是现在的风险感却比以前重很多。我个人的解释,当然只是从一个方面解释,我觉得这在好大程度上是因为你身边几乎所有的东西你都不知道它的来历,除了终端摆在你面前,其他的都在你的感知范围之外,所以你老觉得不确定。你在感知中找不到确定性,你就倾向于到观念那里去找确定性。观念的分量越来越重,这大概是一个原因吧。

另外一个原因,人人都知道,就是现在观念传播特别快,可供你选择的观念特别多,你很容易找到与你的感觉接近的观念。你接受什么观念,由好多因素决定,但是比较明显的,你会选跟你自己的感觉比较接近的。现在,可供你选择的观念那么多,你不难选到你比较中意的那个观念。

当然,更大的背景是,现代是个高度反思的社会。有人把反思看作后传统社会的特点,恐怕不恰当,如果把缺乏反思看作传统社会的特征,那么十八世纪的法国一点都不传统。反思是文字时代的一个特点,从所谓轴心时代开始。希罗多德的历史里充满反思,你只要读读就知道。在中国,孔子、先秦诸子,都在反思。不过,反思活动到近代更突出了,大而化之地讲,文字时代的反思是一种"有根"的反思,人们依托着某一特定传统反思,他们并不怀疑一切,并不是跳出既有的生活形式来进行反思。这些引领后世思想发展的先贤都依托于一片富有营养的社会生活。现代的反思则无处不在。

周:对,是一个全面反思的社会。

陈：是个反思无所不在的社会，而且反思的程度很深，深到对任何传统都不再信任。近代科学发展起来以后，不由得我们不更深地反思。从思想史上看，特别是在象征的意义上，哥白尼革命拔去了我们的根。本来我们把地球视作宇宙的中心，人类的安居之所，而哥白尼革命让地球漂到空中转起来了，把我们安居在其上的地球整个连根拔起，此所谓"无根"。这意味着，无论你做什么，人们都要问你道理何在。以前，我们就这么做了，大家都是这么做的嘛，现在就得说出个一二三来。有益处也有害处，益处大家说得比较多，比如尽量通过说理而不是靠暴力强制解决社会问题。害处也值得说一说。伯纳德·威廉斯认为，这种无所不在的反思会威胁和摧毁很多东西，因为它会把原本厚实的东西变得薄瘠。我们是否能够以及在什么程度上能够找到一些办法，避免陷入过度反思，这是当代生活面临的一个很重要的问题。我常对学生说起这个——我正好是教哲学教反思的——我跟学生说，他们要尽可能地去做实际的事，这实际的事什么都包括，包括生产劳动，包括养孩子，包括踢足球或打篮球。要靠比较厚重一点的生活把反思托起来，否则，反思会飘起来，我们会飘在反思里。我跟童世骏不止一次交换过一种忧虑，就是我们教哲学教得起劲，到底是起好作用还是坏作用，自己也没把握。

周：可以从很多角度切入您刚才的话。一开始您谈到古代人的生活方式跟现代人的区别，能不能这么说，古代人的生活更多是直接的经验，而非间接的经验，所以他们对于生活的其来有自了然于胸，脉络感非常清晰，所以相对来说，他们的生活状态会更加简单并且扎实。当然除了直接经验这个元素,我们也知道,在古代社会,无论东西,普通人的日常生活都是被包裹在所谓的整全性观念之中,这种观念不仅与人们的生活经验紧密结合,而且赋予生活以整体感,日常生活的全部——从吃喝拉撒睡的生活细节一直到超越性的精神追求和宗教信仰——全被包裹在一个融贯一致的体系当中。这与我们现代人的生活状态有很大的区别。

陈:是,这也是个很大的区别。这又跟仪式的消失连在一起。从前的人,日常生活里也有不少仪式,这些仪式把吃喝拉撒跟你所谓超越的东西联系起来。现代人不耐烦这些仪式,觉得它们空洞无物,凡事由个人的兴致和考虑做主。还有些仪式,由政府加给老百姓,反倒让仪式显得更可笑了。

周:这种仪式并没有增强生活的整体感。

陈:总的说起来,前人的生活的确有更强的整体感。这有好处也有坏处。在这个整体里,多数人没有什么可选择的。前人的生活比较质直的,但对我们来说,至少对我来说,过于质直了,一个人没有什么选择,他是什么就是什么。

周:他不需要选择,选择这个观念还没进入到他的意识当中?

陈:是啊,我们会希望有更多的个人自由。—谈这种事的时候,我们撇不开自己的好恶,我只是想能把这个好恶表达得清楚一点,并且不是太强加于人。现代人摆脱了传统的社群生活,得到很多好处。我们到福建去参观土楼,都说好,可现在谁愿意回去住到里面?我们谁都受不了那种生活了,你一举一动都在所有人的眼皮底下,从你早上起来刷牙开始,一家族的人都能听到你刷牙和咳嗽。当然更不用说你的婚丧嫁娶了。现在多好,人活得像原子一样,揣上一张身份证、一张信用卡,出去三天五天,全世界人没谁知道你去哪儿了,你自在得很。

周:原子式的个人有时候孤孤单单得难过,怀念过去的社群生活,但其实回不去了。

陈:你不可能享受这么多现代人的自由,同时又享受古人的 ethos*。我在这种事上总这么想的:单去谈当代生活是好的还是不好的,没有太大意义,它就是我们的生活。我只是想,用我朋友周展的一句话来说,当一切都朝一个方向进行时,最好朝相反的方向深深地看一眼。今天我们面临一些问题,一些困境,同时,你看到以往时代里有些东西挺好的,有些可能性会在这种眼光下浮现出来,让过去的时代来帮助我们。是批判性的,是怀旧的,但不是单纯批判的眼光或怀旧的情绪,这里有某种建设性的因素。

周:当然可能问题在于,我们一方面看到古代生活的某些好的东西,但与此同时我们也意识到因为整体的社会、政治、经济、文

---

* ethos,道德意识,精神特质。——编者

化结构的变迁,使得一些好的东西,它只是博物馆里的好,而不再可能成为我们日常生活当中的好。

陈:那当然,一般说起来,绝大多数东西都是如此。而且没有一种简单的办法去其糟粕取其精华,精华它是精华,你觉得好得不得了——

周:但就是无法得到它。

陈:对,它过去了,它不再。哈哈,天下那么多好东西,有几样能落到我们自己头上?但我也不是说我们只能远远观赏。或者可以说,学会欣赏好东西,这本身就提升了当下的生存——只要别弄到见月伤心见花落泪就好。我们不能过于直线地理解继承传统。取其精华去其糟粕,这有点儿太爽利了吧。整个复古就更不靠谱了。现在有些"新新儒家",穿唐装,谒孔庙,作为个人的修养和爱好,当然没有任何问题,我觉得还挺好的,至少,社会生活更丰富多彩。鼓励下一代多读点儿古书,我更赞成了,好多好东西呀,放在那里没人读太可惜了。但要全盘复古,我觉得完全不靠谱,别说全社会,就是单个人自己也做不到。再说,复到哪里算复古?古代不也一直在变吗?

周:对,这点我也特别同意您,我觉得包括儒家在内的传统文化有很多优秀的表述,作为个体的心性修养、生活取向我觉得完全无可厚非,甚至作为一个小共同体的价值取向也无可厚非。但要是作为一个整体的政治社会的框架,就显得有些时代错乱了。

陈:而且你还得表明古代的那些好东西不同时生产出那些任性残暴的君王,那种对人民的压迫和剥削,那种对女性的压制欺凌。古代生活可并不只是产生几个温良恭俭让的读书人。

周:像做外科手术一样取其精华去其糟粕,这是不可能的,因为它本身就是一个整体。

陈:比如那时的忠君观念,臣僚坚守这种信念,单看其中的忠诚,挺让人感佩的,但是这种忠诚生长在其中的那种制度,皇帝一不高兴把我九族都杀了,那种忠诚再让人佩服,这种制度我要是躲得开我还是躲着。

周:回到最初那个问题,您认为当代生活倾向于把平常琐碎的动机和欲望上升为观念,在我看来,在这个全面反思的时代,我们的生活不断受到来自于不同观念的挑战和质疑,所以个人必须要对自己的生活做辩护,必须要为自己的生活提供一个理由,解释生活的合法性。我们能说这是现代人特别突出的一个特征吗?

陈:你大概是对的,辩护的需要跟基本生活观念的多元化关系很大。自然而然的事情不需要解释,可是现在很难说有哪种生活是自然的,哪种是不自然的。另外,当代人广泛地受到教育,智识的教育。当代社会的方方面面都跟这一点有联系。当代人喜欢"文明生活"，这当然跟教育有关系。讲文明，讲道理，跟受过教育连在一起，谁不文明，不讲道理，就说没受过教育啊你。什么都可能会做过头，讲道理可能变得太喜欢为自己辩护或者要求别人做出辩护。

周：但您身边经常围绕着一些——我用一个词不知道合适不合适——就是边缘人，一方面他们的生活急需得到辩护，但是另一方面好像从您跟他们的交往，包括您平常的一些写作思考来看，您又觉得他们无需辩护，好像有这个意思？

陈：你说到这个话题也有意思——我觉得我们聊天还是挺有意思的。我觉得他们边缘人有时自我辩护的冲动如此之强，辩护的做法如此之普遍，即使他们需要某种辩护，那也过了。没有谁的生活需要那么多的辩护，这在"边缘人"那里尤其突出。你的辩护太成功了，就丧失了"边缘"的一部分意义。

周：明白您的意思，最理想的边缘状态应该是自足的，而不是明确地意识到自己的缺损，并且作为一个挑战者的形象出现。

陈："边缘人"的一个内涵是，我不跟你玩，但这辩护就是在跟你玩。

周：换言之，我还是接受了你的游戏规则，我还是要以你作为一个坐标，然后来判定我的价值。本来的话就另起炉灶了，各玩各的游戏。

陈：以前的 cynics，我叫作嘲世派，不太喜欢"犬儒"这个词，我觉得跟嘲世派比，这点——

周：差了好远。影响的焦虑对他们来说深入骨髓。

陈：cynics 我行我素，不跟你争辩。我们为自己辩护的冲动已经过强，他们就更容易有辩护冲动，因为咱们随大流的人毕竟辩护起来比较容易嘛。总之，像阿坚那样的朋友，抵制主流生活方式，抵制常人的生活方式，这样的朋友一定会让你换个角度来思考生活，有这样的朋友，至少对拓宽视野是件幸事。

周：对，我读您跟向京的访谈，我认为您有一个很好的观察，那些接受了现代社会游戏规则的主流写作者，恰恰因为这种外在的约束和要求，反而能够让他成就作品，做出有价值的东西，相反，那些完全脱离了这种外在约束和压力的人，恰恰可能处在一种生命中不能承受之轻的状态。

陈：是啊，对位法是一种束缚还是给了作曲家一个舞台？格律呢？这很难说。打破格律，产生出新型的诗歌，但格律诗的那种美妙就没有了。当然，要创作出好东西，某种约束总是在的。"边缘人"也有他们自己的一套规矩。

周：您还有一个表述与我们今天的问题相关。你谈到在美国留学的时候发现与美国人无法交流托尔斯泰的作品，因为他们很难理解托尔斯泰作品里面的复杂的深刻的情感。然后你说这是因为现代化让生活变得简单了、容易了、轻松了，于是乎，就存在这样的一个疑问，是不是有些深刻的东西好像就跟那些坏事连在一起的，这个说法我觉得就很有意思，有两方面的考虑，一个就是联系到你的那些边缘人物朋友，如果他们真的另起炉灶了，某种意义上就是让自己的生活变得简单了和容易了，这是不是就让他们与产生出好作品的复杂的、沉重的、压力性的东西脱钩了？

陈：单单谈这个话题我觉得就够我们谈好几个小时。那几个美国文学系的女孩说，像现在这样离婚自由，安娜就不用那么纠结了。十九世纪小说里很多很多复杂的情感故事都跟当时的婚姻制度连着。就像荷马的伟大史诗跟邦国的征服连着。回过头来说拒斥主流生活的朋友，你看啊，在一种意义上他们变得更容易了，很多约束他们摆脱了，但要加总说，那我会说，他们是变得更难了。他们的存在提醒我们，我们自己过得太容易了。

周：我们需要说清楚在什么意义上他容易了，在什么意义上他难了。

陈：还是先笼统说吧，主流的东西，随大流的生活，总是比较容易的。社会是为大多数人设的，真正的与众不同总是难的。但另一方面，这些朋友多半是写诗的，或艺术家，要从流行的社会规范挣脱出来，需要一种力量，反映在作品里，他们的作品会有一种格外的力量。当然，当真脱离了社会的要求，如果不是从内部对自己提出要求，就可能太飘了，没有着力点，不再能创作有力度的作品。

周：没错是这样。

陈：我的印象呢，自打十九世纪末以来，多数伟大作品都不是主流生活中人创造出来的。我想这后面有某种值得探究的东西。不管怎么说吧，在当代，我觉得有力度的东西跟另类生活有强的联系，当然，我不是说你走上另类道路就能出好作品。我的老朋友邹静之不另类，他写出了很多好作品，但他不满足，他希望更加深入到当代生存的根本困惑之中，他写《操场》，就是想要表达当代人的那种深层困惑，但我觉得还是隔了一层，可能是，那种困惑，他看得多，感受得不够。

周：您是说他生活得太优裕了？

陈：大概不能这样直接联系。不过，谈论你身边的作家，你很难不把他的作品和他的生活连在一起来看。这有帮助，但也常常妨碍你对作品的判断。

世俗好日子的"配套设置"

周：是。当代人们的生存困惑在您看来是什么？

陈：这肯定一言难尽。在咱们这个上下文中说呢，比较明显的一个，在主流世界里，过上好日子这样一种生活理想覆盖了所有其他的理想。过好日子呢，人当然一向想过好日子，但它不一定覆盖一切。比如在基督教时代，像人们常说的，人们需要信仰不亚于需要过好日子。ISIS，过上好日子就不是他的主要追求。当然你说那就是他的好日子，这就没意思了，我们先假设过好日子有一个——

周：世俗的解释。

陈：对，也是平平常常的解释。古希腊人没有为信仰为上帝献身那一类抽象理想，对希腊人来说，过好日子这个想法没什么不对头的。但也不单单是好日子，希腊传统里有很重的德性观念。两者之间是有张力的，因为有德性的人不一定就能过上好日子，反过来，没德性的人往往日子还过得挺来劲的。亚里士多德的伦理学里就有这个张力。他当然看重德性，但另外一方面他不愿意像苏格拉底那样说德性压倒一切，不用考虑过好日子，或者说，有德性本身定义了好生活。他想尽可能要把德性跟好日子结合起来——他是否自圆其说了另当别论。在亚里士多德之后，比如斯多葛派、嘲世派，重新把德性放到第一位，我们所说的过好日子这个事放在第二位，甚至要有意抛到一边，走上苦行之路。现代生活呢，过好日子这个想法占的分量太大了，大得让有些人受不了。我举个例子，可能不合适，不合适你马上指出来——最近一段时间，一些中产阶级的子女去投奔ISIS，对他们来说，仅仅好日子满足不了他，如果你愿意，你甚至可以说，人性中有某种东西是好日子不能满足的。

周：您的说法让我想起亚里士多德对三种幸福生活的区分，他认为大多数人想要的只是快感人生，少部分人想要过政治生活，只有极少数哲人把沉思的生活视为幸福生活。这么看来的话，所谓"过好日子"这种需求，从古至今都是绝大多数人的向往，现在的问题可能在于，整个现代社会的基本取向，无论是制度安排也好，或者整个的政治文化心理，都是向下看齐或者倾斜的。

陈：对。我认为现代社会的第一大特点是平民化。这不仅体现在政治生活、社会生活，还体现在——这一点谈得比较少——平民的生活理念成为基本理念。

周：所以您会觉得，现代社会对快感人生意义上的好生活的追求，就有点遮蔽或者说侵吞了其他几种对好生活的理解，而在古典社会，虽然像伯里克利这样的卓越之士在数量上不占多数，但他们以少数就足以压倒大多数了。

陈：过去，人们的视野里，the few 处在中心，现在人们总是把目光投向 the many。平民化还不只是民主制带来的，在观念层面上好多是基督教带来的。

周：对，平等这个价值就是源自基督教。

陈：只不过，基督教提倡的平等不是人世间的平等，它接受封建等级制的社会。基督教的平等建立在另一极上，上帝绝对高高在上，在这绝对的高度面前，众生都是平的。现代的平等观念里这个信仰维度被抽掉了。对于 the many，抽掉了信仰，就只剩下过好日子了。

周：就是所谓世俗化意义上的好日子。

陈：好日子压倒一切，这本来就是世俗化，或者说此世化。人从来就有过好日子这样一种愿望，但是好日子是跟其他东西配合在一起的，比如信仰，比如德性，比如某种社会理想；今天好像好日子就是好日子。

周：我觉得您说"配合"挺好，换一个词就是"配套设施"，从古至今，普通人当然都是想过好日子，但是笼统地说，古代人那种好日子的配套设施还是连着向上的东西，而且上面的东西始终不仅是一个价值上的优位，也是一个事实意义上的优位。到了现代的话，它的整个配套设施完全是平面化的，而且是为这个好日子服务的，不是凌驾于其上的，无论是建筑、音乐、艺术、哲学、制度安排都是这样子。它这个配套设施的中心是普通人的好日子，一切是为它配套服务的。

陈：说得好，我们仍然有艺术、哲学、社会理想，但它们似乎失去了提升生活的作用，它们都在好日子的同一个平面上。有一次我对西川说,你们艺术圈,西川开玩笑说,不是,是我们娱乐圈。不完全是玩笑,报纸版面上,艺术圈娱乐圈排在同一个版面上。只剩下过好日子,这比较简单一点,但这时候,整个生活中缺了一种张力。这种张力在多大程度上真的是我们人性中一种需求?我想,至少在一定程度上是的。没有这种张力,历史当真就终结了。在各种乌托邦里,大家都过上了好日子,然后,生活变成平稳的不断重复。另外一方面,我认为平民化是不可逆的,这就要求我们去设想,在现代生活里,有益的张力在哪里。

周:对,不可逆这一点必须要明确,我们刚才所说的其实是一个事实描述,而尽可能少地做价值评判。你不能武断地说,当整个社会开始为普通人的好生活做配套准备的时候,就是一个坏的社会,或者像尼采说的是一个末人的社会,我不太认同这种说法。

陈:至少我没觉得贵族社会那么好。

周:首先承认历史是不可逆的。然后是评价的坐标系不一样,就会得出非常不同的一些结论。就拿刚开始我们谈到的风险这个概念,我觉得其实古代人的风险意识也很强。比如说你要进京赶考你得配剑吧,你投宿打尖的时候会担心这家店是不是人肉包子店吧,这些风险我们今天是不用去考虑它的。

陈:是的,从前的生活远不如现在安全,不过呢,风险这个词啊,跟危险这个词不太一样,古代人面对很多危险,但他大致知道危险从何而来，现在人的麻烦是，他不知道有没有危险，危险会从哪里冒出来，所以我们更多谈论风险。

周：对，我明白您的意思，就是古代人他们面对的危险对象，其实相对来说是比较明确的，或者只有 ABC 这么几种选项，而现代社会因为生活方式的改变，危险的对象可能是全方位的。那回到您刚才谈到的一个很有趣的想法，就是比如说法国的或者英国的一些中产阶级的孩子，去投奔 ISIS，你当然可以做出一些非常轻而易举的判断，比如说他们被洗脑了，但是另一方面，你也不能够完全抹杀他们对一种更超越的精神生活的向往。接下来的问题就是，西方虽然已经高度世俗化了，但是其实还是有各种各样的信仰、教会，给你提供备选方案的，为什么会有人这些我都不要，我就要那一个？

陈：这个我没考察过，但的确值得认真考察——我常常觉得，社会学家应当多去考察这些实实在在的问题，别总是去纠缠那些鸡毛蒜皮的理论问题。我肯定不是声称这些青年去加入 ISIS 只是出于厌倦平常生活，更不是说厌倦了平淡生活就要上 ISIS 去。他可以有好多选择。我一个好朋友的女儿，家里辛辛苦苦培养了，最后上的是牛津吧，去了之后没多久就信基督教了，这没问题，信了基督教没多久呢，她就决定到非洲去做义工，家长当然非常心疼，这两位家长人非常好，思想也很开阔，但是无论如何还是希望孩子能够安安稳稳过好日子。

周：当了父母以后就特希望孩子过普通的好生活。

陈：是这样子的。那你看她这也是一条不去过平庸好日子的路嘛。有人去天涯海角旅行，有人去做极限运动，当然不一定要去加入ISIS。现代社会里，有志之士没有一个公认的发展方向。在以往的社会里，对有志向的人来说，往往有一种比较公认的努力方向。你刚才讲到，希腊人把积极参与城邦生活看作一种更高的生活；这跟我们现在所谓的从政意思不一样，亚里士多德所讲的政治生活不是投身于一个职业，而是人的本性的实现。在中国的皇朝时代，一般来说，目标很明确，就是读书做官，读书人金榜题名，这当然让他过上了好日子，但同时也给了他治国安邦的理想一个舞台，他参与到道统里，有一个道统，有一个精神实体在那儿。这对他可以是一种可靠的精神寄托。现在没有这样一个东西。

周：对，就是政道和治道的区别。

陈：在传统社会，大家对何为良好生活的想法比较接近。社会提供了比较稳定的方向，优异人士去追求的这样一种方向。就像路德，他家里让他读书，成为教士，是想从此改变社会身份。路德一个小孩子，他懂什么？但在修道院学习的过程中，他越来越坚定了他的信仰，丰满了他的心性。你努力进入教士阶层，一方面是要过上好生活，同时，你也实现了你的精神理想。明治时期的日本，做好一个企业是一种精神追求，做成卓越的企业，这个理想是一个精神实体。你读大公司企业家的传记，这一点让人印象深刻。现在呢，好像没有一种精神实体摆在那里提供努力的方向，反倒是ISIS那样的东西充当了精神实体。

周：我觉得当代的世俗主义版本的自由主义所构想的生活，其实是有一个解决方案的，在一个政治自由主义的框架下面，不同的宗教信仰、价值取向或者说趣味偏好的人，可以自由地结成大大小小的共同体。我不在政治社会中追求至善，而是在特定的共同体内部追寻至善。

陈：我的意思是说，在传统社会里，人们对优异的追求呢，跟自由主义式的追求有个重要的区别，就是他有一个现成的方向，你加入了文官集团，你朝堂上一站，治国也有了，为百姓做事也有了，自己的好生活也有了，也跟高层次的文化人唱和了，是吧。这是一个比较现成的精神结构，是个全社会公认的实实在在的结构，这东西在那，不用你个人那么操心去界定它。你个人的成功跟社会公认的精神价值合着。自由主义呢，一般不太强调要有那么一个精神结构，某种向上指引的精神结构。当然，过去也不是只有一种应该去过的生活。孔子入世，庄子逍遥，孰是孰非孰高孰低？这个很难说。只不过，这一点在我们这个时代格外突出。

周：尤其是精神谱系，有历史纵深感的精神谱系。

陈：对，你说的这点很重要，精神上的实体是由历史纵深造就的。这里说的是实实在在的现实的历史，所以，那个精神结构呢不只是一个精神结构,它也是一个社会结构。你来加入文官集团,这个文官集团可不只是一个精神传统,它是一个统治集团,像王阳明,不管你得道多深,该逢迎得去逢迎,该镇压杀人得去镇压杀人。刚才说到路德,他也不只是进入了一个精神的 caste*,而是进入了一个社会-政治结构,各种理想和权力斗争交织在一起。你说的自由主义式的小型精神共同体,无法替代一个大的精神-社会共同体的功能。自由主义也不会支持那种大型的精神共同体,因为它本来是由自由主义所反对的那种等级制的社会结构托着的。

周:你刚才说的观点我觉得非常好,就是精神结构不完全是一个封闭在精神世界当中的结构,它会外化成社会结构,一旦它落实在社会结构层面上,冲突就不可避免。因为它会带来一系列的经济的、政治的、社会的后果。诺齐克在《无政府、国家与乌托邦》中构想了一种乌托邦的社会状态,他觉得不同的精神结构可以和平地生活在一起,但其实这是不可能的。你必须还是要把权力、强力这些东西引进来,但是一引进来的话,你又得面对那个相对来说不那么可爱的一个世界了。

陈:对,现在有人批评启蒙,批评自由主义,说有些重要的方面自由主义没有给予充分的重视,真正来到现代世界,其实不像当初想象的那么好,这些反思都是重要的,只是别忘了,现代世界是当初的人们一点点争来的,当初有很多东西无法忍受,人们于是从

---

* caste,社会地位,社会团体。——编者

思想上在现实里一点点去克服,一点点去改变。最后,当然,改变的结果,不像改革者所设想的都是好东西,是吧。谁都没有全盘预见、全盘设计美好生活的能力。你东一点西一点消除了一些无法忍受的东西,又有新的让人不满的东西出现了。

勇敢作为一种公共生活的德行

周:对,而且这改变又牵涉到您不久之前在798做的那个演讲,就是关于贵族德行的理解,您认为贵族的德行主要是勇敢?

陈:例如《伊利亚特》里的人物。arete(德性)这个词,首要的内容是勇敢,男人气概,是配得上王侯的那种品质。

周:《伊利亚特》时期是冷兵器时代,人们需要肉身和肉身之间遭遇、碰撞时的勇敢,但在今天这个时代,你面对的也许不是一个肉身或者具象化的对象,而是无形的、庞大的抽象制度,这时候,想要改变的人,他们其实同样甚至更加急迫地需要古希腊意义上的勇敢的德行。

陈:这么说我也能同意,但是呢我还是想强调,肉身和肉身相遇的勇敢是源头的意义,勇敢的其他用法是从这里衍生出来的。比如,维特根斯坦说,天才在于才能加上勇气,这他肯定是自家体贴出来的,我同意,他这样说到勇敢是正确的,也很有意思,但这仍然是一种衍生的用法:特别在哲学这个行当,你什么时候叫作勇敢地思考了,这是一件很微妙的事。政治斗争中的勇敢,有时意义很直接,例如临危不惧。你跟一个抽象的制度做斗争的时候,谈到勇敢,意思可能不那么直接。比较粗糙地说,在现代社会生活里,勇敢这种品质不像在比如《伊利亚特》时代那样夺目。有一点也挺明显的,现在面对面的争斗不那么有决定性了,为事的成败更多取决于合作,往往做事能够做成的人是那种合作性比较强的。

周:更柔软的?

陈:更柔软的、有点儿女性的品质,我个人觉得——希望我没有陷入 stereotype*——从我的观察,女性比男性合作要好一点。也许,男性还是占优势,但是变化还是挺快的,很多事情女性做得更好,我觉得这跟女性更善于合作这种品质挺有关系的。而那种单打独斗式的勇敢吧,现在真的不是特别用得上。

周:它可能不是我们这种生活形式所要求的,更像是个点缀。

陈:是的,现在的男子气真的有点像点缀,就像大猩猩拍胸脯那样。

周:对,或者说它是舞台化了的情境所需要的东西,比如说在聚光灯笼罩的竞技场上,你需要展示一种勇敢,但在日常生活当中,

---

* stereotype,刻板印象,成见。——编者

古典意义上勇敢所需要的情境已经被各种各样的制度给间隔了，包裹了。对，我们不再直接需要这些东西了。

陈：聚光灯下，这个好，的确，男子汉气概多半出现在好莱坞荧屏上。不是说人都变得不勇敢了，是社会生活不要求不需要这东西了。要是闲聊的话——我反正胡说，你来调整方向——我觉得这个现在对男青年挺有压力的，一般说来，男人要更勇敢——当然在韧性的意义上说到勇敢也许女性更勇敢——但是呢，你说什么场合需要你挺身而出拔刀相助？这种情境很少了，你要是无缘无故好勇斗狠你就是二了，就是鲁莽，所以现在男青年，我真是觉得这种社会环境对他们挺不利的。

周：能不能这么说，在《伊利亚特》时期，虽然公共领域（政治领域）和私人领域没有严格的界线，但是总体而言，需要体现勇敢德行的场所主要是与公共生活和政治生活相关的。现代社会对公私领域做出了比较明晰的区隔，而在私人生活当中，我们需要勇敢的场合并不是太多。但是另一方面，在公共生活当中其实仍旧对于作为德行的勇敢是有需求的。

陈：我很同意这一点。

周：前段时间三八妇女节，北大清华和人大的男生纷纷在宿舍楼和校园里打出各种标语甚至是巨幅横幅，向女生大胆地示爱，标语的内容直白露骨，一时间各大高校之间竟有互相攀比、争奇斗艳的架势,但老实说,我非常不欣赏这样的举动,在公共空间"勇敢"地表达出自己的私人情绪,这是对勇敢这个德行的彻底误读。

陈:我觉得当然是误读了。

周:在我看来,它跟勇气无关,而与恶品位有关。公共空间所展示的作为德行的勇敢针对的应该是公共事务和公共议题,一再地在公共空间展示私人空间中的勇气——比如求爱,并且蔚然成风,这种群体性的狂欢其实是娱乐至死的形式之一。

陈:你从这个角度说,对,那当然。我的第一感不是从这个角度看,我的第一感,说勇敢呢,它跟受伤害的危险连在一起,那才叫勇敢。这种伤害首先是肉体上的,然后是其他各种各样的,比如说你有丢掉你的职位的危险啊,比如说一个检察官坚持正直办案,可能没人去伤害他的肉体,但是可能会拿掉他的官职,或者轻一点不让他提职之类,这些我都能叫勇敢,因为他是顶着危险的。

周:我们今天在公共空间当中表达自己的政治意见就面临这些危险。

陈:是啊,这些都是勇敢。

周:我觉得您的说法跟我刚才对这些大学生的批评其实是一致的,因为他们在不需要勇气的地方展示勇气,在公共空间拉示爱的横幅对他们没有任何的可见的损失。

陈：最多就是丢脸吧。

周：现在的误区是，不仅不认为你不要脸，反而认为是时尚。

陈：你说到私人和公共的话，我当然一点都不反对做个基本区分，但也要看具体情况。比如婚礼上大摆筵席，摆着一万朵鲜花呀什么的，我个人不喜欢，不过我想，那倒不是他在用公共的方式示爱，这里的公共性是庆典式的，两个家族的联姻，亲友同事的庆贺，这些具有公共性，而不只是在表达男女私情。

周：对，是其他的因素要求的。

陈：像男女私情甚至包括朋友的友情这些东西，我个人从本能上是觉得应该尽可能保留在私人领域，至于你描述的那种场面，从任何一方面都不是我喜欢的。

通过观念批判解除虚假观念的束缚

周：您在《价值的理由》中有一个观点蛮有意思，您说哲学思考除了要明理还要进行所谓的观念的批判，然后您说这个观念的批判更多的是一种否定性的含义，而不是像哈耶克所说的用一套观念去取代现行的观念。您认为否定性的观念批判主要的目的是为了解除当下的虚假观念的束缚，能对此多做一些解释吗？

陈：我有点这种想法：近代以来，哲学，特别涉及伦理和政治这些方面，对"应当"的突出过多了。本来呢，哲学更多着眼于实然，当然，在伦理-政治方面，实然和应然有内在联系，这你都知道，我不去废话。这个实然，本身就含有批判性，针对的是流行的虚假观念，不是单纯对实然的白描，我们说"其实""实际上"，这些用语都是有针对性的。至于新观念呢，我更愿意它的生长的成分更多一点，应该生长出什么观念来呢？我愿意看到它更多从广大民众和各行各业的人们的实际感受中生长出来。

周：但是这里面有个矛盾，如果更广大的民众只关心世俗意义上的好生活，那他们作为观念的土壤，可能就过于贫瘠了。

陈：当然，当然，这我挺同意的。但我仍然会坚持我的观点，倒不是因为固执，拿一套从上层发展出来的观念来改变这个状况，第一未见得可取，第二我觉得也不会成功。

周：您最后这个结论我当然同意，我认为怀疑普通人作为观念土壤的丰富性，并不能直接推论出我就接受一种自上而下的官方形态的观念的灌输和生成，因为还有别的可能选项，比如精英阶层或者说读书人的观念生产，以及他们对于整个时代的观念变革的——如果不说指导，至少是，用您喜欢的词说就是感召。

陈：我先承认，总的说起来，我会把没辙的事看得多一点重一点，如果这个时代真是那么贫瘠，我觉得这也有点没辙。我不看好从上层来建构观念，我指的还不是从官方，从官方意识形态，我指的就是精英阶层或读书人。思考者批判虚假的观念，这就是在观念层面上起作用，为新观念的生长开辟空间。至于生长起来的是不是比较健康的观念，这我们不得不相信我们的土壤里能生长出健康的观念。毕竟，如果它不是从实际生活中生长出来，在什么意义上它会是健康的呢？以往，精英们锻造出观念，规整社会，因为那时候的社会结构是那个样子。现在，我们已经来到了平民社会，不再相信上层社会秉承神意规整我们的生活。我不是说从前的观念天然是虚假的，例如君君臣臣父父子子，而是说，我们今天换了一种眼光来看待人类社会，于是它们有很多变成了虚假观念。智识人的角色也变换了，在观念层面上，更多是批判者而不是建构者。汉唐诗人，罗马诗人，不妨为皇朝或皇帝写颂歌，今天的诗人不干这个。

周：我明白您的意思。但哈耶克可能会这么说，我推出的观念不是我个人坐在书斋里面无中生有发明出来的，因为他明确反对建构主义，他会说我所用来取代现有的虚假观念的这套观念本身就是自发生长出来的，只是我作为一个哲学家，更清晰地把握到了它的内涵或者实质。

陈：这个说来话长。从前，人们相信某种客观的社会真理——社会真理就像我们现在所认的科学真理那样，就在那里，等我们去发现。智识人的任务就是去发现这些真理，然后教给大家。中国如此，西方也如此，直到启蒙人士，很多仍持这种看法。对于今天有些智识人，这仍然是他们的自我理解，不过，很多人，包括我，完全不相信这个。于是，一种可能性就是，智识人不再是真理的代言人，"上帝的代言人"，他们成为民众的代言人，就像你现在建议的这样，智识人的任务是把民众的看法清楚地表达出来。这条思路有很多问题，一个问题是，这么一来，社会生活中就没有真理这回事了，或者，民众的看法就是社会真理。另一个问题是，也许并没有整体的民众代言人这回事，智识人只能是这个阶级或那个阶级的代言人。此外还有另一个类型的问题：所谓清楚地表达，这本身总是牵涉到某种变形——这个我们不深谈。你知道，我个人是从另一个维度来看待智识人的——他们在观念层面上或概念层面上进行批判和探究。我区分三个层面，实际感知、感受的层面，观念层面，概念层面。有些智识人，像伏尔泰，更多在观念层面上工作。像莱布尼茨——他跟伏尔泰的时代离得不远——他更多在概念层面上工作。在哲学史内部，在概念层面上工作的是更典型的哲学家，就直接的社会影响来说，带动了观念变化更多的是伏尔泰，他对各种事物都有极其敏锐的观察，一方面他激烈批评一套观念，一方面他积极建设一套观念，当然，这套新观念主要也不是他原创的，从宪政思想到牛顿力学，他到英国待了一阵子，把这些观念带回法国。他不是去努力表达法国民众的观念。智识人，当然，他可能自视为人民的代言人或某个阶级的代言人，客观上他也可能是什么什么的代言人——这要另说。

周：您以前更多活动在概念哲学的层面，现在开始下降到或者说转移到了观念领域当中?

陈:我在概念层面上多做一点,大概主要是因为我就这爱好,要说其中也有一点自觉性,那就是我觉得我们这一代,甚至包括你们这一代,在概念层面上工作的人太少,特别在中国嘛,中国人对概念层面的工作从来都不是特别热心,而我们这个时代,社会的变化那么剧烈,观念上的斗争如火如荼,我们之中好多人一开始都是读哲学的,胡平、徐友渔、赵越胜、何光沪,最后都把主要精力放在观念层面上。剩两个谁从事概念工作呗,正好我喜欢做这种工作。

周:但另一方面,我们对概念、观念以及再下一层的日常生活的区分其实只是一个方便的区分,它们之间不可避免地存在连续性,否则的话就成了纯粹的抽象观念、抽象概念了,跟你的真情实感没有关系了。在您的工作当中,我觉得这种连续性还特别的强。

陈:连续性,当然。上层对下层的依赖很明显,但它们也各自有自主性。上层对下层的作用呢,例如思想对现实的作用,我觉得这里纠结着很多错误想法,这我们要单独谈,以后有机会。最近我跟邓明艳聊了两次,聊得挺投机的。反正,理论指导实践呀,思想的反作用呀,这些提法都要谨慎对待。太多太多的例子说明这点了。我始终相信海德格尔是个深刻的哲学家,但是他竟以为他那套思想可以用来指导德国政治,你也知道,我是一直不能同意这种想法的。马克思也有这个问题。在这个问题上,我有很强烈的看法,我不敢说是独特的看法,但的确想得很多,有很强烈的看法,对半部论语治天下这一路，对哲人王这一路，从柏拉图一直到海德格尔这整个一路，一直很警惕，而且我不只态度上警惕，我也希望把事情想得清楚一点。

周：您说的我觉得特别的好，我们姑且用思想和现实这对二分表述，在塑造哲学家的思想时，现实输送了非常重要的养料，但是思想对现实的反馈跟现实对思想的滋养，二者却是非对称性的，我的意思是说，对于把思想直接应用到现实，或者从思想下行到现实时，我们应该保持高度的警惕。

陈：有一些比较明显，海德格尔的例子就很突出。但这个话题还有更丰富更曲折的内容。举一个大家都熟悉的例子，就是呢，亚里士多德说伦理学和物理学不一样，伦理学是要教人为善的，从这一点区分开理论学科和实践学科。但伦理学是怎么教人为善的？那么多从来不读伦理学的人善得很，反过来，那么多伦理学教授好像不那么善。我斗胆觉得这事连亚里士多德都没想清楚。伦理学能教人为善这一点跟他的另一些说法也不很兼容。但是亚里士多德是什么意思呢？这层意思是明显的，也是我能接受的：伦理学不像物理学，它对人的行为会有影响，哪怕你是再理论的。

周：一定会有所影响。

陈：但那会是什么样的影响，我不认为亚里士多德说清楚了。

周：对，我读亚里士多德也感受到悖论，因为他说幸福生活是活出来的，但是他现在要用理论的方式说。

陈：威廉斯也提到过这个矛盾：亚里士多德说四十岁以后才能读懂伦理学，在别处又说，一个人到三十几岁，伦理性早养成了。

周：你好像是接受威廉斯这个说法，因为我读您最近的一篇文章，大意是说人成年之后，就只能依着他本性生活了，不再可能过上一种本真的状态了。

陈：威廉斯那么说过吗？

周：您的文章这么说来着。

陈：我不会是这么说的。这里我是有个想法——这个想法倒不是从威廉斯那来的——我主要是从学习和做事这个角度来讲，一方面呢，我当然同意活到老学到老，但还是有一个基本区分，一开始你要专门学习，然后呢，比如人到二十五岁或者三十岁以后，主要是去干事，你的学习靠干事，在干事中学习，你不干事就学不到东西了。以前有些儒者说，读书读到六十岁，我终于明白了，我终于通那个道了，我觉得那就不对了，道是为了让你去生活的，你说最后我六十岁明白道了，那干吗呢？

周：我稍微有点不同意见，首先现代人学习的时间拉长了，因为我们要学的东西太多，我很有可能三十岁闻到了一种道，但是这个道并不是一劳永逸地获得的，在普遍怀疑和全面反思的现代社会，我依然时刻保持着修正、改变道的准备状态，也就是说，我当然可能会在三十岁开始了悟这个道，但了悟这个道却不一定意味着全情投入，很可能是半信半疑的。

陈：你说的我全都挺同意的，而且，即使你到五十岁幡然变道，我也不觉得不对头。我只是想说：你得行道，你的变或不变才有意思。成年之后，在行道中习道，丰富它，微调它，或像托尔斯泰那样发生根本上的改变，都是行道过程之中的事。朝闻夕死这话有它的内容，但不能理解成有个绝对真理摆在那里，只是我们闻或不闻之分。到三十岁，你闻知什么样的道，你就该去做了，不能说我还没确定这是不是真道，所以不能去行。真正说来，只有在做事的过程中才能闻知真道。

周：这话倒是跟赵汀阳老师很早谈的"存在就是做事"有一点接近。

陈：我能接受他那个想法，不过我跟他的角度不是太一样，我想说的本题很简单，就是学习和做事这两个有大致区别。

现代文明有奇迹吗？

周：毫无疑问，跟古典相比，人类文明的结晶物或者奇迹，它的形式发生了巨大的变化，古典文明的奇迹是那种纪念碑式的，比如庙宇、宫殿、王宫，这种东西可能更多跟垂直的权力结构、精神结构甚至是宗教的超越维度相关，所以它生长的方向是垂直的和纵深的，那么反观现代文明，我们能说它没有奇迹了吗？还是说奇迹的形态发生了变化？

陈：这两种说法呢，可能只是两种说法。要说，我倾向于今天不再有奇迹。纵深的这种，垂直的，我跟丁方讨论得多，丁方始终想重新树立这种垂直的维度，我会觉得，作为个人的努力，绝对是好的，但是问我的话，我会说，这种垂直的维度现在消失了。你还可以建纪念碑，但它是各种高楼大厦包围起来的纪念碑，是的，它是个纪念碑，但它失去了纪念碑应有的处所。

周：您也用iPhone，您觉得iPhone可以被称作奇迹吗，现代文明的一个奇迹吗？

陈：这看你怎么讲这个奇迹。iPhone是个了不起的产品，不过，能让人人都握在手里的，就很难称为奇迹——奇迹在我们眼前发生，但可远观而不可亵玩焉。从我们正在说的方面看，iPhone也是个太典型的例子了，你看啊，它是跟网络连在一起的。我讲课时也老谈现代的网状结构，网是非垂直的，我不是想说，一切都处在同一个平面上，网也可以是三维的，甚至多维的，有上下高低，就此而言，有垂直的向度，只不过，这个垂直向度和纪念碑的垂直向度不一样，纪念碑要凸显的是垂直向度，但现代生活中的垂直向度则是多维中的一维。

周：乔布斯在世的时候，已经被众多果粉封神了，但是苹果产品以及乔布斯的存在方式和古典意义上的英雄的存在方式是不一样的，乔布斯虽然被封神，但在这么一个大众商业和传媒时代，我们能看到大量的追随者和拥趸攀附在他身边，某种意义上把"纪念碑"的高度填平了，我能这么说吗？

陈：这么说非常有意思。我补一个小的脚注。乔布斯跟过去的英雄不一样，英雄和神是一族，他们是这么一个类别：他不为咱们做什么，但是呢，我们爱他，崇奉他。这个话我不是瞎说的，比如，说到歌德和托尔斯泰，托马斯·曼就这么说，布鲁姆也这么说。托尔斯泰一天到晚讲民众，但他是个十分自我中心的人；托尔斯泰是，歌德也是——这里的自我中心是什么意思且不去解释。马克思自视为工人阶级代言人，他一生没进过工厂，没交过一个工人朋友。上帝呢，俗人理解起来是上帝为我们做好多事，你看加尔文就不那么想，上帝不为你做什么，你为上帝做什么。我再推得远点，希腊诸神，捣乱的时候比帮忙的时候多，帮助一方也是在折腾另一方；伊迪斯·汉密尔顿说得挺对的，荷马史诗里那些英雄，没那些诸神还好过一点。法老不是为人民服务的，但人民要为他建金字塔。乔布斯可不一样，他为我们服务，服务得特别精彩，要说奇迹，那是我们没想到他的服务那么精彩。现在，基本观念变了，政治家、企业家，不管真的假的，都得讲为人民服务，为民众、为大众服务。

周：其实人民成熟了？

陈：看怎么说吧。

周：其实从日常语言中能够观察到非常有趣的一个现象，曾经是一个高不可攀的形象或者概念，突然就被彻底地平均化了，被平均分配了，比如早些年的美女帅哥，这必须是真的美女、真的帅哥，现在不是这样，最近这两年的男神、女神也是如此，现在满大街都是男神、女神了，这种垂直向度的东西彻底被拉平了。

陈：你的观察很有意思，好像有一种地心引力把什么都拉下来。海德格尔讲的"敉平一切"，他讲得很雄深，我们讲得轻松一点。歌星、影星，是有好多人崇拜他们，但最多算是英雄崇拜神明崇拜的影子，不能太当真，茶余酒后吧。

现代性耗尽了它的潜能了吗？

周：最后一个问题，您觉得启蒙运动之后，它所提供的现代社会的方案到今天是不是已经快耗尽它的潜能了？

陈：我觉得有点耗尽了，这个我几十年都在密切观察。我们，胡平这些朋友，很早就推崇宪政民主嘛。宪政民主不仅是一种制度，它是一种精神取向，曾感召大批仁人志士的努力奋斗。一种制度，人们要热爱它，它才能好好工作。当然不能说西方人现在不爱他们的制度了，但我觉得，很多人不再那么热烈地为维护宪政民主制度做努力，而是更多琢磨怎样利用这种制度，老百姓越来越如此，政客们也越来越如此。任何制度都有优点有缺点，弘扬它的优点，制度就工作得好，人人都想方设法利用它的缺点，制度就开始失效了。而且，泛泛说来，文明本身总是有点儿娇贵的。宪政民主造就了现代文明，一两百年来，到宪政民主国家看看，那里的人们过着文明的生活，但文明呢，越来越文明，慢慢地它就会有点儿娇贵，有点儿脆弱。这有点没辙你知道吧？想想宋、辽、金、蒙古。

周：越是文明的越不堪一击。

陈：是啊，宋朝人文明，辽朝人粗蛮，但它能打。他打你宋朝，同时羡慕你，想变得像你一样文明，变成你之后，来了金朝，它一边攻打你，一边学你的文明，后来，的确变得文明了，蛮力却衰退了。现在西方国家有点面临这个，你君子动口不动手的，人家上来蛮不讲理跟你整，你抓着那些嫌疑份子，灌点水，全世界抗议，闹得不可开交。倒退一百年哪有这事？文明好是好，但文明有时候面对的是赤裸裸的粗蛮斗争。

周：您虽然不太愿意亮底牌，但是过去几年，您也在不同场合曾经表达过，如果一定要让您亮底牌，你还是某种意义上的自由主义者？

陈：那当然了。我觉得在近代环境中吧，在平民化的世界上——这里讲古代哪种政治制度更好没意思——宪政民主带来高度的文明，这个文明是多方面的文明。它带来的物质成就不用说了，同时还有人心上的成就。在宪政民主国家生活一段时间，你会看到，广泛的善良，人对人的信任、宽容，人们把自己的生活把社区的生活安排得井井有条。宪政民主制度在很多方面带来了可以说是很美好的东西，包括人心中很美好的东西。但就在我亲历的几十年里，很多美好的东西露出了衰退的迹象。前面我说到，一个制度，即使是一个好的制度，也需要人心来维护。我觉得我们可以而且实际上有必要深深浅浅从很多方面来检讨宪政民主制度，没什么不可置疑的不可批判的，但我们这时候不能假装忘了奥斯维辛、卡廷、数以十万计百万计的国民被杀掉被送进古拉格、数以百万计千万计的国民被饿死，这些都发生在二十世纪别的体制之下。

周：那么，有时候我们面对的不是文明的冲突，是文明和野蛮的冲突。

陈：有时候的确是。文明这个词有两种很不一样的用法，在人类学家的用法上，是文明之间的冲突，这种用法有时会混淆日常意义上的文明和野蛮。

周：也混淆了善与恶的区别。

陈：现在，我们在道德评价上更加谨慎，但这当然不意味着善和恶的区别真的消失了。

周：对。但另一方面，就像您评论"《查理周刊》事件"的那篇文章当中说的，虽然您是愿意讲道理的人，但是面对有些情况，你得亮出你的肱二头肌，你得要斗争嘛。

陈：眼下能看到的是，西方社会的确面临种种困境，但是也还没有说就好像寸步难行那个样子，所以，说到西方，我关心西方社会怎么能够做一些比较根本的调整，从而能够应对新的世界格局，不要让曾经美好的东西很快衰败掉。尤其欧洲，欧洲以前又文明又有力，现在文明还在，力量够不够维持这种文明？

周：这是一个根本问题。

陈：当然，我更关心的是我们中国的现状和未来，我们面临不同的问题，虽然这些问题与西方的问题曲曲折折地勾连在一起。不过，这是另一个大话题了。

关于痛苦与灾难

——答阿坚关于《何为良好生活》的一点批评

阿坚他们那圈人,看来拿什么都不当正经,有时批评与自我批评却来得气势汹汹。这还不是因为他们反正不正经——由于批评猛烈或尖刻而不欢而散而翻脸的事儿时有所闻。跟那种猛烈和尖刻相比,阿坚对《何为良好生活》的批评太温柔了。我想,主要是因为自打我们三十几年前相识,我一直比他年长几秋。或者也因为公共批评总要比在小圈子内部批评起来克制几分。

阿坚一身都是本事,但我总说,论理是他的弱项。读这篇书评,倒觉得他读长篇论理不怎么费劲。无论褒还是贬,都在点子上。尤其下面这一点,切中肯綮:

> "何为良好生活"这个书名太避重就轻,甚至画饼充饥了……觉作者没有大幅度论说诸如"如何面对痛苦"及"灾难"这样的问题。

我承认,这不仅是本书的根本缺陷,也是我自己的根本缺陷。

---

① 原载于《财新周刊》2015年第28期。

很多重要著述以极端的苦难为题，我这一两年读到，比如，贝尔特拉姆执行编辑的《卡廷惨案真相》，普里莫·莱维的《被淹没和被拯救的》，安妮·阿普尔鲍姆的《古拉格：一部历史》，西蒙·威森塔尔的《宽恕》。读莱维的时候，我正在写自己这本小书，一边读一边感到自己应该罢手。这里抄上读莱维时的一段笔记吧：

他经历过大苦难，他不可能夸夸其谈，跟那大苦难相比，我们吃过的小苦都嫌轻薄，我们可千万别夸夸其谈。作家们，说得可爱一点儿，常在撒娇。理论家们，不能不对自己的行当感到沮丧。哲学这个行当必定隐藏着某种优越感吗？如果有，那种优越感是多么浅薄。我知道，世界不是奥斯维辛，我们不能以它为标准来衡量品德，衡量乐趣，衡量我们的小小苦乐，但有过奥斯维辛，它就会成为我们思考人性的一个永恒的坐标。

我不去讨论极端苦难蕴含着何种意义，或无意义；硬去做，一定会更加轻薄。我们不在那里，但我们不能不时时望向那里；这一点，感谢阿坚提醒读者，也再次提醒作者本人。

形形色色的伦理观念深深嵌入处境、情感、行为之中，在那里呈现出最生动的面貌，而以论理方式展开的伦理学只能从一个层面探照这些观念。在很多方面，文学作品和艺术作品更有力地穿透时代的伦理经验。在写作这本书的时候，我越来越感到这一点。尼采在《悲剧的诞生》里，以他一贯的尖锐与夸张说到"理论世界观与悲剧世界观之间的永恒斗争"，在理论家那里找到的是一派"亚历山大里亚式的乐天"。伯纳德·威廉斯也认为，对命运之无常、伟大之脆弱、必然性之可能成为摧毁力量，希腊悲剧诗人充满敏感，而这份敏感在哲学家的伦理学中消失了。

认识到这些会感到沮丧。不过，看清这一点，也有一份释然，看清"哲学的限度"，有助于我们更清楚地看到"道德哲学"在这个限度之内所能做出的独特贡献：概念辨析。穿透力或有欠缺，却仍有可能保留提供坐标之效。哲学不高踞文学之上，更不高踞于生活之上，但让我们愿它有时能协助我们反思生活。

读《最好的告别》①

这本书，读了就愿推荐。这本书的主题是衰老与死亡，关于这类主题，我读过的，这是最好的一本。在大诗人笔下，垂老也有一种美感，在度亡经里，灵魂有它自己的超升之途。这本书属于另一个种类，叫它自然主义吧。书里写的是些实实在在发生的事例，作者的父亲、别的几位亲戚，罹患绝症的病人，他们的亲友。作者还写到不同的治疗或护理途径，不同的养老送终建制。作者是医生，一路写来，就事论事，没有任何煽情痕迹，而同时，不论是描述还是思考，都饱含着深厚的、古典的人道关切。在我眼里，这是最高一级的写作——岂止写作，实是最高一级的人生态度。现代医疗造福人类，同时带来了过度治疗等一系列新问题。不遗余力地对接近尾声的病人进行干预、控制、治疗、抢救，远不止于浪费资源，它多半剥夺了患者最后时日的生存意义，并为患者家属带来不必要的痛苦和此后的抑郁。医学进步了，然而，现代人关于衰老、死亡、医疗的作用等的观念越来越扭曲。在接近生命终点的时候，人普遍希望的是什么？我同意作者的总结：他们希望"避免痛苦，加强与家

---

① 〔美〕阿图·葛文德：《最好的告别》（Being Mortal，也可译作"终有竟时"），彭小华译，浙江人民出版社2015年8月出版。

人和朋友的联系,保持清醒的意识,不成为他人的负担,实现其生命具有完整性的感觉"①,这些关切往往超过了延长生命的愿望。人不仅想活下去,对大多数人,比活着更重要的是生命的品质。本书讨论的是绝症、衰老、死亡,而贯穿本书的这一基本思想则超出这些,涵盖整个生命历程,只不过,当维护生命品质更加困难的时候,这一思想就更足珍贵。

我一直相信,宗教信仰有助于减轻死亡恐惧。从这本书的案例看,宗教信仰虽然仍在起作用,但人们在今天似乎更多依赖自然主义态度。自然主义态度在中国有深厚的传统,我相信这一传统像佛教、基督教一样有助于人们更坦然地面对无可避免的终局。就眼下的实际情况论,面对绝症,面对"输定"的结局,一般说来,美国医生、美国人的态度要比中国这里坦率不少,但在作者看来,人们的言谈处置还是太过暧昧,对相关问题的公共探讨更是远远不够。在我们这个明星璀璨娱乐不死的时代,垂死只是个别人家的阴私角落。其实,人人心知肚明,我们每个人都有垂老的父母要照顾,有身患绝症的亲友要看望,而且,当然,或迟或早,每个人自己都要面对人生的结束。就此而言,可以向之推荐这本书的,不只是老年人、医护工作者、政府官员,而是更为广泛的读者。书写得好,译文也好,读下来,不仅有助于我们思考衰老和死亡,调整我们的观念,而且有可能为我们如何处理实际事务提供技术性的帮助。

---

① 〔美〕阿图·葛文德:《最好的告别》,第141页。

教育和洗脑[1]

我今天要讲的题目是教育和洗脑。我怎么敢在一所专门培养尖端教育人才的著名大学谈教育呢？不敢。我只是对照洗脑谈谈教育和洗脑的几点区别。

我们会想，教育是教育，洗脑是洗脑，把教育混同于洗脑肯定是不对的。的确不对，不过，两者到底区别何在，并不是那么容易想清楚，讲清楚。厘清两者之间的区别，近世以来变得越来越重要。现在常听人反对灌输，认为有洗脑之嫌，在传统社会，该教给学生些什么东西，分歧较少，因此，灌输不灌输就不是那么突出的问题，而现在，多元价值、多元文化的理念被广泛接受，个人的自由选择得到推崇。这是一个方面。另一方面，虽然过去的统治者宣扬的那一套意识形态也有洗脑的成分，但只到了近现代，世界上才有了如此强大的洗脑机器。所以说，教育和洗脑之间的张力，今天格外凸显。

让我们从洗脑说起。"洗脑"这个说法大家都熟悉，每个人都可以列举很多例子，从纳粹德国说到传销，从商家的宣传说到不同的政治主张，怒斥那些施行洗脑的坏蛋，嘲笑那些被洗脑的人，抨

---

[1] 本文为2015年9月22日在北京师范大学"思想国讲坛"的讲稿。

击可以很过瘾，大家听得也开心。不过，抨击嘲笑太容易了，倒可能妨碍我们思考。我今天想说的倒是，洗脑的问题有点儿复杂，值得我们多加思考，先不忙把这个那个说成洗脑。

洗脑及其与教育的区别

说到洗脑，大多数同学想必读过乔治·奥威尔的《一九八四》这本著名小说，即使没读过，也应该听说过这本书的主要内容。那是本小说，不过，离开现实并不远。我年轻的时候，有一个所谓的"四人帮"，他们建造起强大的宣传机器，这台机器编造历史，歪曲现实，日夜不停地给我们灌输一套虚假的意识形态，告诉我们说，中国人民生活得最幸福，世界上三分之二的人民生活在水深火热之中，等着我们去解放。大多数人信以为真，现在回顾当时，我们会说当时自己被洗脑了。

仅仅灌输一套虚假的意识形态是不够的，为了能够洗脑成功，同时还得屏蔽掉其他的信息，不允许异见出现，更不允许它传播。所以，这台宣传机器还要跟严格的审查制度配套，因为，很显然，如果民众有多种信息渠道，获得官方宣传之外的不同信息，相反的信息，他们就可以比较、甄别，就有可能怀疑被灌输的画面。

如果有人表达了异见怎么办？可以动用专政机器把他抓起来，或者，干脆从肉体上把他消灭掉。1966年有个叫作遇罗克的青年，他写了一篇《出身论》，反对当时的一幅红色对联，"老子英雄儿好汉，老子反动儿混蛋"，他就被抓起来，最后被枪毙了。遇罗克所讲的，现在只是很普通的看法，再说，"老子英雄儿好汉，老子反动儿混蛋"即使在当时也不是正式的官方立场,可是,遇罗克还是犯忌了,因为他用自己的脑子想事儿,没有完全依照官方的口径说话,发出了一点点独立的声音。我想说的是,在宣传机器和审查机制背后,还要有赤裸裸的暴力。遇罗克是个可敬的青年,当然,他只是千千万万例子中的一个,当时,千千万万的人因为发出了不同的声音而被逮捕,甚至被残酷杀害。

从遇罗克的例子看,洗脑包括三个要素:灌输、查禁、暴力。不过,从一个例子做概括,肯定是太草率了。例如,洗脑总有暴力支持吗?我们可以想一想传销,想一想集体自杀的圣殿教教徒,想一想自杀式袭击者,会觉得洗脑不一定总有暴力支持——那些欧洲中产阶级的子弟被洗了脑,跑去参加ISIS,似乎并没有谁胁迫他。

那让我们看看别人是怎么界定洗脑的。在辞典里在网上可以找到对洗脑的多种多样的定义。有些内容跟我上面的概括重叠,有的方面不一样,例如,这些定义都没有提到暴力支持。这里不重复这些定义,归纳下来,大致意思是:强行灌输一套虚假的观念。有的说法更周全,加上了"为自己的利益":为了自己的利益给别人强行灌输一套虚假的观念。这个定义里面有三个关键词,一个是强行灌输,一个是虚假,最后一个是为了洗脑者自己的利益。我们今天的话题是教育和洗脑的区别。我们不妨对照这三条来展开我们的讨论。

先说虚假。洗脑要灌输给我们的,是虚假的观念而不是真理。教育的目的则相反,教育是要让我们获得真理。这是洗脑和教育的第一层区别。这好像是很重要的一条——要是洗脑的结果是给我脑子里装上了好多真理,即使用了点儿强制,洗脑似乎也还是一件好事。是不是这样，我后面会谈到。

再说第二条，强行灌输。"强行"的意思有点儿模糊，可能是指依靠暴力，不过，重点好像还是在"灌输"上，灌输本身就带着"强行"的意思。洗脑要把一套虚假观念灌输到我们脑子里，最常用的办法，就是开动宣传机器，不管你爱听不爱听，宣传机器不停运转。大家都听说过戈培尔有句名言：谎言重复一千遍就会成为真理。教育则不同，教育不是教师强加给学生的，学生是自愿自主的。教育不是自上而下的灌输，有些论者甚至认为，真正的教育应该是教师与学生之间平等的自由的交流。这是洗脑和教育的又一层区别。

第三条是"为了自己的利益"。纳粹的宣传为的不是德国人民的利益，为的是纳粹党自己的利益。再以传销为例，他给学员灌输传销多么多么有利可图，谁有利可图？首先是他自己，他发展了下线，他自己先就赚上了一笔，你会不会赚到，那其实不是他关心的事。教育就不是这样，我们教育自家的孩子，教育我们的学生，当然是为了孩子好，为了学生好。这是洗脑和教育的第三层区别。如果你接受我教给你的东西，我就明显会得到好处，你显然有理由对你那套东西保持警惕。丈夫教妻子三从四德，妻子信了，从此丈夫在外面吃喝嫖赌，妻子低眉顺眼不说个不字。这时候，妻子很有理由怀疑三从四德这套道理是不是一套好道理。政府教我们说事事要以国家利益为重，然后呢，税叫政府收走了，房子叫政府拆掉了，讨个说法让政府给抓起来了，这时候，我们就很有理由怀疑那套观念对头不对头。我不是说女人贤惠不好，不是说国家利益不重要，但显然得有点儿什么跟这些东西配套才对，例如，国家利益重要，另一方面，个人权利也重要。

上述区别的疑点

虚假，灌输，为了洗脑者自己的利益，从这三个方面看，的确，教育都不同于洗脑。不过，我们要是多想一步，这三种区别，每一种区别都不是那么分明，都还有疑点。

就说强行灌输吧。这里的疑点是：一方面，洗脑不一定都靠强制灌输，另一方面，教育也有强行灌输的一面。先从教育这方面说。我们现在实行高中以下义务教育，这同时也是强制教育，家长不让孩子受教育是犯法的。教育也并不总是讲道理，很多东西直接就要求学生背下来。老师要求学生背这首诗，背这篇课文，这不是灌输吗？历史课、政治课，灌输的成分就更多些。灌输背后都有强制，背不下来就扣分，这就是一种强制手段。想想我们怎样教孩子弹琴，强制就更明显了，不待细说。你跟孩子说，你要么坐在这儿好好弹琴，要么上院子里耍去，十个孩子十个到院子里耍去。我知道，有些论者主张，真正的教育不可以是灌输，而是老师和学生之间平等的、自由的交流。这种主张，显得开明，而且政治上正确。我当然十分赞成我们的教育应该减少灌输的部分，增加自由探讨的部分，到大学阶段，尤其要更多的自由探讨。不过，教育不可能等同于自由交流。小学、中学就不去说它了，即使到了大学，师生之间也不完全是在平等交流。我在别处就此说过几句，这里不多说，不怕俗气，我会说，要是平等交流，就不该让学生付学费而老师拿一份工资。

从洗脑一方面说，它似乎也不一定都靠强行灌输。我们刚才说到一些欧洲青年，听了 ISIS 的一套宣传，几千人跑去参加 ISIS 的圣战，没有人强迫他，他们自愿跑过去。甚至说不上灌输，他们所在社会，ISIS 那一套不是主流，他们要自己千方百计去了解。圣殿教教徒集体自杀，很多也不是因为受到胁迫才加入圣殿教的。但人们说，他们都被洗脑了。

真实和虚假则是个更大的问题。我们也许会想，我们把四人帮那一套叫作洗脑，是因为它灌输给我们的是一套错误或者歪曲的观念，而我们所说的教育，比如说我们教给学生代数公式，教给他们唐诗宋词，教给他们弹钢琴，我们是在教一些正确的东西，美好的东西。大家已经听出来了，这个想法没能把我们带得很远。且不说家长会给孩子讲圣诞老人的故事，会告诉他们说，孩子是从面包树上生出来的。这里的大问题是：应该由谁来确定真假好坏？你也许会说，问题不在于人们怎么认为，而在于客观上什么是真的，什么是美好的。也许是这样，但怎么区分什么客观为真什么客观为假，应该由谁来区分？这些问题太大，这里实在无法展开来讨论。有人坚持认为，基督教的一整套信仰和学说都是虚假的，我们是否因此就能认定千百万人两千年来的基督教信仰都是洗脑的结果？如果基督教信仰不是洗脑的结果，那么，圣殿教教徒是被洗脑了吗？自杀式袭击者是被洗脑了吗？

最后，再来看看"为谁的利益"这件事。我刚才举了些例子来说明，的确，如果你为自己得到好处来教我，我就有理由怀疑你在洗脑。我们教育自家的孩子，是为了孩子的利益，至少首先或主要是为了孩子的利益，而不是为了我们自己这些"教育者"的利益。你要是把教育都说成洗脑，那么，除了市侩哲学就没有什么不是洗脑了。

上述区别的进一步思考

我不是说,洗脑和教育没有区别,而是说,要弄清这些区别,有可能比我们一开始想的要麻烦一些。我们现在试着再往下想一想。我觉得,要想得更深入些,需要把我们一开始提到的一些因素引进来,要把屏蔽异见、暴力支持这些因素引进来。

我们说到,教育难免有灌输的成分,不过,老师虽然规定了你必须学什么东西,他通常却不禁止除此之外你学点儿什么。换句话说,他并不屏蔽相反信息和异见,不禁止你去参照比较,也不禁止你去琢磨这些东西背后的道理。你必须把这首诗背下来,但你去读别的诗,他不管;不管你懂不懂,你必须背住这个公式,但你偏要自己去把这个公式推演出来,老师并不禁止,多半还会鼓励。洗脑就不同了。我们说传销班是洗脑,一部分原因就在于它力图屏蔽不同信息。大多数学员是主动参加这种讲习班的,不是像拉壮丁那样把你拉进去的,不过,你一进了传销班,多半会被封闭起来,不允许自由出入,还把手机没收,不让你自由通话。我们刚才讲到,专事灌输的宣传机器总和审查制度配套的。

当然,信息自由流通的诉求是相对的。小时候,家长和教师会禁止我们接触暴力和色情之类的东西,即使我们已经成人,仍然有些限制,例如,很多宪政国家禁止传播纳粹思想,禁止否认 holocaust* 的言论。信息流通需要受到何种限制,因时因地有多样

---

* holocaust,大屠杀。——编者

的、严肃的讨论，人们的看法也很难完全达成一致，例如，我个人就认为至少不应当禁止历史学家对这些历史事件进行自由探讨，不过，我们很可以承认没有任何地方允许信息完全自由流通。你也不能因此说，看来大家都禁止言论自由，只是程度不同。程度不同有时是重要的区别。有一个成语叫"五十步笑百步"，我总觉得不明白这个成语，比如两个人都有毛病，一个有鼻窦炎，一个得了鼻癌，你好像不能说，别管鼻炎还是鼻癌，反正都是病。

我们曾问道，爱国主义教育对谁有好处？这个问题也跟一个社会的信息自由程度相关。二战期间，美国和日本都提倡爱国主义，美国人和日本人也都很爱国。两相比较，美国人有相对较多的自由来接触各方各面的信息，他们相对比较容易了解这场战争的起因，有较多的自由了解到反战的思想，等等，不像在日本那种军国主义环境里，掩盖战争的起因和实情，禁止讨论政府的决定，就此而言，相对而言，美国的爱国主义观念里，洗脑的成分就少一些。不过，关于爱国主义教育，下面我还要进一步讨论。

我上面说到，用真实还是虚假来区分教育还是洗脑不是最好的角度。的确，一上来就争论谁是真的谁是好的，难免一头雾水。比较看得清楚的区分，在于是否屏蔽异见，而这恰恰是区分真假的一个先决条件。在受教育的过程中，我们一开始难免被灌输了不少东西，这些东西是真是假是好是坏，我们一开始不怎么清楚。但若我们有获取信息的自由，能够拿其他的东西来跟教给我们的东西做比较，我们就会慢慢培养起自己的判断力。大家都知道，教小学生学东西，强制的成分多一点，而且，不少东西，老师并不讲解背后的道理，就让孩子死记硬背，随着孩子长大，强制因素会越来越少，越来越依靠讲道理。为什么？很简单，他们长大了，懂道理了，有了自己的判断力。

一开始，是真是假，小孩子无法判断，只能依赖对教育者的信任。然而，当他们获得了一定的判断力，就能够反过头来判断一开始教给自己的那些东西是真是假是好是坏。一开始"灌输"给他们的东西是真的，是有道理有意义的，他们就对教育者更加信任，反之，他们就会逐步失去对教育者的信任。我们不妨把这一点概括为：回顾始知真假。是教育还是洗脑，我们往往不能只看当下是否带有强制来确定。等孩子长大了，知道的更多，眼界更开阔了，自己对好坏对错有了良好的判断力，反过来看当年，他会认可当时老师给他选的诗是比较好的，或者比较适合他当时这个年龄阅读的。他会看到教育和灌输之间的区别。他回过头看学钢琴的过程，哪怕记得其中包含相当的强制，他也多半会理解这种强制。他这时候早知道根本没有圣诞老人送礼物这回事，但他不会把这些想成欺骗。洗脑的情况就不同了——被洗脑的人一旦能够判断真伪，他就会感到自己当年受了欺骗，他不会感谢当年给他灌输东西的教师，甚至不能原谅他。

从教师一方面来说，他虽然有一套他自己的课程，但他并不限制学生接触别的东西，这恰恰表明他自信他所教的是正确的知识，正当的道理。实际上，这种自信的一个突出标志就是，不禁止学生接触不同的东西、相反的东西，反倒鼓励学生时不时跳出他所教的东西。洗脑者却没有这份自信，他有可能在一定程度上相信他自己所教的东西，但他显然不够自信，所以他需要禁止你接触与他不同的那些东西。

这里还有一个更深的问题。你教孩子吃辣，他也许慢慢就喜欢吃辣了，教一个人喝酒，他慢慢就爱喝酒了。钢琴和数学也是一样，实际上，如果他将来成了数学家，钢琴家，一定是他后来慢慢爱上这个行当了。这是从正面说，如果从反面想，你教给他什么他就爱上什么，正是洗脑这件事最可怕的地方。如果洗脑足够彻底，你再也不改变被灌输的观念呢？圣殿教徒直到自杀前的一刻，可能仍然相信他的人生受到了正确的指引。这时候你就没有机会反过来再看看你受到的是教育还是被洗脑。极端分子直到在妇女儿童之间拉开导火索，仍然相信他正在为正义献身，那该怎么说呢？与此类似的还有大家都听说过的"斯德哥尔摩综合征"，他明明是受害者，结果他会爱上迫害者。你看着他受迫害好悲惨，但他即使了解到正常社会是什么样子的，仍然不觉得他那是悲惨。在极端情况下，事情的确会糟糕到无法挽回，不过，大多数情况下，我们也不必过分恐慌。公开说理可以引导当事人反思，引导他拿观念与现实对质，看到现实生活中还别有很多选择。这一点，下面还会多谈几句。

回顾始知真假好坏，也关联到"对谁有益"的问题。学钢琴是非常艰苦的过程，也许没有例外，学钢琴的小孩子刚开始的时候都相当抵触，但你长大以后，弹得一手好钢琴，成了莫扎特了，这时候你会感谢逼你弹琴的家长和严格要求你的钢琴教师。即使你没有在弹琴的路上走下去，你也能理解家长为什么让你学琴，你多半也能从学琴的经历中获得很多益处，例如培养了自己的乐感。加入传销团伙的学徒，到头来大多数都发现自己什么好处都没得到。事后回顾，纳粹主义对德国人民并无好处。

不过，"对谁有益"这个问题还有更复杂的内容。从传销的例子看，灌输观念的一方明显得了好处，被灌输的一方明显吃了亏。但并不是在所有事情上，谁受益都这么一清二楚。其中的一个缘故是，人生的好不是一种完全客观的东西，好像是无论你认识到还是认识不到，好的就是好的。对我好还是不好，固然不全是我的主观认定，然而，我们当下对什么是好的认识，我们当下的实际感受，也是生活得好不好的一部分。你女儿想报哲学专业，你坚持让她上商科，你认为学商科对她有好处。她上大学了，谈了个男朋友，你看了看，这男生不像是将来能挣大钱的，坚持让女儿跟一个有钱人家孩子谈朋友。当然，你是为了孩子好。但女儿不一定因此就过得好，她不在乎开宝马住大房子，她宁愿跟心爱的人共同生活。当然，你可能的确是对的，我们家长是过来人，我们知道，人在年轻时候比较浪漫，容易想入非非，等到结婚生子，就变得"现实"了，那时候，她才真正知道什么是好。好，就算你是对的，就算女儿再过十年以后会发现你当时是对的，你现在是不是就应该强扭着她照你的想法去做，仍然是个问题。你为我好，而且你是对的，但我并不因此就该事事照你说的去做。照我自己的想法去做，这也是我的好的一部分。私人生活是这样，公众生活也是这样。即使我们有一个关心民众福利的政府，即使这个政府的这些举措是对的，这些仍然不够，政府还有责任向民众解释，与民众商讨。

　　前面曾问道，要是洗脑的结果是给我脑子里装上了好多真理，洗脑会不会是件好事？不是。我是要真理，但我不只是要占有真理，我要的是追求真理从而认识真理，要的是我自己去逐步认识真理这样一个过程。或者反过来说，如果你自己并不追求真理，那么，即使真理落到你手里，你也不知道它是真理。何为真理的问题与你是谁的问题是连在一起的。教育的理想是举一反三，我有自己的理解和见解，才能举一反三，洗脑则相反，它要的就是消除你的独立见解，你所接受的东西里不包含未来自主生长的种子。

从事教育的长辈和老师当然是把他们认为好的东西，把他们认为正确的知识，传递给下一代。然而，同样重要的是，甚至更重要的是，我们希望培养学生的独立判断力，培养他的自由人格，希望他成熟起来，能够在他自己将要踏入的时代里，依他自己的性情，去获得他自己的好，去过上一种有充实意义的生活。至于什么是他的有意义的生活，则并不由教育者决定。依我看，这是教育和洗脑最根本的区别。

在这个上下文，是讨论爱国主义教育对谁有好处这个问题的最佳场所。我刚刚说，教育的一个重要目标，是让受教育者最终能够独立判断，什么是他真正要的好。教育是为受教育者好，然而，这不是像天冷了给孩子多加件衣服是为了孩子好，不像是买个手机是为了孩子好，教育为孩子好，归根到底是要帮助孩子逐渐成长，形成他自己的独立人格，能依赖自己的判断去选择自己的道路，去决定什么对他是好的。世上有种种可能的生活，其中只有一种是我选择的，或是我被抛入的，但我并不是被封闭在这种生活里面，我有所领悟地过着这对我唯一的生活。这种生活因此富有意义。这种生活富有意义，当然不见得在于我从这种生活捞够了好处。它富有意义，蛮可以是因为它富有创造性，蛮可以是因为它为别人带来好处，蛮可以是，像特雷莎修女那样，因为它充满了对不幸的慈悲。在极端情况下，也可以是，因为我为我钟爱的人，或为我的民族，献出了我的一切，包括我的生命。修道士过着清心寡欲的生活并因此而幸福，这跟朝鲜民众的幸福感不同，不是因为他看不见修道院之外的灯红酒绿，好像他一旦有了别种生活的可能就会立刻去过别一种生活。为国捐躯的壮士宁愿牺牲自己，不是因为他被洗脑了，而是因为他若临阵脱逃，他就否定了自己生活一场的意义。

暴力支持

一开始，洗脑的几个要素我们是分开来讨论的，但到后来，我们逐渐看到，是否灌输，真实与虚假，对谁有好处，屏蔽信息，以及我们还没有讲到的一些因素，它们是互相联系的。例如，我前面说到，要进行洗脑，屏蔽异见是很重要的，但是，若无其他因素协助，屏蔽异见的作用其实也有限。上世纪五十年代，有过一场知识分子的思想改造运动。你们可能读过杨绛的《洗澡》，对，当时不叫洗脑，叫洗澡。那时候，大多数知识分子的眼界并不十分闭塞，好多知识分子从前读过好多别样的书，了解别样的世界，不少还是从美国欧洲回来的。但思想改造运动还是获得了相当的成功。这部分是由于当时的知识分子参与这场改造运动，并非完全被迫。我认识不少这样的前辈，读过不少回忆录什么的，知道这些知识分子有很多当时的确抱有某种真诚投入这场运动，后来也多多少少真心诚意地接受了这种改造。早在前面几十年，受到种种思潮的影响，很多知识分子已经产生了深刻的自我怀疑，存着想要融入时代潮流想要接近工农和广大人民的念头。

不过，自我改造的真诚愿望显然不是故事的全部。在思想背后，还有好多实实在在的手段。说得轻，你改造得好，你当了教授，当了主任，提了工资，收到高级会议的邀请信，你改造得不好就得不到这些。说得重一点呢，你改造得很不好，你拒绝改造，那你就会得到另一些东西，啥东西呢？我无须多说。

没有强权做靠山的主张，即使流于喋喋不休的宣传，也很难把它说成是洗脑。祥林嫂喋喋不休，是让人烦，但没人说她在给我们洗脑。前面提到过戈培尔的名言：谎言重复一千遍就会成为"真理"。我恐怕这本身就是一句谎言，因为它不提纳粹暴力机器的支持，没有这种暴力支持，那套宣传即使再重复几千遍恐怕也难变成"真理"。宣传和屏蔽异见是洗脑的明面，背面得有暴力支持。你要是不信他的宣传，你非要去打听你不该知道的事情，那里可有一套拳脚伺候。在洗脑过程里，无论出场不出场，暴力往往起到"压舱石"的作用。这就是为什么，说到洗脑，我们首先会把它和强权连在一起。

离开暴力，洗脑很难成功，即使成功，换个环境，暴力胁迫消失或减轻，洗脑的效果往往很快就挥发了。刀尔登最近出了一本小集子，叫作《亦摇亦点头》，其中一个反复提到的观察是，他小时候，铺天盖地都是同一种意识形态，可是后来读到一点点相反的或只不过是不同的东西，脑子里原来那套观念挺快就瓦解了。你也许会说，刀尔登这个人比较聪明，智商比常人高一点儿。那就拿我自己举例吧。我比刀尔登大十几岁，在那套意识形态的环境里待的时间更长，接触到不同的东西更晚，但基本情况也差不了很多。例如，我从小听到的全部是斯大林怎么怎么英明伟大，可是才读了一本杰拉斯的《同斯大林的三次谈话》，原来那种观念就动摇了，一本不见经传的小书，怎么就让我开始信杰拉斯了，不信宣传了那么多年的东西了。这是为什么呢？

我们有时会有这样一幅图画，仿佛在观念之争中，这边是一套观念，那边是一套观念，两套观念都悬浮在空中似的，即使它们都为各自提供一套理据，这些理据也都悬浮在空中。可是我们并非只有观念，观念之外，我们还有个现实世界呢。这么说有点儿本末倒置，实际上，首先影响我们的，是现实世界。有些观念飘在空中，跟我们实实在在的经验没有什么联系，空空荡荡的，虚虚假假的，但是有些观念就不是那样，连在现实世界之中，它跟你的有血有肉的经验联系在一起。你一旦有机会接触这些比较实在的观念，原先那些观念往往就暴露出空洞、虚假。你开动宣传机器把你那一套灌输给千千万万的人，但若跟现实和经验相距太远，那你灌输这些东西不会有什么持久的生命力。观念与观念不同，有些观念是些空洞的、虚假的观念，有些则与现实有着紧密的联系。不过，关于这一点，我以前谈得比较多，今天只说这么几句。

当然，我并不是说，洗脑机制里真正起作用的是暴力。宣传、屏蔽、被洗脑者自己的愿望，这些也都是真实的因素。但我怀疑，去掉了暴力的因素，我们就很难全面地刻画洗脑机制。而且，暴力并非只在外部起作用，它还会跟机制里的其他因素产生化合反应。我们刚才讲到自我改造的真诚愿望，也许，只有联系于暴力才能更深入地分析这种真诚。我们并非所有时候都能把真诚与被迫、主动和被动分得清清楚楚。有时候，我被胁迫去做一件事，我讨厌人家胁迫我，我恨别人胁迫我，但在适当的条件下，我也许会让自己觉得，其实我不是被胁迫的，我是自愿去做的。不说别的，这里涉及我的自尊，自愿去做一件事情比较多一点尊严，被人胁迫去做一件事情，尊严就少一点。我不想再在这个方向上分析下去了，人性中有很多让人不忍深思的东西。

慎言洗脑

我们从好几个方面谈了谈教育和洗脑的区别。最后我还想说一说另外一个区别，那就是，教育者一般不讳言自己是教育者，接受教育的人通常知道自己在接受教育，也承认自己在受教育，但洗脑的情况却不一样，实施洗脑的，不说他在洗脑，被洗脑的人不知道自己被洗脑，也不承认他是被洗脑。我们现在回顾四人帮时期，把他们那一套做法叫作洗脑，那时候不是这么叫的，叫作思想政治教育。我们说朝鲜人民被洗脑了，这是我们的说法，不是他们自己的说法。如果他认识到自己被洗脑了，他差不多已经脱离了被洗脑的状态，就像梦醒了知道自己刚才在做梦。（当然，有可能有梦里套着梦这样的情况，你从一层梦里醒来，其实还是在另一层梦里，就像在盗梦空间里。我们这代人回顾年轻时候，有人说那时自己被洗脑了，但谁知道我们现在是不是处在另一种被洗脑的处境里呢？推到极端，只有梦，没有醒，只有洗脑，没有教育。我今天不处理这种极端看法。）

被洗脑的人不觉得自己被洗脑，洗脑这个说法是从外部加给他的，由此生出一种有趣的现象——你指斥他被洗脑的时候，他可能反过来指斥说，你这么认为，是因为你自己被洗脑了。一般来说，自由主义反对专制，主张自由教育，而洗脑通常发生在专制政体下面，由此，自由主义者通常对洗脑更敏感，对专制政府的洗脑机器更加警惕，但现在有人反过来指斥自由主义——你们反复宣讲自由主义主张，这也是一种灌输，这些主张本身也是被洗脑的结果，被西方意识形态洗了脑。这样说下去，只要有不同看法，就是有一方被洗了脑，或者干脆双方都被洗了脑。那当然就说不上教育和洗脑有什么区别了。

自由主义者像所有主义者一样，常常要宣传自己的主张，宣传起来，难免有点儿喋喋不休。我们每个人都难免想用自己的看法和观点去影响别人，只是程度不同而已，有些人影响别人的愿望格外强烈，有些人还有点儿教条，喜欢说教。但影响别人不等于洗脑。按照前面的分析，洗脑还要依靠屏蔽异见、暴力支持等多种因素。自由主义的一个基本诉求就是言论自由，信息流通自由。而且，从我们的现实情况看，自由主义者在我们这个社会处于边缘地位，本来没有禁止我们了解其他道理的实力，更靠不上暴力。考虑到这些因素，我们很难把自由主义的宣传说成洗脑。我们说纳粹政府对民众洗脑，因为它掌握着宣传机器，它有力量控制资讯，它有钱操纵舆论，在这一切背后，它还有实实在在的武力。把所有想影响别人的活动都称作洗脑，就抹杀了这层根本的区别。如果它没有这些，只是不断编造谎言，宣传歪理，那你可以起来批驳他呀。

如果自由主义者宣传自己的思想不算洗脑，那么，男尊女卑观念呢？忠君观念呢？圣殿教呢？很多观念，在很长时期内是主流观念，在我们看来，它们却是错误的，甚至是恶劣的，但仍然，当时的人们不是因为被洗了脑才持有那些观念。总的说来，这样的观念都与当时的特定生活形态相联系，与当时人们对其他事物的理解方式相联系，而正是由于这样的联系，有些观念不管怎么错误，都不能说是洗脑的结果。谁又敢说我们自己的观念那么正确，不会被后人视作愚蠢乃至恶劣？实际上，一种观念只要在相当多的人之间有相当久的传承，它就不会是洗脑的结果。事君如父不是斯德哥尔摩综合症，对这种观念的解构来自一般的观念批判而不是来自心理治疗。不管你怎么反对忠君观念或男尊女卑，把它们贴上洗脑的标签都是胡来——你通过审慎的研究发现其中有洗脑的因素则自当别论。这些观念是错误的，但不是没有道理的，这是说，它们曲曲折折地连通到我们的道理上，并因此，我们虽然拒绝接受它们，却有可能理解它们。

不消说，我们无法在传播某种怪异观念和洗脑之间划出明确的界线。就拿圣殿教来说吧。它好像不是靠暴力支撑的。不过，它的确采用屏蔽异见之类的方式，像传销活动一样，这种封闭性也多多少少要依赖暴力。在公开说理的环境中，它的洗脑力量就会减弱。我不是说公开说理总能说服圣殿教的信徒，但若如此，我们就需要更全面地研究圣殿教这类现象，也许，圣殿教的教义，并不只是一派荒唐，其中也有值得我们思考之处。

总的说来，我会建议我们要慎用"洗脑"这个词。尤其是，凡在我们看不见暴力的地方，我们就不要轻易把不同意见说成是洗脑的结果。不要因为别人的立场和做法显得荒唐就指斥他被洗脑了。朝鲜民众以为他们那种穷困的日子是幸福生活，或者，人生的最高幸福是信仰某个人，这在很大程度上可能是洗脑的结果，因为在朝鲜，大多数外部信息是被屏蔽的。但一位修道士认为，有汽车有洋房算不上幸福，真正幸福的是一心事主，甘心情愿去过我们都不愿去过的艰苦生活，虽然他的想法和做法跟我们绝大多数人不一样，你也不能说他是被洗脑。即使我们面对的是极端的事例，我们仍应慎言洗脑。例如，日本空军驾飞机去撞美军的军舰，这被说成是，日本军人都被洗脑了，其实，神风敢死队那些年轻队员有不少相当有头脑，对世界也有相当全面的了解。再举一个极端的例子：自杀式袭击者。这里大概有一些洗脑的成分，但我个人不认为他们的所作所为能用"洗脑"一言蔽之。当然，我同样认为自杀式袭击者错误，愚蠢，罪恶。我们为什么不直接说针对平民的自杀式袭击是错的，是犯罪？然后去分析它怎么错了，为什么那是罪恶，对，此外还要探究他们自己所具的信仰，所持信的道理。径直把什么什么说成"洗脑"，这来得太容易了，往往妨碍我们对某些极端事例的深入理解。一旦给某种做法贴上"洗脑"这个标签，你似乎就不用再对他的所作所为以及这些做法的根源进行细致的探讨分析了，我们在不经意间放弃了对这些事情进行严肃思考和深入理解的责任，结果，我们本来就已经相当稀薄的智性生活就变得更加浅薄。

结　　语

今天讲的，密度有点儿大，如果哪位觉得没有跟上，那肯定不是你的错。但我希望，也不全是我的错。毕竟，这个话题我反复思考了很久，你可能刚刚来思考。而且，我远谈不上系统的研究和界说，很多问题，只是开个头，背后还有很多可深究的。你要是这里那里听到某一点觉得还有点儿意思，能够启发你自己去更深入地思考，那我就非常满足了。

行之于途而应于心 ①

周濂（以下简称"周"）：今天想跟您谈谈您新近的这本书，《何为良好生活》。您以前有做"哲学三部曲"的计划，第一步做本体论和知识论，第二步做伦理学和政治学，第三步做艺术论。您是不是觉得伦理学这部分内容基本已经做完了，还是说有些话依旧没有说完？您还打算写政治哲学或艺术哲学吗？

陈嘉映（以下简称"陈"）："哲学三部曲"的想法，记得那话是你跟陆丁、陈岸瑛几个采访我的时候说的。大概是1995年？那时回国还不久。回国之前跟胡平聊天，我说，觉得自己可以回国了，可以给人上课了（笑），感觉有值得对年轻人一说的想法。你们那次采访，在我印象中是最成功的一次采访。你们问到我的工作计划，我并没有一个清楚的计划，只是觉得自己大致会这样展开自己的工作。不过一晃二十年了，我的想法变化很大。一个变化是，我越来越感到，对写书不满多过满意。我不能说完全不满，书出了能卖出去，有人在读，我也挺高兴的。但从我自己来说，不满多过满意。

---

① 本文由2015年12月2日周濂为《南方人物周刊》就《何为良好生活》进行的采访稿整理而成。

写书这事本身就不见得好，可能对我个人来说更不是表达我想法的最佳途径，一本一本地出书，自我感觉不是很舒服。所以，这可能是最后一本"专著"了。

周：您的意思是写书本身是不是有意义或有价值？

陈：我对写书一开始就有点保留，这种怀疑越来越重。

周：请说说您的怀疑。

陈：我不一定说得好，你也可以说说你的感受。哲学是一种"贯通"的努力，所以，一写书就难免求全，不像我们平常讨论问题，有厚实的默会理解做背景，在一点两点上变得深入、生动。也许应该，每一次更集中在一个特定的 topic（话题）上，从这个 topic 出发并始终围绕这个 topic，通过深入这个话题达到贯通，而不是把想得到的事都包括进来。现在的书和文章太多了，无论什么话题都很难把已有的议论都照顾到。亚里士多德读了多少书？孔子读了多少书？我们面对的知识存量、学说存量太大了，贯通的方式不得不改变，话题窄一点，把你的理解都体现在里面。

周：对，其实就是找一个小样本，但这个小样本"麻雀虽小，五脏俱全"，我把它做深了、细了、具体了，然后把它作为一个典范，以典范的形式来体现普遍的道理。

陈：是这样的。有些书厚点、大点是必要的，比如说植物志。当年我写《海德格尔哲学概论》吧，当时国内还没什么人读海德格尔的书，但大家都想知道海德格尔，我写一本概论，介绍他的哲学思想，加上一些我自己的想法，不妨写得"全面"些。像《何为良好生活》《说理》，写自己的想法，不应该求全。如果再出书，多半会论题更集中、篇幅更小，不再是三部曲四部曲那样的构想。

周：但是我读您的《何为良好生活》，其中有一个关键的说法恰恰就是"伦理学是有我之知"，正因为有这个"我"在其中作为主要的视角，就不需要成为一个客观的、中立的旁观者，把每个人的视角都摸索一遍。所以在这本书中，我们能看到"抽象之理"和"个人的特殊体验"的结合。换句话说，如果您对伦理学的判断是正确的话，把伦理学本身写成一本书似乎并不成问题？

陈：我本来希望把抽象之理跟我们这一代人的特有的伦理经验更切实的结合起来。高头讲章式的伦理学我不爱读，当然也不愿写。可惜我觉得有不少深层的感知和困惑我没能把捉住。

周：其实我是想说，您这本书肯定不是西方意义上的理论，然而也不是道德说教，也不完全是穷理，至少不是在穷普遍的、抽象的理，而是跟一个特殊的"我"相关的情理。在我看来，这种与我相关的穷理之作，会面临着一个小小的质疑，它是如何同别人的情理勾连在一起？您刚才说应该把它再写得实一些，把自己的关切表达得更清楚一些，但这样一来会不会导致与他人的勾连困难也就越大也就更困难？

陈：这里可能有个挑战，但不能从迂腐的普遍主义角度来理解这个挑战，仿佛我们要做的是把特殊的经验上升为普遍的道理，这样就人人都可以理解了。我们能读懂一个诗人，以前流行的理论说，因为他表达了普遍的人性，那实在是浅陋的理论。好诗始终在表达别具一格的感知和经验。差别在于，在诗人那里，这些别具一格的经验生动有力。我们读诗，不是要去了解诗人都有哪些特殊经验，仿佛出于好奇；我们是在学习，怎样一来，他感知世界的方式就这样生动有力，我该怎样调整自己的感知以能够获得这样生动的感知。我们受到指引，引导自己也更加生动地感知世界。我不相信伦理学理论，因为这些理论做得好像跟他的特殊经验无关，好像普遍的道理讲明了，人人明白的都是同样的道理。关键不在于那些人人都知道的道理，而在于这些道理怎样与特殊的经验连在一起，写作者从自己的经验延伸出一些道理，他为读者提供了一个范本，读者学会怎样基于他自己的经验明白一些道理，学会把他自己的经验整理成道理，从而能够在论理层面上理解这些道理。个殊经验的确会带来理解、沟通上的困难，这些困难需要作者和读者双方的努力来克服，使得个殊的经验连通起来。当然，这些联系可能是密致的，可能是松散的。

周：您在这本书中谈到一句很有意思的话："我该怎样生活这个问题不仅是人生道路之初的问题，而且更是贯穿人一生的问题，这个问题主要不是选择人生道路问题，不是选对或是选错人生道路的问题，而是行路的问题，知道自己在走什么路，知道这条路该怎么走，我们是否贴切着自己的真实天性行路。"我的疑问是，我们是怎么知道自己的真实天性的？在我看来，真实天性恰恰就是在行路的过程中，在选择行哪条路的过程中，逐渐去"发现"的。甚至"发现"我都觉得用得不好。您后面也谈到本性是有待于在盘根错节的实践中，逐渐向我们清晰"呈现"的。但是无论"发现"还是"呈现"，这些说法都暗含着有一个本性就在那，但本性也有可能不在那，它是被塑造的。

陈：我肯定同意本性是在实践的过程中不断被重塑的，没有三岁看到老那回事，突然出现一个极端情境，你可能以事先完全无法逆料的方式作出回应。更要紧的是，你对一件事情怎样回应，这会影响你对下一件事情怎样回应——这包括你上一次回应为你造成的"社会形象"。是不是有哪些段落让人以为本性是实践之外的某种现成的东西？那有可能表述得不好，但也可能只要用到"本性"这个词就会产生这个麻烦。但即使如此，这个词还是要用，哪怕冒点儿危险。整个这段话的大致意思你也清楚，的确不是想说我有个本性，一些道路在我之外，我依着自己的本性去选择其中一条道路。倒不如说，他已经"被抛"上一条道路。反正，只有已经走在路上的人能体贴他的本性，而这个本性已经跟他所行之路有某种牵连了。

周：对，我觉得这里就说到一个关键之处。伦理学是有我之知，这个"我"肯定不是一个无所依傍、原子化的个体，"被抛"是一种过强的说法，相比之下我更喜欢海德格尔的另一个说法，此在始终是在世界之中的。我们当然都是在处境当中有所选择,与此同时,我们也一定就没有被环境彻底决定。我理解您是要把选择的位置放低,但我觉得有点放得太低了。我理解您整本书想要讲的是,我们的实践是要座落在传统之中的,这个传统或是脉络赋予我们实践以意义和目的。虽然您也承认传统是变动的,但是您这个变动性不是那么大,但恰恰是这过去的一两百年,我们处于一个剧烈变动的、传统彻底被打散的"三千年之未有大变局",由此选择的意义就被凸显了。在这样的处境下面,如果仍然坚持您所说的选择的标准依然座落在传统之中,我就不知道指的是哪一个传统。

陈:的确,老传统都破碎了,我们很难把自己认同到一个现成的传统里去了——硬去认同有点儿矫情,但在我看,我们因此需要格外下力认清自己身在何方。你可以说我把选择的位置放得太低,但要我自己说,我想说的是站在外面选择和身处其中的"选择"。我们说一个跟社会、政治离开比较远的例子。一个姑娘上婚姻介绍所找她的白马王子,她能做的无非是比较各个候选人的各种条件,然后做出选择。但结婚十年以后,情况就完全不是这样了,她不能总是拿她的丈夫跟别的男人做比较,然后不断选择。道理很简单,早先她还没有上路,现在她已经走在路上了。当然她可能再次面临选择,比如说丈夫家暴,或者她碰到一个让她特别倾心的男人,但这跟她站在婚姻之外的选择完全不同——她上婚姻介绍所那时候,如果知道这个男人家暴,她根本不会把他当作一个选项。现在她已经被卷入了这种共同生活,她无法站在这种共同生活之外去做选择。

周：比如说是同床异梦还是夫妇同心。

陈：私人生活如此，公众生活也会碰到这种情况。比如说在1937年前后，有为青年会在国民党和共产党之间选择，这里且不说其他的选择，比如出国留学。这个选择当然非常关键，从后果看，不同的选择会让你在此后几十年的生活完全两个样子。但是，在他作此选择之际，他的政治生涯还没开始呢，他怎样建立他的政治品格，他怎样一桩一桩应对日常生活和政治生活的挑战，怎么挣扎怎么做事，那都是做出选择之后的事情。还不大像刚才说到的女士，他甚至没有"离婚"的机会，而只能考虑怎么把不得不过的日子过好。

周：我知道您的意思。但我们也经常会说"日子过不下去了"。我觉得对于社会政治来说，包括人生也是这样子，不是说第一次选择之后就没得选择了，最重要的恰恰是我做了一次选择，然后经过非常痛苦的反思、挣扎之后，认识到第一次选择是错的，我依然有做出第二次选择的能力、机会和权利，这才是重要的。您现在强调的是，我做了第一次选择，然后日子基本上就得硬着头皮过下去，但我觉得现代生活和古代生活很大的一个不同，就在于社会、国家、法律保障你拥有第二次选择的权利，并且要培养你第二次选择的能力。比如说，我作为一个宗教家庭出身的人，一出身就被父母受洗了，在古典社会的话，我这辈子只能把这条道走到黑了，但事实上，现代的我们意识到，日子可以不这么过。

陈：你说的这些我也同意，但你我至少在侧重点上不一样。在我听来，选择更多是从站在事情之外来说的，仿佛个人站在生活之外，选择他进入哪种生活。一个人小时候受了洗礼，从小就是基督徒，他为了某些缘故决定放弃基督信仰或改信别的宗教，把这说成选择恐怕太轻了。一个年轻人逃离日占区，考虑是去延安还是西安，这时候他在做选择。他到了一方之后，发现此地不是他所想的，但这时，改而跑去投奔另一方就不再是一个明显的选择。通常，即使他发现此方不如他所想，他也是在此方内部去努力，或去顺从，或去改善，或去反对。

周：我觉得这就是我和您稍微有些不同的地方，我始终认为退出权很重要。当然这个权利一生之中不能使用过多，使用过多的话，你可能就是一个不负责任的人，但如果说你一次都不使用，也许也是一种不负责任。而我觉得一个良好的生活，或者一个良好的社会，应该会让人在郑重其事地使用退出权时，代价不是那么大。

陈：是，现代社会使得退出权变得更容易，代价更小。比如旧时候人安土重迁，我是个陕北人，明知道广东收入高，却仍然守在陕北。不仅是观念在起作用，还因为社会结构和社会体制，一个人的生活在很大程度上依赖于家族和一个社会网络，反过来，为家族服务也是他的生活目的与生活意义所在。在现代社会，我们可以相当轻松地退出家族关系，退出婚姻关系，等等。选择观念的流行依托的正是这个大背景。我强调人生不是一连串的选择，我侧重生活中非选择的那一面，也是针对这个大背景而发。我认为选择观念的流行遮蔽了生活中的另外一面，这一面有深刻的内容，今人感到意义流失，部分地在于不去体察这些内容。

周：您这本书的副标题是《行之于途而应于心》，如果仅仅"行之于途"，那就是所谓未经考察的人生，所以，必须要有所觉醒地"应于心"，那样才是一个经过考察的人生。我读您的这本书，有一个很强烈的感受，你这个良好生活的提法，虽然不那么着眼于极端的处境，但它对于人的心性要求是很高的，它并不是一个对"中人之资"的要求。这当然是因为本书深深烙有您的特色，就是所谓的有我之知，但是一本有"陈嘉映"之知的著作显然不是一个"中人之资"的人所能够追随的。

陈：我想我已经再三说明，何为良好生活并没有一个对人人有效的答案。书的名字是"何为良好生活"，但是这本书或并没有对这个问题提供一个明确的答案。我也不觉得任何人能够提供一个普遍的答案。那么这本书是写什么的呢？我相信很多很多人会自问这个问题：我自己过的是不是良好的生活？我所促进的是不是人们的良好生活？在这个思考过程中，我们也会想知道，关于这个问题，前人是怎么思考的，别人是怎么思考的，他们跟我的思考有什么不同？这本书讲的就是我自己的思考，也介绍了思想史上一些前人的重要思考。"何为良好生活"是这些思考围绕的主题。虽然每个人的思考各有不同，也不一定有明确的答案，但是互相之间的交流可能对彼此有所启发和帮助。最后，每个人只能以自己的方式实现他的良好生活。我们互相学习，但并非谁追随谁。

周：您在谈良好生活时，历史维度是很明确的，也很强调实践的传统。但制度的维度好像并不是太突出。我的意思是，如果把制度的维度引进来，您的这本书也许会有另外一种呈现方式。

陈：良好生活肯定与制度有联系，简单说，我们都承认，好的制度给人带来好的生活，否则怎么说它是个好制度呢？但恰恰因此，良好生活似乎要独立地得到刻画——得先知道什么是良好生活，才知道一个制度是不是好制度，是不是有助于人们实现良好生活。这样想下来，政治学就是伦理学的一部分，而不是反过来。亚里士多德也许就应该这样界定这两个学科之间的关系，因为在他那里，有一套固定的良好生活的标准。不过，我们不能停留在这样的想法上。我不认为有一套固定的良好生活的标准，在这个上下文里，我要说，制度与良好生活的关系是更加内在的。你说得对，更具体地考察个人的生活，必须连着他所处的制度来考虑，比如，反右之后的知识分子，不吭声，到八十年代，知识分子、青年学生意气风发，什么话都敢说，但我们不能简单说五六十年代的知识分子是软骨头。

周：这还是有点吊诡的，在严酷的政治环境下，对人的品格要求会很高；而在一个更加优裕的、轻松的，easygoing（好相处）的制度环境之下，对人的品格要求反倒没那么高。正因为淡化制度的因素，所以读完整本书，我感觉您对个体的德性、对个体所承担的责任的要求会特别高。所以很有意思的是，您一方面在反复强调，人是在世界之中的，他的选择或是生活都是跟传统、环境勾连着的，但另一方面，我读下来的感受是，好像你其中描述的人是一个特别超拔的存在，因为您是不需要制度来保障这些东西的。而作为庸人，我们其实是希望把很多的东西托付给制度、政府，而不是凭一己之德去建立良好生活。

陈：我们都知道个体生活与是政治环境、社会环境连在一起，但怎么在伦理学视野里呈现这种联系还有待更多考虑。你想想在亚里士多德明确地把伦理学和政治学这两个学科连在一起，但他在伦理学里并没有多谈政治学的内容。

周：比如，塞内加在尼禄的治下想要过一个德性的生活，就只能践行斯多葛学派的哲学。

陈：还可以想到庄子，他明显感到了当时的政治极度黑暗。

周：所以当我读到您点题的第六章第九节"良好生活"时，对其中的一段话特别有感触，您说"不敢引用狄更斯的那句名言，说什么我们的时代是最坏的时代也是最好的时代，我只敢说，不管好坏，你生存的社会就是这个样子，你要是有心好好生活下去，就得在这个社会现实里建设你自己的良好生活"，然后您加了一个破折号，"毫无疑问，这种建设包括批判与改造。不过，我们仍应留意，不要让批判流于抱怨，尤不要因袭于抱怨而放松自己、放纵自己。说到底，并没有谁应许过送给你一个良好的社会环境"。我觉得这段话很丰富，完全可以展开来谈很多东西。为什么有心好好生活，就得在这个社会现实里面建设你自己的良好生活？我们为什么不能想象和建设另一种形态的社会现实，由此过上良好生活？当然您也谈到了批判和改造，然后您又说到"不要让批判流于抱怨"，这我完全同意，但我们要问的是在什么意义上我的批判不是抱怨？这当然就涉及对制度本身的一个评价。我自己之前有写过一篇文章，叫做《嫉妒、怨恨与愤恨》，就是想把制度分析与人的道德心理分析结合起来。"不要因袭于抱怨而放松自己、放纵自己……"当我们这样去说的时候，就必然要把制度的维度拉进来，才能够把这话说圆，否则就纯粹是个人心性的修炼。所以制度德性和个人德性必须要形成一个完整的叙事，单讲任何一面都是不够的。

陈：若不深说，批判和抱怨的区别还是挺明显的，批判总是含有建设性在内的，这包括，跟抱怨不同，批判超出个人得失好恶。努力建设另一种形态的社会，这当然可以是一些人实践其良好生活的方式，但你似乎在建议非如此不足以谈论良好生活。至于好制度与优异心性的关系则复杂多了，至少不能简单说，在一个好的制度下，人有更高的心性。

周：反而有可能心性会更差。因为你如果把过上良好生活的希望更多地放在制度上，在某种意义上是放弃了个体的责任。但另一方面，再良好的制度也不可能确保每一个体一定就能过上良好的生活，因为中间有太多的偶然因素，人有太多的幸与不幸。

陈：现在我们设想的那个良好制度的确是想要减低个人的这种

责任。现代制度倾向于让个人的努力变成按规则出牌的那种努力，这在一般意义上不需要心性上的努力。这跟古今社会结构的不同有关。从前的社会从根本上来说是分层的社会，所谓德性只是就精英阶层说的，而现代社会是民众社会，人们不大说德性，更多说道德，道德这个概念天然含有普适的含义。谈论智愚、高下、精英群众的区别很可能在政治上不正确，但这些区别当真从人的观念中被除了吗？这里又有伦理言说的一些难点。

周：还有一个问题，您觉得您过上了良好生活吗？

陈：我提良好生活，和一般意义上的幸福生活非常接近的，但我在书中也提到了，我主要把"良好生活"看作希腊词 ευδαιμονία 的译名，它同幸福生活的主要不同点在于它包含了"有所作为"的维度，而幸福更多地是从一个人所安享的状态而不是从他的作为来说的。所以我说，少有所学，壮有所为，老有所安，这是良好生活的全景。希腊人是从这个全景来看待 ευδαιμονία 的，是将你的一生考虑在内的，我的生活还没结束呢。

周：亚里士多德特别强调过，不到最后很难说有没有过上良好生活，梭伦也是这么说的。不到盖棺，不能论定。

陈：从有所作为的角度来考虑事情，一个人自己的视角一定与他人的视角不同，他不是在考虑自己过的生活是不是良好生活，而总是考虑自己要去做什么，不妨说，总是从欠缺的方面去考虑，哪些事情，自己该做也能做，却没有做到。我们很难摆脱对自己的不满，很难摆脱失败感的纠缠。不过，老有所安，也许我到了老有所安的时候了。

起而斗争未必声称"正义战胜邪恶"①

我首先感谢广东美术馆邀请我来核心现场学习，感谢孙歌教授的邀请。感谢前面的六位嘉宾，他们在很短的时间内给了我们很多有意思的知识和想法。作为中国人，我们一向以中国为中心来看待周边的历史，这在一定程度上是不可避免的，不过，这也跟我们受到的教育有关系，这个教育不只是说眼下的教育，一两千年的传统教育就是这样。今天前面的几位发言者教给我们更宽阔的眼光，让我们换个角度来看中国的历史，不要只以中原王朝的视点来看待中国历史，仿佛只有皇朝更迭这一条主线，比如说浙江、福建，它们一方面很早就属于中国这个大共同体，另一方面，它们又跟东南亚、琉球、日本构成了一个文化圈、经济圈。滨下武志教授从这个方面讲，很有说服力。我们要学习从不同的文化圈、政治圈的互动来看待历史发展。刚才李·纳兰戈雅讲到，从中国北部来说，情况也是这样，我就不去重复了。

孙歌请我从哲学上讲讲普遍性和特殊性，其实，我对普遍性和特殊性的理解差不多就是前面几位发言人的理解。白永瑞教授讲

---

① 本文为2015年12月12日在广东美术馆"亚洲时间——首届亚洲双年展暨第五届广州三年展论坛"上的发言稿。

到，我们更多的要从关键的发生事情的现场来看待特殊和普遍的关系。我的想法也无非是这样。白永瑞还讲到沟通。无论从历史思考来说，还是从更一般的思考经验来说，我们都不是从一些特殊性抽象出一个普遍性，"上升"到普遍，很大程度上很像滨下武志画的圆圈，一个圆圈套到另外一个圆圈上，然后再套在另外一个圆圈上。我们不是上升到普遍性才开始沟通，我们直接在特殊性之间理解、沟通，特殊者之间的可理解性、可沟通性、可翻译性是我们真正要去思考的东西。我就接过这个话题再往下说说。

一开始，每个族群都把自己的文化和自己的生活方式看作是最优越的，这个最优越不是跟别人比较之后他认为是最优越的，这种优越感不如说是先验的：我这样生活才是生活应该的样子。我们也可以这样来看待宗教，宗教本来就是一个族群的基本生活理念，一种宗教属于一个特定的族群，例如，犹太教就是这样。基督教不太一样，基督教它不是属于一个特殊族群的宗教，它是一种普世宗教。但是基督教的普世主义在非基督教徒看来是有点自说自话的，因为它等于把它的上帝加给我们所有人。中国人也有这种普世主义。我们现在讲文化，文化这个词就已经说明这点了，"文"就是我们华夏有"文"，其他人都没有文，都是蛮夷，所谓文化就是用我们的"文"去化他们。这个"化"比较好，虽然是普世主义的，但不是太强加于人。孔子有一段话说："远人不服，则修文德以来之。既来之，则安之。"这种招徕的态度跟基督教向外传教的态度显然大不相同，人家不服，不是硬去传给人家，而是自己来修文德，一直修到人家愿意来接受你的文化。你可以说这里头仍然有点儿自我文化中心，但既然不强加于人，自我中心也没啥不好。在当代，这种态度尤其可以继承和弘扬。

到了宗教战争后，欧洲逐渐发展出了宗教宽容的理念，这种理念首先涉及的是基督教内部的派别，就是新教天主教之间的宗教宽容，此后很快就变成了一种普遍的宗教宽容的理念，尤其是基督教和伊斯兰教之间的宗教宽容——到那个时候基督教和伊斯兰教互相敌对互相战争差不多上千年了。这是启蒙时代的一个主要理念。启蒙时代还发展出了像科学、进步这些理念，这时候，宽容这个理念融合在启蒙的整体开明精神里。开明天然就包含了宽容，一个不宽容的人，我们不会说他开明。

启蒙运动主张宽容，但它有它的普世主义，只不过，普世主义现在跟进步观念连在一起，人类的文明不再是一些平行的互相冲撞的文明，而是一个纵向的阶梯式的发展，不同文化的区别转变为先进和落后之间的区别。西方当然在这个阶梯的最上端，西方文明是所有文化的普世理想。这种普世主义哪怕到了现在仍然是西方中心的。不过，这个时候的西方普世主义跟基督教的普世主义不尽相同，因为现在的普世价值中宽容本身就是一项最重要的价值。这种宽容、包容，不单是政治态度，也是人生态度。当然，宽容也有它的困境，典型的困境是，一种宽容的文化碰上了不宽容的文化，你该怎么办？一种反应是，你不宽容我我就不宽容你，但是如果你本来只宽容那个可宽容的，那就不叫宽容。宽容意味着它能够宽容那些真正异己的东西。另一方面，如果你去宽容那种不宽容的、极具攻击性的文化，它可能反过来把你这种文化消灭掉。

启蒙思想家也并不都主张进步观念，单举出卢梭就够了。启蒙时代之后涌现出巨大的浪漫主义思潮，在哲学、诗歌、艺术各个领域里都很汹涌。浪漫主义的理念催生了我们现在说的文化多样性观念——人类不是向共同的文明目标单向演进，各个文明或者各种文化都提供了不可替代的价值。接着，在人类学等领域也兴起了文化多元性。

我们中国人一开始接受西方观念，主要是天演论所带来的这一套进步观念。天演论当然是一个生物学说，不过在中国人当时接受它的时候，主要是把它当作一个社会学说接受的。这个社会学说是说，优胜劣汰，不进步不发展就亡国，就这么简单。但是很快，一些提倡本土价值的思想者就提出了文化相对主义。梁漱溟是一个主要的代表。文化相对主义是弱势文化很容易走上的道路，弱势文化面对强势文化用文化相对主义来自我保护。

到了二战之后，文化多元论更加泛滥，到今天，进步论差不多已经过时了，文化多元论才是政治上正确的。然而，一方面人们支持文化多元论，另一方面，人们习惯上仍然反对相对主义。这里有个相当明显的矛盾。此外，文化多样性跟普世价值似乎也相互冲突。这些矛盾和冲突，我上一次在广东美术馆已经做过一点讨论，今天我就略过了。今天只想就其中的一个问题讲一点。

主张文化多元论，或者主张一般的相对主义，我们都好像是自己站在各种各样的立场之外来主张，我自己没有特定的价值观。大致说来，自然科学依赖于这样一种价值中立的态度，而且它也确实能够做到这一点。为什么自然科学能够是价值中立的，这里就不讲了，我想说的是，涉及文化价值、生活态度、生活方式，没有任何人是完全中立的。当然，我们已经不能像原始人类那样，想当然地把自己的价值观当作天然优越的，我们早就进入了反思的时代。但是我们也不要以为我们能够靠反思完全跳出任何特定的价值观和文化传承。这个我们做不到的。很多反思只是给固有的观念披上一层层衣裳，找出或发明各种各样的理由来说明：说来说去，还是我自己最优越。无立场，我们做不到。做不到是从否定的方面来说的，但我还不只是从否定的方面来说的，我想说如果你真的跳出了任何的一种特定的价值系统和文化传承，你的思考就没什么意义了。我们恰恰是因为要坚守某种文化传统，要坚守某些价值，我们才去思考，思考普遍主义、相对主义、文化多元性，去反思我们自身。正当的反思不是一件容易的事情：一方面你的确有什么东西要坚守，另一方面要留心不要让你的反思变成自我美化，给你固有的观念披上理性的外衣。此外，还要留心，不要过度反思。我想举一个大家都会面对的实际问题来说一说。

我刚才提到宽容的两难，这是个理论上的两难，更是现实政治和现实社会生活中的两难。欧洲人面临伊斯兰极端主义者的攻击的时候就面临这种两难。

我在《查理周刊》血案后写过一篇小文章，中心思想是，面对这样的一种攻击，我们不一定把它上升到很高的理论层面来考虑，我引用了前人的一句话：一只老虎扑过来的时候，我把老虎打死，这个时候我不是在捍卫一种价值，我是在捍卫我自己的生命，在捍卫我的身体。由于我们处在一个反思的时代，甚至是过度反思的时代，我们遇到无论什么问题，都要上纲上线，从很高的理念层面上讲出一番道理，但有些事情很基本，拉到很高的理念层面上来讨论，反而越绕越糊涂，例如老虎扑过来，你首先是奋起自卫。有时候，斗争就是赤裸裸的斗争，我们并不是永远都能够靠对话沟通来解决争端，所需要的就是赤裸裸的斗争。

我说"首先"，不是说"全部"。我们首先奋起自卫，但这不是事情的全部，自卫之后，还是要反思。反思什么呢？其中的一条是，跟伊斯兰极端主义的冲突是赤裸裸的冲突，但即使如此，应该说正因为如此，我们不一定要把它说成是正义与邪恶之间的斗争。大家知道，从政治家到媒体，甚至到我们自己，动不动把这场斗争说成正义对邪恶的斗争。布什讲到十字军，但我们知道，十字军与伊斯兰之间的战争跟正义和邪恶没啥关系。近代以来，用宗教真理为自己辩护越来越吃不开了，但是它沿袭的辩护路线仍然有强烈的宗教色彩。有人把二十世纪叫作意识形态的世纪，所谓意识形态化，就是沿用宗教思路来讨论世俗问题，把什么问题都上升到意识形态的高度，把自己投入的事业看成是正义的事业，凡与它敌对的力量都是邪恶的力量。

如果我们的反思只是要表明自己多么正义对方多么邪恶，那么，不反思也罢。的确，极端主义分子跑到集市跑到剧院引爆炸弹，炸死无辜的人，包括妇女儿童。他抓到俘虏之后，由于是不同的教派或不同的宗教，甚至跟什么宗教都没关系，他就砍头，他就去屠杀，这些在我们看起来就是邪恶的，不可理喻。我们不待反思就要起而斗争。我刚才说，有时候，摆在眼前的是赤裸裸的斗争，没那么多闲话可说。然而，从长期看，跳开一步看，现代社会与极端分子之间不只是赤裸裸的斗争。理解是必要的。即使面对极端主义者，我们仍然需要在尽一切可能的情况下，想办法理解他。

有的记者深入到伊斯兰极端分子控制的地区，回来以后告诉你，说在那里，基本不用担心有人偷东西。这些人会对平民开火，但他不偷东西，做买卖的不欺诈，人们不喝酒，不吸毒，不滥交。你说他们是一群胡作非为的疯子，但在很多很多事情上，他们不胡作非为，规矩还极其严格。他们的是非观念我们很难理解，但不等于说他们都是疯子，或一心胡作非为。仔细想想，他们有他们的是非观念。这就使得他们不是完全不可理解。

当然，很难理解。一开头我们讲到一种联系，不是上升到普遍性然后就互相联系上了，而是一连串圆圈一个套一个。有的圆圈在我们近处，这时候虽然它对我们是一个他者，但是我们理解起来并没有很大的困难。有的圆圈就离我们很远，我们努力去理解也只能理解到一点点。我们并非总能够达到充分的理解、沟通，就像翻译，我们知道在翻译的过程中会丢掉很多很多的东西，但我们还是会从事翻译。理解遥远的他者是件很困难的事，而且也很难理解得充分，但仍然可能有一点点理解。

我说理解是必要的，还不只是说，只有理解了对方，才能更好地跟他打交道，才能更好地谈判呀什么的。理解对方，还有可能更好地理解自己。实际上，一般说起来，理解他者，在很大程度上本来就在于我们希望通过理解他者更好地理解自己。我们生活在一个文明社会里，别说拿俘虏来砍头了，用水刑逼供也会让全世界的媒体一片哗然。我们种花草，保护流浪狗。可另一方面，我们的社会可能缺乏诚信，卖假货的，往河里排污水的，只要能挣钱，无所不为。有偷盗的，有吸食麻醉品的。那只是少数人吧，大多数人呢？大多数人挣钱，然后消费和娱乐。我们也许从小就是这么长大的，我们觉得这样的生活天经地义，挣钱，消费，娱乐。但我们在努力理解别种人群的时候，回过头来看一眼自己的生活，难道这种生活真的是那么自然吗？真的是天经地义，可以一直这样过下去吗？如果我们的社会，从开明的自由的理念开始，最后长成了一个消费与娱乐至上的社会，可能都等不到极端主义分子来毁灭了，这样的社会可能自己就把自己毁掉了。

就讲这些。谢谢各位的耐心！

（陆丁评论，省略。）

谢谢陆丁的评论。陆丁一开始是我的学生，现在是我的同事。我们在北京也有一个讨论的圈子。我不常外出开会、讲座，陆丁则更少抛头露面，不习惯跟公众讨论问题。他的评论大家未必都能听懂。现在我试着用更普通的话来重新表述一下他讲的要点。

如果我理解得不错，他的核心意思大致是，不是先有善才去理解，而是：善本身就包含去理解的努力。我相信的东西，希望别人也相信，我追求良好生活，希望别人也过上良好生活。或者说，分享善好也是善好的题中之意。但你要让别人来分享善好的时候，你也要留心，这可能会伤害他，因为他有他自己的生活，你想的是分享，从他那方面看却可能是强加。所以，真正要他人分享，你就得理解他人，知道他真正要的是什么，如何以正当的方式让他来分享，而不是机械地把善分配给他人。所以，善本身就要求对他人的理解。

我补充一个脚注。这里的理解，显然不是去理解一个数学公式什么的，而是去理解他人的所思所感。我要去分享善的时候就要理解你的所思所感，我要理解你的所思所感就是我要把你当成一个人来理解，我不是在理解一个数学公式，我不是理解一个动物的行为，我是在理解一个跟我不同的心灵。因此理解本身就是对对方的尊重。我刚才讲，即使针对那些极端分子，我们仍然要努力去理解，这也意味着，多多少少包含尊重。他是敌人，那就是对敌人的尊重。该战斗的时候只有起来战斗，但在战斗中仍然尊重对方，这个不是没有先例的，实际上有很深厚的传统，例子很多，只要想想美国南北战争时期的一些事例，战争非常残酷，但双方在很多的场合仍然保持对敌人的尊重。一旦把所有的斗争都视作正义战胜邪恶的斗争，这些就都谈不到了。事实并不是只有当我们是正义的时候我们才有权起而斗争，反过来说，我们起而斗争，不一定就要把对方视作非人的魔鬼。

看洪凌画展[①]

我自己不会画画，也没研究过绘画，我跑来看画展，就是想看他的画，因为我喜欢洪凌的画——我不懂艺术，但还是知道自己喜欢什么样的画，喜欢不喜欢，这个我自己知道。洪凌在黄山的画室我去过，但只看到几幅，画展上的大多数的画我这次初次看到，我看过画册，喜欢，但毕竟不像这次展出，面对大幅的原画，那感觉又不一样。格外喜欢洪凌的画，这个有可能是，他比我小几岁，但我们大致算同龄人吧，也有相似的经历。还有其他不少共同点，例如都有对自然的热爱。

绘画本来有多种功能，其中有一些后来受到挤压。照相术发明以后，还有其他一些新技术，好像对绘画的空间有所挤压。可是受到这种挤压之后，到二十世纪之后，整个领域反而打开了，绘画，包括油画，发展出多种多样的可能性。好像油画不再是一个类型，油彩变成了一种媒介，你只要有想法你就可以通过这种媒介来表达。

这次展出的这些画幅，有具象的，抽象的，表现的，还有，比如说人物吧，有弗洛伊德那种风格的。主体作品是南方的山水，黄山的山水。我觉得洪凌通过油彩来表现或者表达中国的山水，黄山的

[①] 本文为2015年12月16日在中国美术馆洪凌画展后座谈会上的发言稿。

这一类山水，的确别开生面。用油彩来表现中国的山水，这个想法不难想到，但是想到了不一定能够做得到，因为中国山水本来是通过很不一样的媒介表现的，已经形成了相当程式化的传统，现在要用这么一种全新的媒介来表现，要琢磨要尝试的东西肯定很多，很不容易，才能把这个弯子转过来。但是一旦做成了，你觉得的确是打开了一方新天地。

油彩的表现力的确强大，运用得当，就能给山水画传统带来一种新的活力。今天上午在美术馆的时候，我们在前面看画，听到后面有人在那儿直接就喊，真棒！真棒！我觉得喊出了我的感觉。本来中国的山水它是很静的东西，很安静的东西。洪凌的东西它也很安静，画面里没有人，没有人世的嘈杂活动，但是这个安静里面有磅礴的气势涌现出来。就说那几幅冬雪的场景吧，有几幅这次展出了，有几幅我在画册上看到。

你站在这些大画面前，你觉得这个油彩的表现力的确是不可阻挡的。你要热烈它就热烈，是吧？你要肃穆它就肃穆。然后是春夏秋冬的不同的美，或者是孤独、严峻，或者是春花春树，洋溢的生命，表现的领域非常宽广。就看你能不能调动这种媒介来表现这些，来表现这么宽广的感受和情怀。我说的还不只是个人的情绪，你还得跟中国山水画的传统连起来，虽然现在你使用的不是传统山水画的媒介，但你通过山水这种方式要表现这些情感必然是要跟中国山水画的表现方式遥相呼应，个人的感受和情怀必须被带入一种文化传统之中。单纯表达个人情绪，可能另外的形式会更好一点。但是用油彩来画这种中国山水，恐怕就不能只是表达个人情绪，而必须深入到中国文化的脉络里面。

在这一点上，洪凌除了他特别刻苦用功，对技术的把握特别精良，他的一个优势大概跟他谙熟中国文化传承有很大关系。我可以从传统诗歌的角度感受这一点。中国绘画传统我说不上什么，我对中国的诗词歌赋还比较熟悉，这些诗词歌赋培养出一些特定的情感方式，深深影响着中国人对自然、对人事的感知。我在洪凌的画那里感觉到他对大自然的描绘跟传统的情感方式发生深深的感应。

最后还有一点让人非常感慨，我作为同代人非常感慨，那就是洪凌的这种产量。经过多年的摸索之后，对如何表达自己想表达的，洪凌已经掌握了自己的方法，但仍然，毫无疑问，每一幅作品都需要投入大量的劳动。大量的劳动，而且充满活力，既要有成熟的技法，又要有年轻人的活力，这在我这个同代人感受很深。你既要有这样的成熟和把握，又要能承受这样的劳动。当画家是要干活的，那是体力活。但我说的还主要不是干累活的体力，而是保持那种旺盛的精神创造力。我自己从事哲学研究，这项工作也需要干累活，到这个年龄，比较成熟，有把握，但同时又必须充满精神上的活力，所以我觉得跟洪凌有一种感应。我非常希望洪凌还能再好好地画十年、十五年，因为基础已经夯牢了，今后会画出更多的好画。

我是外行，但既然来了，就瞎说两句。

许钦松画册印象

我认识美术界的一些年轻人,早就从他们那里知道许钦松的大名,这次认真看了画册,很喜欢,但是评论确是不敢,倒不是别的,这么大岁数,不懂的东西瞎说我觉得不合适。当然,谁看了画都会有所感受,不做评论,说两句印象吧。

中国山水画的传统,许钦松肯定有很深的了解,在哪些方面有继承,哪些方面有创新,我外行说不好,但你能感到一些区别,比较明显的,例如,视角不一样。古人的山水画多半是自下而上的视角,他们的山水可观可居。许钦松的不少画,像是俯看,综览。现代人的经验跟古人不一样,比如我们从飞机上看山川大地,视角就不再是两相看不厌。不仅视角不同,经验也不同,对古人来说,山水可观可居,他不只是在看,山水就像是他的居所,只在此山中,采药、煮白石。许钦松怎样继承传统山水画,我说不好,但他显然不只是在重复或者模仿传统的山水画,而是要把我们的新视角、新经验画到画里面。的确,现代人若一味模仿古人,画面不自己的真实经验融为一体,意思不大,而且,我猜想,也画不过古人。

艺术家怎么处理这种视角,新经验?需要什么样的笔法和技术?这些我全然不知。但能感到画面的效果不同。也许,俯视、综览可能会产生一种间离的效果。许钦松的画,有时看上去不是很亲近的，甚至很"苍凉"。我们跟苍凉也可以有一种精神上的交流，但不是可观可居的那种交流，不像与亲熟的世界和人物的那种交流。这时候也许特别需要一种层次感，一种不同的层次感，跟借用云烟雾霭营造的层次感不同，这种层次感倒有点儿像音乐里的节奏感。我看许钦松的作品，常能感到这种节奏感，有些更微妙的节奏我可能看不出来，但有些画有很鲜明的节奏感。他的这些画面有一种统一的精神气质，但有了这些节奏，不同画幅又富有层次和变化。

美术作品我看的不多，更无研究。我有时也看画展，只是个游客，跟朋友们边逛边看。得到些浮光掠影的印象，不值得说，说也说不清楚。强为之言，见笑了。

传心术刍议[①]

《三体》里头有一段写到，在三体的智慧生物那里，想和说是同义词，想就是说，"我们没有交流器官，我们的大脑可以把思维向外界显示出来，这样就实现了交流。"怎么显示？大脑思维发出电磁波，这种脑电波比人类的脑电波更强，"能直接被同类接收，因而省去了交流器官"。因此，在那里不可能设想隐瞒思想、撒谎这些事情，不可能出现狼外婆这样的故事——老狼一旦跟小红帽交流，小红帽就知道它的企图，就不会开门放它进来了。这应了老早有智者说过的，人发明语言是为了隐瞒。

自古以来，就有人设想传心术、读心术，也有很多这方面的故事。人虽然自诩为万物之灵，但也不能不发现自己的本事有限，例如，不能像鸟儿那样飞翔，于是就有飞毯之类的幻想。传心术是为了弥补什么缺陷呢？从听者一面想，恨自己不能真切知道他人的心思，知人知面不知心；而且，听人说话，要靠近说话人，最远隔半个操场。从言者一面想，恨语言不方便，不够用，想对心上人吐诉衷肠，心上人早听烦了，自己还觉得言有尽而意无穷。形容王昭君的意态，啰啰唆唆写满一篇，仍然不得要领——若能用脑电波发一张

[①] 原载于《语言战略》2016年第1期。

微信照片，岂不快捷达意？

　　身体的演化太慢，我们想飞天，等不及慢慢进化出翅膀来，还不如去研制飞行器。古老幻想的实现，差不多靠的都是科学技术。有了文字、电报、电话、e-mail，远距离通讯的幻想早已实现。但言不尽意的苦恼，人心隔肚皮的苦恼呢？快了，脑电传感技术突飞猛进，想和说也许不久就会变成同义词了。

　　在想和说变成同一回事之前，它们的主要区别何在？

　　1. 说话是一种广义的技能，需要学而后能，而我们的很大一部分想是不需要学习的，例如，我想吃小红帽或天鹅肉，或者落叶伤秋时思绪万千。

　　2. 我们需要学习一种语言才能说，跟这一点相连：说话通常是说话人有目标有控制的活动，很大一部分想却不是这样。三体人"可以把思维向外界显示出来"，这个"可以"有歧义，听起来似乎"向外界显示"是一种受控制的活动——他或她可以向外界显示，也可以不把思维向外界显示出来；但依后文，三体人无法控制他向外界显示什么，三体狼无法向小红帽隐瞒它想吃掉她的欲望。IT 专栏作家阮一峰总结出控制机器的七种方法，前六种是已经实现了的：卡片控制、键盘控制、鼠标控制、声音控制、姿势控制、眼部控制。梳理上述方法，有助于看到计算机的发展历史。第七种是脑电波控制，这一种还没有问世，但"相信总有一天会成为现实"，设想这种方法，"可一窥未来的发展趋势"。这七种方法真能比肩并列吗？前六种，已经实现的那六种，不仅控制机器，而且首先是受到我们控制。要用脑电波来控制机器，我们就得先学会怎样控制自己的脑电波。

3. 我们说，说话是一种有控制的活动，还不仅仅是指我们可以有意隐瞒什么。我对办公室同事说，昨天来找过你的那个人又来找你了。那个人男人还是女人？大概什么年龄？高个还是矮个？面容？仪态？什么款式的衣裳？衣裳什么颜色？新旧？这些，我当时一眼看过去都看在眼里，但"昨天来找你的那个人又来找你了"这句话都没说出来。也没说我在走廊看见那人，没说走廊有多宽，走廊有个灯亮着。说话是一种有控制的活动意味着：说出来的内容总是有限的，总是有所说有所不说。这些说与不说，还与特定的语言相连，同一件事情，你对英国同事说 The man who looked for you yesterday is here again to see you*，但这句英语包含了汉语句子没有的内容，不包含汉语句子包含的有些内容，比较明显的是，它说出那人是个男人。三体人用脑电波传达的时候，传达的是"那个人"还是 the man 呢？是不是连同那个人的年龄印象、相貌印象以及看到那个人的环境细节一道传达了？那他会一下子传达了海量的信息——也不妨说，传达了过量的信息。接受信息的一方会因此困扰，需要从这海量的信息里检出哪些是有用的信息。话语只能传达有限的信息，这让衷肠吐诉爱好者长恨言不尽意，然而，惟因为这种有限性才使得我们能进行有效的传达。

4. 区别当然不只在信息量的多和少，说和想的内容并不同类。我告诉你，我要到机场去接我太太，这时我想到了些什么呢？若用脑电波传给你，那会是些什么呢？我太太的相片？机场的样子？我

---

* The man who looked for you yesterday is here again to see you，昨天来找我的那个男人又来这里看你了。——编者

告诉你我喜欢读红楼梦,我想到了些什么呢?我给你讲解红移呢?一个人是不是在说、他说了些什么,比较容易断定,什么算是在想,哪些算是所想,却难以界定。三体人直接传达其所想的时候,这个"所想"包括走廊的灯光吗? 你看到树上一只苹果,你是在想吗?你有个欲望,你是在想吗?如果你自己都不知道这个欲望,例如只有弗洛伊德才看得透的弑父欲望,算不算你想弑父呢?

5. 这就引到第 5 点:在很多时候,我们很难知道别人在想什么,并不只是因为人心隔肚皮;实际上,想对我们自己往往也不是完全透明的。有些想法太模糊太朦胧,有些想法太乱太复杂。你觉得张三这个人怎么样?我对远嫁王昭君有些想法,但究竟是怎么想的,我自己也不知道。用微信传王昭君的照片,照片上何处清晰何处模糊,明明白白,心里想王昭君的模样,连你自己都弄不清何处清晰何处模糊。思想这一端连到话语上,有个终点,那一端连着欲望、动机、感知、经验,没有清楚的端点。

看来,我们还得演化相当一阵子,想和说才能变成同义词。出于这种原因那种原因,人们设想某种不受语言限制的交流,设想思想的直接交流,但通常只是泛泛一想而已;认真想下去,传心术也好,裸露思维也好,需要连带设想进来的内容还有很多很多,仔细审视这些内容,会引导我们更深入地理解语言的性质。

邓仪和他的研究中心 ①

到丽江的第三天，直到晚饭，同行的年轻艺术家一直闷闷不乐。前一夜从网上知道了呼格案的处理方案，冤杀呼格的相关人等没有一个受到刑事追究；与年来其他类似处理或更糟的"处理"搅在一起，这位对昌明法治尚抱一线希望的青年觉得眼前昏暗，用他自己的话说，感到悲凉。

那一天，邓仪夫妇招待我们晚饭。三十年来，邓仪一直在从事环保和社区发展方面的公益事业。这五年在云南丽江建立的一家研究中心（www.ncvasd.com），主要在老君山山区做环境保护和可持续发展农业的工作。基于多年实践的正反两方面经验，他们现在的做法在很多方面都与其他NGO的做法不大一样。只说一点吧，他们的方针是所谓"内生式"的，他们并不为农民设计方案，设计修路、修水渠、养猪、栽培玛卡的方案，然后指导农民实施；他们把农民拢到一起，向他们介绍外地外国的种种方案，有时还组织村民代表到外地去调研不同做法的利弊，然后由农民自己设计适合本地的发展方案。各村的方案集中起来竞标，由这些村庄的农民自己投票选定哪些项目应获得资助。五年来，他们已经在农村组织、环保、

---

① 载于《南方周末》2016年2月25日"自由谈"栏目。

生态生产等多个方面获得了可观的成绩。本来,农村机体差不多已经瓦解,原子化的农户乃至单个农民只顾自己的利益,盗伐树木破坏水源之类的活动屡禁不止,让地方政府头痛不已。以此,政府对邓仪他们的实验颇为支持。有些眼光远大的领导的支持力度更大。研究中心的实验范围里有将近一百个自然村,现在已经有七成参与到实验里来。

在我看来,这项实验成功的关键在于基层农村的自组织。用邓仪的话说,本来,各种环保项目等,在农民眼里都是别人的事,如果不能眼下就给自己带来利益,他们就拒绝参与,或者阳奉阴违。现在,农民把自己组织起来,自己订立村规村约,从自己的利益和条件出发来设计和挑选各种项目,自己分配和管理资金,自然而然放宽了眼量,增强了责任感。

我远离农村,在大学里教西方哲学,但还保留了一点点对现实社会的关心。至少,在我所敬佩的各种人里,最最敬佩的就是这些揣着理想默默工作在第一线的人士。邓仪他们的事业让我激动,也让同行的那位艺术家激动。于是就有好多好多问题要问。其中的一个是:这样的农村改造工程需要多少资金?比我们设想的要少得多。一年大概只有一百万或稍多,覆盖六七十个自然村,一个项目平均不过两三万,农民参与的收益靠的不是这些启动资金,而是项目启动后生态产品等带来的效益。

我心里想,这项实验的成绩跟邓仪这个人分不开,他的个人魅力,他的工作经验,他的正直廉洁。离开这个人、这个团队,这样的模式能复制和推广吗?邓仪简单回答说,他不知道。三十年来,他从事过多种形式的公益事业,被农民殴打过,常被公安请去谈话,其他艰辛不及备述。相较之下，现在的工作开展得可谓顺利。只要能继续推进下去，他就很满意。是啊，晏阳初、梁漱溟的实验推广了吗？这些实验轻易就被历史的大潮流淹没了。但若没有这些闪光的努力，历史岂不等同于无情的洪水？历史学家若不问善恶良莠，只看潮来浪去，岂非堕入了历史虚无主义？也许，模式的推广本来就不是最要紧的，中国人多，用不着什么轰轰烈烈的运动——要是每个人都把自己那一点点事情做漂亮，那会是什么图景？

邓仪其人朴实、平和、低调。他读过很多书，熟悉不少社会行动理论，对中国的文化传统和政治结构也有深层反思，但大概因为一直跟普通农民打交道，言谈里听不到什么大词儿，也没有什么抑扬顿挫，都是平平常常的事实和考虑。说起几十年的艰辛，都当平常事，丝毫没有越说越把自己感动。说到所获得的成绩，也是同样平常。他的妻子丁平君，待人叙事同样平实。席上还有两位在研究中心工作的女孩，讲起自己投身这项事业时的想法，讲起她们的工作，都是这种平常语调。

他们是一个十几人的工作团队。说起这个团队，邓仪对一件事情颇感遗憾。他们的项目里，有一项是吸纳青年研究者。有志于实地研究中国农村的研究生、大学生，可以申请到这里来做志愿者，半年，三个月，甚至短到一个月，一边做事一边从事研究和写作，一个月还能得到1500元的生活费。在我想来，申报人会多得招架不住，不仅来自社会学、政治学，而且也包括哲学生文学生，对，还有美术生。然而邓仪说竟很少有人来申报，学科背景差不多都是理工科。我不相信现在的年轻人会那么介意生活条件稍有点儿艰苦，原因恐怕在于邓仪他们的宣传过于低调了。

我不知道邓仪他们的故事算不算成功故事，反正这几个在座的都不像成功人士。但这是个让人心生希望的故事。年轻艺术家的心情也渐转开朗，跟我相约下次要到这里来志愿些日子。他说，这一天的心情本来真是有点儿悲凉，但他也一直警告自己，不要把悲凉变做情怀。

出入马尼拉[1]

嘉曜，

你问我，人到了这里，亲身所见所经的菲律宾跟外面报道的是否一样。其实，我们在菲律宾，住了四晚度假村，两晚香格里拉，哪儿有什么亲身所见所经？写一两点儿浮光掠影的印象吧。

马尼拉机场落地，将近午夜一点。Fontana度假城派来的大巴开动，已经一点半。迎宾姑娘站在车厢前首说，到Fontana还有两个小时以上，不过，我们有警察开道，不会因堵车耽误很久。我们乘客都觉得奇怪：一辆普通旅游大巴怎么会有警察开道？后半夜两三点怎么会堵车？车一开动就明白了。马尼拉机场外没有机场高速之类，出机场几分钟，大巴就钻进了街市，类似三十年前宣武区的那些街道。更让人称奇的是，有两三个街区，人头攒动，运货车堵在街上，赤膊的小伙子们在卸车、搬运，蔬菜摊、水果摊、小吃摊顶上灯火通明，周边熙熙攘攘。这可是夜里两点多钟。也许本地白天天气太热，人们多在夜里活动？我们经过的路段正在动大工程（后来知道是在修建机场高速），工程车络绎不绝，再配上其他型制

---

[1] 原载于《南方周末》2016年3月17日。

五花八门的机动车，果然处处拥堵难行，我们的大巴幸有两辆警用摩托开道，宛转前行，半个多钟头后穿出城区，上了高速，驰往克拉克岛。（克拉克岛也有机场，但没有直达北京的航班。）

度假城在克拉克岛上，距马尼拉八十公里。我们一行八人安排在一栋三层别墅，进到自己的房间已经早上四点。这次来菲律宾，参加的是商界活动，组织者又惠以嘉宾身份，于是坐上了商务舱，一人独占偌大套房。我很少被这样优待过，即使如此，旅行难免它辛苦的一面。

十几年前，美军从这片基地撤出后不久，这位大陆来的企业家就开始投资兴建，经历了种种波折辛苦，而今已成为集高尔夫球场水上乐园等为一体的旅游休闲民居集合体。早就听说，菲律宾的富人里，华人最多，热带人民据说懒惰，并不玩命干活儿挣富贵，而漂洋过海前来的中国人本来在华人里也是最富雄心最肯吃苦的。华人当然并不都是有钱人，但赤贫阶级里没有华人。

几天的活动结束后，我们一行乘两辆小车返回马尼拉。到城边，又有两名警察前来"护驾"。遇有红灯，两人分别把守相交的两个路口，让我们顺利通过；堵车时，他们开到对面车道，挡住对面的车流，让我们逆行通过。

一开始，我们穿行在普通街区，街边是破破烂烂的房舍、商铺、窝棚，不少居民闲坐街边，孩子尤多，跑来跑去玩耍。虽然杂乱无章，倒也热热闹闹，各得其乐的模样。那幅景象，有点儿像二十年前中国贫困地区的一些小城镇，只不过，那些小城镇的拥堵街区只有一小片，而这里，类似的街区连绵不断。还有一点不同，二十年前，那些中国小城镇见不到很多机动车，而这里，几乎所有街区的路边上都排列着形形色色的老旧机动车，据说多半是从日本来的报废汽车。难道这里的穷困居民人人都有自己的现代交通工具？

那天经过的街区是普通街区。我们第二天去看了真正的穷人区，还绕着闻名世界的垃圾山转了半圈。导游不让我们下车，甚至不让我们打开车窗，因为外面恶臭逼人。那些触目惊心的镜头多见于各种媒体，这里不待细说。那种极端恶劣的生活境况还常有人引用来质疑民主制度的有效性，甚至用来论证专制制度的优越性。有人说，菲律宾政府还借此从联合国什么的吸金。但据一位菲律宾华侨说，政府曾多次要把靠垃圾山生活的十万民众搬迁出来，但这些民众集体抗议，每次都使搬迁计划夭折。不知此说是真是假，但即使为真，肯定也不表明真有人喜爱住在那种地方。

我们那天的导游是第三代菲律宾华侨，他是坚定的马科斯派，说那时的政府曾修建大批简易住宅，免费提供给穷人居住，现在——他指着路边那些破败得难以形容的房舍说——这些房舍多年失修，又有一批一批穷人涌进来，搭建起无数矮小逼仄的窝棚，于是成了这个样子。我们也说到中国和菲律宾之间的紧张关系，他说，这里的华侨左右为难，他们是华侨，不愿反对中国，他们又是菲律宾人，不愿反对菲律宾政府，所以对这些事情只好不闻不问。

话说回我们返回马尼拉那天。两辆摩托在前面开道，挤开人流车流，凡妨碍我们这辆大巴的一律叫停。让我惊异的是，没见谁面露不满，时不时还有路人上前协助开道。同样让我惊异的是，后来我们进入现代化的商业区，两位警察仍然恪尽职守，继续带领我们闯红灯、逆行，虽然被阻断的车流里不乏豪车。看来，Fontana 的中国老板已经挣到了能让鬼推磨的身份。我们酒店坐落其中的区域，像世界上所有城市的现代化市区一样，高楼耸立，玻璃闪闪发光，街道整洁，行人衣履齐整，游逛在国际名牌店之间。我们在两位警员的护送下到达酒店。

在国内，警车开道也是常事。但我们可以自豪地宣告，至少在北京，至少最近几年以来，它们都是为官员或官员亲友保驾护航，不会明目张胆为商业服务。天下是天下人的天下吗？随时代和地带不同，天下是天子的天下，贵胄的天下，有钱人的天下。自黑猩猩以来，灵长类还不曾经验过什么平等社会。我不相信谁能用人的天性来成功论证平等的要求，人的天性里有各种各样的东西，差不多可以挖掘出来论证任何东西。如果真能从人性出发说明平等是可欲的，世上种种不平又从何而来？诉诸人性，恐怕最多能够论证某些极端状况无法长期维持。

近代以来，在大多数社会，等级制瓦解了，区分人群的标准转换成金钱多寡。在北欧这样的地方，这样的标准也近乎瓦解，无论从制度、观念、习俗哪个角度看，社会达到了前人难以想象的平等。不消说，即使那里，离罗尔斯理想中的平等还有相当距离。平民化固然是现代社会的趋势，但社会不一定随着平民化变得更加平等。人达到了某种成就，往往以为明天将取得更大的成就，现实中却往往是盛极而衰。北欧的平等也许是人类在平等这个维度上的峰值，即使在那里也将逐渐下行。毕竟，欧美现代文明是复杂历史环境的果实，未见得是人的普遍理念的实现。

我们回到马尼拉那天是情人节。我们一行中老年男女晚上来到一个 night club*。进门要安检。菲律宾有不少地区实际上处于割据状态，分离主义的极端分子也常有动作，但据说马尼拉的治安还不错，可不知为什么，酒店、大商场、大餐厅都要过安检，虽然安检措施执行得潦草马虎。

这是一家并不高档的、普普通通的夜店。我们坐在供客人跳舞的小空场边上。音乐震耳，对我这个没进过两次夜店的人来说，震耳欲聋。空场里十几二十个青年，有的在跳舞，有的站着，凑到对方的耳根说话，当然，多多少少也随着音乐扭动。女孩子差不多统统面目姣好身材曼妙，男孩子多数体形健美五官周正。我从来没有一时间见过那么多可以直接走上银幕的漂亮人物。更不说他们一个个炯炯有神落落大方，全然不见纠结、猥琐、装模作样。服务员都是男青年，送酒收瓶穿梭于人群之间，也同样个个情绪饱满，时不时随激烈的节拍舞扭几下。一色的年轻人，有白人、黄人、阿拉伯血统人、黑人，不分种族，不分职业、身份，一色洋溢着青春的欢乐。你不由得感到，一旦摆脱社会的束缚，人的自然本性原是这样健康而充满活力。

眼前的确洋溢着人的自然天性。当然，此景此情，只是自然世界的一部分，只是自然世界的一个小小角落。就在离开舞池不远的角落里，有客人对坐桌前，平平静静絮语。再远处，有十万人生活在垃圾山边。另一些地方，有白领青年在职场里钩心斗角，有为数不少的抑郁症患者自觉生不如死。还有，还有各种主义的狂热分子在杀戮平民。

---

* night club，夜店。——编者

同行中两位国际范儿的女性很快带着她们保持极佳的身段加入到舞蹈之中。萍水相逢的情人节旅人用开放的欢笑和热情的舞姿相向相迎。何须曾经相识，身体迎向身体，没有什么比这更加真实。

　　真实，一种另类真实，virtual reality[*]。这些曼妙的身体不仅源自年轻，他们和她们也仰仗当代的青春观念，健身课程，美容美发技术，整容整形技术。技术进步日新月异，也许不用不久，这些高妙的技术也将显得老旧——大规模投入应用的基因工程技术将生产出更加完美的人类，或者，连他们也要被人工智能技术生产出来的智能机器取代，这些机器人通体美丽，全无半点瑕疵。他们不像科幻电影里的机器人，动辄生出灭绝人类的邪恶念头，他们那么完美，根本不以满身缺陷的人类为意，倒是我们人类，面对自己制造的杰作，自愧得无地自容，心甘情愿把地球以及其他可供生存的星体拱手让与他们。世界将被快乐笼罩，没有任何纠结。在这个美丽新世界里，再没有垃圾山，再没有野蛮的欺压与杀戮。因为，再没有人类。

---

　　[*] virtual reality，虚拟的真实。——编者

漫谈书写、书、读书[①]

感谢屈南的邀请，让我有机会到图书馆来讲讲书和读书。讲别的我都不太行，对书和读书我还比较熟悉。今天是漫谈，的确，这个题目可说的很多，拉拉杂杂，我也不知道怎么能够做成一个一本正经的报告。我要讲的，大致分三块，书写、书、读书。每个话题只讲一点儿，我挑一些大家也许觉得有点新鲜的东西来讲。我不想讲太长，希望能够多留一点时间跟大家交流，现在叫互动。

从口头传统到书写传统

我把我们从大概两千多年前一直到现代的整个人类时代，叫作文字时代。最古的文字大概元前三千多年前就在苏美尔人那里出现了，不过，一开始，文字掌握在很少很少人手里，用来记载王室的言行，或者用于记录卜筮的结果，或者也用在商业目的上，特别是征税这类事情上。大概在两千多年前到不到三千年的时候，文字开始从一小撮手里流传出来，被较多的人掌握。这种情况在几大文明差不多都在那个时间段出现了。在中国，大家都比较了解，中国

---

① 本文为2016年5月5日在首都师范大学图书馆的讲座稿。

兴起一个阶层,这个阶层叫作"士",现在叫读书人、知识人、知识分子。最简单说来,"士"能读能写,这是"士"的本事。那么这个时候,我就说,文字时代开始了。在那之前,神话、历史、思想等,都是靠口传的。比如说孔子整理《诗经》以前,《诗经》的诗也流传了几百年。又比如希腊的两首史诗——《伊利亚特》和《奥德赛》,在成文之前也流传了大概几百年。《旧约》的故事也是这样。当时有一些行吟诗人,我们讲最早的语言文化的保存者、加工者、流传者,就是诗人。为什么是诗人呢?大家都有这个经验,我们小学、中学的时候,老师让背课文,诗我们能背下来,而且几十年以后还会记得。散文就很难背下来——骈文好一点儿——就算背下来,很快也忘掉了。在口头流传的时代,人们把最值得记住的事情都做成诗,这样才能一代一代地往下面传。在没有文字的地方,人们对语言的记忆能力特别好,传说、故事、祖辈说的话,都得靠脑子来记。有了文字,有了书,很多资料都存在书里,把脑子省下来了。从口头到书本,我们的记忆方式、思考方式发生了很大变化。我们这个时代又在发生一个大变化,储存知识不再靠书,都存在电脑里,存在云储存里了。

　　从口传变成书写和阅读,这是一个根本的转变。先说一点。口传带有很多感性的东西,可以想象一个行吟诗人不仅把话语传下来,话语还伴随着音乐,还有他说话的方式,他的语气、手势、个人魅力。变成文字以后,包围在文字周围的感性部分就没有了。海德格尔说,语言是口中的花朵,语言本来生长在我们的生活场景里面,文本化以后,文字脱离了说话的人,变成了文本,很多东西损失掉了。不过,文字有文字的优势。孔子说"言而无文,行之不远",他说的"文"不是指文字，但是把这话用在文字上也很恰当，那就是，话语是传不远的，现在有了录音设备当然不一样了，但从前，一段话，传远了之后就走样了。我们都有这样的经验，你对一个人说的话，他传给他，再传给他，传了几道，往往变得面目皆非。有了文字，话语就可以原样传播很远。这个"远"也有时间上的远，到现在我们还可以读《左传》，读《庄子》，他们的话两千多年了还在。在以前，隔个两三代就不知道以前的人是怎么说话的。

　　文字还有一个好处。话语虽然有更丰富的感性，但是往往不够精确，逻辑不够严整。你做一个讲演，每一段都有声有色，听众听得很过瘾，但后来讲的跟前面讲的逻辑上是否一致？听众很可能没怎么注意。阅读就不一样了，读者可以随时回过头去比较一下你一开始是怎么讲的。日常交流，这算不上大麻烦，你通常是在对知根知底的人说话，用不着表述得那么讲究。但有些事情，例如科学考察，在口传环境里就发展不出来。人们从远古时候就特别注重观测天象，从实用方面说，游牧民族、农民，怎么确定一个月，怎么确定一年，此外，确定方位，这些都要靠看日月星辰，另外，原始民族都是有信仰的，在他们的想象中，神灵都是居住在天上的。但是在文字时代之前，他们很难准确记录他们的观测，有了文字我们才可能精确地记录天象。我们知道科学都是建立在资料基础上的，如果对资料没有精确的记载，不可能发展出科学。

　　此外再说一点。在口传时代，每个民族都有一个重要的传说，从盘古开天辟地开始，一直到民族的诞生，最早的英雄。传说的内容肯定是经常在变的，但是每一代人并不知道这些变化，因为是口传，他只听到最终的版本。于是他不会对自己的传统产生很多反思，因为无从比较同一传统的不同版本。但是转到文字传统之后就不一样了，比如说，我们想了解孔子的思想，有论语这样记载孔子言行的原始文本，有汉朝人注孔子的文字，有宋朝人对孔子的诠释，新儒家又有新儒家的理解。这些文本，这些理解，不可能完全一样，每一代人都在重新理解。究竟应当怎么理解？我们这些后来的读者，面前摆着不同时期的文本，都摆在那里，我们就可以自己进行比较，形成对整个传统的反思和批判。进入文字时代，实际上也就进入了反思时代。

所谓理性，本来是靠反思和科学精神培育的，两千多年来，我们对世界，对人生逐渐开始了理性地看待。这是文字时代的基本特点。

关于"书"：中国和欧洲的不同

说了文字，再来说说"书"。最先是书写，拿笔写在丝绸上，树皮上，纸草上，或者拿刀刻在竹板上，等等。不管是哪一种，都很费劲很昂贵，保存起来也难。以前说学富五车，有人算过，古时候五车的书大概相当于我们现在一本二十万字的书。书少，很多人要读书，只能投奔有书有学问的人去学习。（宋濂《送东阳马生序》自谓少年求学时，"家贫，无从致书以观，每假借于藏书之家，手自笔录，计日以还"，由此竟得"遍观群书"。）那时候，读书人记诵能力都很强，读一本书差不多要把它背下来，自己手里没几本书，靠记忆。书的数量有限，主要的书所有读书人都读过，所以，古代的读书人他有共同文本。

阅读和书写都要有时间精力，所以，阅读、书写是少数精英的事。谁是文字精英？在中国跟在西方很不一样。中国很早就有了科举制，汉朝选拔官员的一个主要途径是选举制，但除了一开始，所谓选举其实也是要考试的。中国主要是靠科举选择官员，而科举是靠文字的，所以，中国的官员都是文化人，能读能写。一个人只要会写文章，长得不漂亮没关系，声音不好听，甚至说的是家乡土话，这都问题不大，只要你写得一手好文章，你就当大官。相比之下，在中国，文字时代的边界最清晰。中古时期，中国总体上是个文教社会。后来有了造纸术、印刷术，书多起来了，宋朝的文教水平很高，跟造纸、刻板、印刷这些技术的发展有关。从那个时候起，读书人多起来了，写书的人也越来越多。到清朝，是个识文断字的人就留下一两部诗集或别的什么，书多得再也读不过来了。战乱的年头在中国历史上大概占三分之一的比例，这样的时期文教衰败，但三分之二是稳定的社会，文教比较昌盛，一直保持到清末。

西方不一样，西罗马灭亡以后，文教传统基本上断掉了，识字的人很少，能够读希腊文的更是凤毛麟角。中世纪，大大小小的领主都不识字。整个社会上，认字的没几个。文字传统主要靠寺院和僧侣保存下来。在东罗马，在拜占庭帝国，情况好一点儿，他们使用希腊语，文字传统的保存要比西欧好得多。后来，阿拉伯人攻占君士坦丁堡，那里的基督教徒带着典籍带着学问逃到西欧，这倒促成了西欧的文化复兴。

在这样的背景下，西方近代文化的兴起就显得格外蓬勃。大学的出现、小文艺复兴、文艺复兴、航海和扩张、科学革命，西方文化的改变翻天覆地。就读书而论，近代以来西方的变化比中国大得多。整个近代世界可以说是从阅读的复兴开始的。"文艺复兴"是希腊罗马文化的复兴,我们现在更多谈到的是那时的绘画、雕塑什么的,而据布克哈特说,"古代文化中希腊拉丁的文学遗产比建筑方面的遗迹更为重要,当然也远比传流下来的一切艺术残迹更为重要"。① 据说,在十四世纪的佛罗伦萨,贩夫走卒也识字读书。书籍和阅读这项新兴的爱好就这样繁荣起来,有人爱书如命,不惜倾家荡产增加藏书。意大利有的爱好文化的王公,不惜花费上万的金币搜购古书,雇人抄写。他们也常常慷慨延请文人学士驻留在自己的宫廷,以便就近讨论学问。

活字印刷是西方的文化大复兴里起到格外重要的作用。本来,活字印刷是从中国传到欧洲的——虽然也有历史学家提出异议——但活字印刷在中国和在欧洲所起到的作用是不一样的。我们知道,中国的字很多,常用字就有几千上万,即使有了活字排版技术,排版仍然很不方便,所以活字印刷对中国书籍起到的作用不是特别大,有了这项技术,多半还是用刻板。在西方,就那么二三十个字母,改用活字,排版就容易太多了,因此,活字印刷在西方所起的作用是革命性的。据估计,活字印刷之前,整个欧洲的藏书不过几十万册,活字印刷出现半个世纪之后,到十五世纪末,书籍增长到两千万册。活字印刷对整个西方的文化的提升有着特别巨大的作用。

---

① 〔瑞士〕布克哈特:《意大利文艺复兴时期的文化》,何新译,商务印书馆1997年版,第182页。

文字时代和图像时代

跟从前的时代相比，读书这事儿变化很大。我在美国读书的时候，学校里每年都办旧书大卖场，还没开门，门口就挤满了穷学生，一开门，冲进去挑自己要的书。成千上万本书，书脊朝上摆在大长条桌上，谁抢到算谁的，美国学生眼快手疾，我们留学生眼慢，吃亏。一美元一本的，两美元一本的，三天后撤场，一袋子几块钱。二三十年过去，盛况不再。这两年在美国逛社区图书馆，也都有卖旧书的，也摆在长条桌上，价钱更便宜，无人问津，也就是老头老太太过去瞎翻翻。我自己读书，读过了大多数就送人——没住过大宅子，只放得下那么几个书架，新添一批就得送出去一批。从前，年轻人还挺稀罕你送的书，现在都改网上阅读了，人家看你面子才接受这些书。

现在年轻人更多网上阅读，或者读读微信什么的，所谓碎片化阅读。就在几十年前，我们这一代人，读书差不多还是汲取知识的唯一途径。我们那时候连电视都没有，更别说微博微信了。各种新传播媒介让知识传播不再依赖于书籍这一个途径。三四年前我在这个图书馆做过另一场关于读书的报告，题目好像是"我们青年时代的阅读"。我说，那时候，读书对我们来说是一种信仰。在当时，读书几乎是一切知识的来源，但远不止于知识，我们靠读书保持自己的精神高度，靠读书来抵制那个恶劣愚昧的时代，在谎言的汪洋大海里寻找真理。

不仅是读书，人与人之间交流思想的途径也发生着日新月异的变化，从前，地远天长，交流要靠书信，于是有鸿雁传书，现在，你在美国，他在广州，发个手机短信发个微信就好了。眼前有景道不得，发张照片就好了。

你们生活在一个新的时代。文字时代正在落幕。差不多六十年前，先知先觉的人就谈论新时代的到来，有一本书，叫《图像时代》。但那时的图像还不能跟现在比，毕竟；图像制作起来比较费劲，也就是广告、电视热闹点儿，现在有了电脑，有了手机照相，有了互联网，铺天盖地都是图像。你们早就习惯了到处都是图像，我们不是。我们小时候，照个全家福是件大事儿，现在，一人一天可以产出多少照片？那时中国刚开始有电视，大多数人没见过。街头也没有五颜六色的广告，帅哥靓女。要看图像，就看连环画。想学油画，当然不可能到国外去看美术馆，运气好的也只能看看画册，而且多半是一些印刷很劣质的画册。今天生产图像变得非常容易。从文字时代转变到图像时代，其中有技术的支持。文字生产和图像生产哪个更容易？这要看技术的发展。刚才说，有了造纸术、印刷术，文字变得便宜了，现在，生产图像变得便宜了，反倒是好的文字越来越少。图像和文字当然很不一样，我们想知道林黛玉长什么样子，写上好几页也写不清楚，拿张照片来一看就知道了，但照片无法取代"一双似泣非泣含情目"这样的文字意象。文字转变为图像，会在好多方面带来巨大的改变，我们了解世界的方式，我们的思考方式，都会剧烈改变。同样还有社会生活方面的改变，比如说吧，读书人以往的优势差不多没有了。在文字时代盛期，大本大本的著作写出来，写出来，是因为有人读。后来，文字越来越短，而且开始从纸面上变到了屏幕上，从博客变到微博，变成发短信。文字已是强弩之末。我一用上微信，就说这是对文字时代的最后一击，短信都不用写，直接说话，发照片，发表情包。文字的两千多年就结束在微信手里。好坏再说。

图像时代的大背景是平民化。文字一开始掌握在极少数人手里，后来王官之学传到民间，文字没那么神圣了，但掌握文字的仍然是一小批人，如士人。他们构成了一个精英集团。在中国，士人集团既服务于皇廷，也与皇廷分庭抗礼——皇族把着治统，士人集团把着道统。西方掌握文字的是僧侣阶级，他们跟贵族的关系也有点儿是这样：这个世界由贵族统治，但基督教这个大传统由教会管着。印刷术发明之前，书籍是属于精英集团的。王侯以及宫廷文士，会有点儿看不上眼印刷出来的书籍，这些工业制造品的确不能跟那些用深红天鹅绒包封并配有白银搭扣的羊皮纸书相比，翻开配有白银搭扣的深红天鹅绒包封，里面是抄写专家的精美书法，抄在高质地的羊皮纸上。像彼得拉克这些"人文主义者"，读的就是这样的书，往往来来，多是公侯将相。有一种说法，是说印刷业的兴起导致了人文主义学者的衰落。

近百多年，普及教育，首先就是文字普及了，人人都能够读写，掌握文字不再是一种特权，我们就来到了平民时代，平民开始读书了。然而，一旦有了图像，平民就不读书了，他们更喜欢图像。文字是 artificial* 的东西，我们需要专门学习，否则就是文盲，与此对照，图像是自然的东西，很多图像我们不费心去学就能看明白。一天窝在沙发里看电视的就是非精英。文字仍然与精英有种联系，坐

---

* artificial，人工的。——编者

在那里看书的 90% 属于精英，不过，他们不再是政治精英，跟统治权没多大关系。就像印刷业的兴起导致了人文主义学者的衰落，图像时代的到来导致旧式读书人地位的衰落。统治者现在更需要技术专家，而不是读书人——图像生产不靠读书，靠的是技术。技术专家不同于读书人，他们没有很强的道统观念，对统治权没啥威胁，他们也不像工商人士，有自己作为一个集体的诉求。统治阶级下面新的精英集体，读书人、艺术家，工商人士，技术专家，他们是平民时代的三种精英。不过，"精英"这个词不怎么妥当，这个词有点儿过时了，这三种人都是平民，有点儿特色的平民，书读得多一点儿，或者钱挣得多一点，不像从前的精英阶级那样掌控着全社会。

我一直认为，到我们这一代，文字时代开始落幕。我们是最后完全靠阅读长大的一代，差不多是两千多年的文字时代的最后一代人。我们两代人虽然只差了四十年吧，但是你们所处的是全新的时代。

我说文字时代落幕，我当然不是说，文字和阅读会消亡，以后就没人阅读了。据艾柯说，书就像轮子，一旦发明出来就永不会过时，哪怕有了宇宙飞船这种用不着轮子的交通工具。的确，没有那么多人去读大部头了，我觉得有点像京剧爱好者——现在还有人喜欢京剧，但不像一百多年前慈禧那时候，上到宫廷下到街巷，大家都在听京剧，大家都在玩票友。文字从前是主导社会的力量，现在不再如此，今后，阅读和写作不再是获取知识、传播知识的主要途径。但文字还会存在，像我们这种关心文字的人也会存在。《红楼梦》和《浮士德》还在那儿，阅读不会消失，永远会有相当一批人仍然热心于阅读。的确,文字有它特殊的 quality*,不是任何别的东西能够取代的。我们一向叫作"思想"的东西,主要是通过文字呈现的。思想是跟语言连着的,特别是跟文字连着的。

说到文字时代落幕,也许是有一点伤感,但是没断定那是坏事。实际上,人类生活形态的根本转变,说它是好是坏没多大意思。倒不如多去想想,文字在新的生活形态中会起到什么作用,我们称作"思想"的东西会是什么样子。每个时代都有它优秀的东西,随着文字时代的落幕,有一些我们珍爱的东西会失去。叹息归叹息,复古从来都是不可能的事儿,我更关心的是,文字时代到底有什么好东西,寄身于文字的有哪些独特的价值。我希望我们努力建立一种立体的传播方式,把文字保留在其中,它不是全部,但仍然是立体传播过程中的一维。

未来会是什么样子,你们比我知道。不管未来是什么样子吧,曾经有思想的盛世,留下那么多璀璨的作品,毕碌碌一生,欣享还来不及呢。

---

* quality,质量。

召唤爱思考的人来一道思考①

问：陈老师之前是做挺多像语言哲学、分析哲学这种东西，怎么会想到专门写一本书来讨论这个伦理学专题——何为良好生活？

答：伦理学的问题我相信几乎所有好思考的人都会关心，就我个人来说，我认为伦理世界本来就是哲学思考的主要议题，当然，这些思考会带向各方各面，比如，一个重要的问题是伦理世界跟物理世界有什么不同，为什么物理学能够达到所有人一致的看法，能够不断进步，而伦理学却显然不是那样。我用了几年时间去集中思考这个问题，最后写了本《哲学·科学·常识》。我的工作通常只有个笼统的方向，没有一个规整的计划，随着问题走到哪儿，就在某些问题上集中做上几年，大概是这样。

"何为良好生活"这个题目本来是出版社报选题的时候用的，这类题目一般是犯忌的，前两年读了一本特里·伊格尔顿（Terry Eagleton）写的《人生的意义》，他一上来就解释自己怎么竟用了这么个题目。出版时我不想用这个题目——这本书讨论伦理思考常会碰到的一些概念，并不是要给"何为良好生活"这个问题提供一个

---

① 本文由2016年6月2日与青年教师、学生关于《何为良好生活》的座谈记录整理而成。

答案。编辑强烈建议用这个书名,我觉得也可以,归根到底,伦理思考要回答的是何为良好生活。

这不是说我们会得到一个对人人都有效的答案。传统社会有主导的观念,但即使在那时候,其实也没有一致的回答。今天当然更不可能。不过,你我的观念不一样,不等于你我无法来一起讨论何为良好生活。

问:您讨论快乐、幸福、良好生活,这些概念都跟古希腊的概念连着。您能阐释一下这些概念在古今的区别吗?

答:书里说明了,"良好生活"差不多就是希腊人 ευδαιμονία 的译名。这个观念跟我们所讲的快乐、幸福都有关系,但是不完全等同于快乐幸福这些。例如 ευδαιμονία 比较侧重品格、德性,这些东西跟人的作为联系在一起,幸福则更多是讲享有一种状态,幸福的童年、幸福的晚年。再如,古代人大体上不会把幸福快乐之类当作一种纯粹主观的东西,你过得人人都觉得一团糟,但你说我自己觉得很幸福,这就够了,在古代大概会是非常奇怪的说法。总的说起来,近代人一方面追求一种更彻底的客观,物理学那样的客观,另外一方面——恰恰跟它追求这种彻底的客观性相应——他会把幸福看作是纯粹内心的、主观的东西。

问:今天,我们或许常会有一种感受:有各种各样的外部力量,从四面八方挤压着我们的个人生活,我们却往往说不清这些力量到底源自哪里,感受到的更多是一种无力。现代人之所以乐于强调幸福是一种"个人感受",会不会也是由于这样的无力感所激起的自我保护反应呢?我们所能做的似乎就剩下调整一下自己的感受,整理一下自己的心情了。

答:你说的我很同意,我们的想法在很大程度上来自我们的实际处境,不过,我们的观念跟我们的实际处境之间的真实联系往往被遮蔽着,需要通过反思揭示出来。否则,我们的自我认识就形成了某些虚假观念,不是自家体会出来的,只是些人云亦云的流行观念。幸福只是主观感觉我认为就属于这一类流行观念。实际上,我们无法只靠调整一下心情就变得幸福。人们实际上也并不满足于这样只守着自己,我们要跟身外的什么东西连到一起,连不到具体的东西上,就连到很遥远很普遍的东西上,国族主义,或者更加普遍的,共产主义、普世道德等,把自己连到一个大的观念那里,我们就觉得自己的生活有意义了。这种感觉是虚幻的。能不能区分出什么是实实在在的意义,什么是虚幻的意义,这得就着具体事情细说,但从平常眼光看来,你跑到街上起哄,去砸日本电器去烧日本汽车,并不当真给你的生活带来什么意义。

你把观念的各种来源看得更清楚些,有助于我们的自我认识变得更加切实,做事情会更切实一点,或者更明智一点。在反思这些事情的时候,我个人觉得古代人比较朴实,近现代哲学家倾向于把自己的思考做成一个一个大的理论,我个人从那里学到的东西更少。一般人他忙着做事情,做事情的时候他只看身边有些什么,当然满眼都是当代的东西,我们读书人不做很多具体的事情,可以多去了解一点儿古代的东西,把这些东西讲给大家,会有益处,有助于我们跳出眼下，用更广阔的视野来思考当下的生活。

问：大家躲回到自己的生活里，来追求这样一种个人的良好生活，这个跟犬儒主义是不是也有一定关系？

答：这里提到cynicism正对头，这正是希腊化时期兴起的。在希腊城邦盛期，个人与共同体的关系总体上是积极的，一个人有作为，大家都能看到，他的作为会对公众生活或者说城邦生活有点影响，有时候一个人的勇敢和明智就可能影响城邦的兴亡。忽然，亚历山大建立起茫无涯际的帝国，个人面对的是茫茫的世界，一方面他们是世界公民，另一方面他们是原子式的个人，他们退回到自己内心，从最贴近的内心处，或者从远处，从最远处，去汲取生活的力量。我们现在身处其中的世界那么巨大，个人变得那么无能为力，希腊化时期就有点儿像是这样。那个时期兴起的思想潮流，不止cynicism，还有伊壁鸠鲁派、斯多葛派、普罗提诺的新柏拉图主义，都跟城邦全盛时期的主导观念有很大不同。

顺便说一句，本来，cynics是些有坚定执守的人，不是现在所谓的"犬儒"。世人推崇的东西他们看不上眼，后来变得有点儿玩世不恭，转变成"犬儒主义"——没有什么要坚守的，好像对什么都不恭，其实，对自己有好处的事情他恭敬得很。

问：您说借助古人的视角来重新理解现代人的生活，但古今生活那么不一样。

答：在实际生活上，我们的确无法模仿古人，我说的是思想资源，帮助我们从更广阔的视野上看待自己的生活。

古今的差别多方多面，其中有一条我觉得特别值得提到。古人一贯区分 the few 和 the many，区分上人下人。如果我们把"生活的意义"这话投射到古代，那我会说，在古代人眼里，只有少数人或者说精英人群的生活是有意义的。当然，精英也会关心老百姓，那说的是怎么照顾好民众，关心老百姓的福利，关心的不是老百姓作为精神主体有什么意义，芸芸众生，好好过日子就行了。这种关心不是从大众的视角出发的，夸张点儿说，这种关心有点像我们现在谈论动物福利、动物权利——关心动物是好事，但要把这说成是"动物权利"我觉得有点儿忽悠了。现在不同了，我们这些芸芸众生都觉得有个自我，都觉得要寻求生活的意义，需要一种精神层面上的生活意义。这是一种新的诉求。

对 the few 来说，他的存在有意义，主要在两个方向上，一是建功立业，为共同体做出杰出贡献，一是精神创造。the many 呢？做不到这些。老百姓也要生活得有意义，跟精英的理想不是一回事。我们普通人本来过的是日常生活，精神上的诉求也要在日常生活里得到体现。从前的日常生活围绕着家族，你要光宗耀祖，你要子孙出息，这就是意义；你要是家里老大，上上下下的事情都要管着，一步都不敢走错，你生活可有意义了。在岁数比较大的人那里，现在你还能遇到这样的人。但总的说来，家族已经解体了，有论者主张恢复儒家传统，恐怕只是纸上谈兵。一个替代物是爱情，不知道你们注意到没有，在今天的话语系统里，爱情是顶尖的价值，差不多相当于绝对命令，只要事出爱情，错的也是对的。男女之间本来是私情，我觉得这里也有某种虚矫的东西。

问：陈老师，您讲到古今之别，是不是也会有某种相通的东西贯穿在古今之间呢——一个人要有一种良好生活，他的世界就不能过大，也不能过小。"帝国"这种大规模的共同体，即便它是相当实在的，我们的良好生活似乎也不太可能在这样一种规模和层次上达成，因为它超出了我们任何个人能够触及的范围。但要缩回到一颗孤独的心灵，似乎也不行。我们真正需要的，是不是一个适当规模的生活共同体呢？在今天的时代，我们所期望的似乎更多是一个生活圈子：在这个圈子里，我们找到我们生活的出路。

答：一个亲密的朋友圈子。中国人本来比较注重私人朋友，朋友圈子寄托了我们好多东西。不过这里所说的共同体是带有政治意义的共同体。但什么是政治共同体呢？也许在现代条件下，我们需要对"政治"重新理解。

问：伦理（ethic）这个词源自 ethos，它最早是居所的意思。伦理跟你的居住是联系在一起的。对希腊人来说，城邦那个居所是很自然的，是人从出生就被赋予的。现在对我们来说，我们该怎样给自己建立一个寄托生活的良好居所？

答：我们不再有自然的居所，不夸张，我们每一个都属于"流动人口"。这肯定从根本上改变了现代人的伦理。

问：您说到 the few 和 the many，实际上我们今天都属于 the many。

答：这也是我想说的。古人区分上智下愚，那些著书立说教给我们道德文章的，是上智，他们是从 the few 的眼光来看待社会和社会生活的。古代哲人是 the few，一个民族，即使在思想学问的全盛期，也就那么几个人称得上哲人，他教导 the many 应该怎么做。今天咱们有成千上万哲学工作者，the many，far too many。我们今天的思想者自己是个小老百姓，可有些人仍然把自己想象成 the few 里的人物，宗师似的，有些中国施特劳斯派好像就是这样，但我一看，论出身、品性、学识，他跟我差不多，也是 the many 里的一个。结果，他自上而下地来教导我，就显得蛮奇怪的。

问：您真的不希望自己获得更大的影响力吗？

答：是啊，是啊，影响力。在美国，有几个宗教领袖天天上电视，有大批信众。要这样的影响力干吗呢？教给民众什么是最道德的？哲学，尤其今天的哲学，不是宣教式的，不是上智向下愚宣教。我们之所求，首先不是让别人明白，而是求自己明白。有好多人懒得思考，或者，工作太忙没有闲暇思考，他们等着有人来宣教。的确有这样的社会需求，那就让别人去满足这种需求。我一向希望哲学有更广泛的社会作用，但无论怎么广泛，它都只能达乎那些本来愿意思考的人，希望参与对话的人们。要是没几个人愿意来对话呢？何须道场热闹，二三子就蛮好。我个人想要的是，认真思考，认真表述这些思考，召唤爱思考的人来一道思考。

问：按照您的说法，希特勒是不是也可能过上良好生活？但是他把整个德国带入了深渊，道德理论中应该包含了对希特勒这种人的一种批判。能不能说像这种政治人物不能仅仅用过良好生活作要求？

答：希特勒，或者罗伯斯庇尔，或者列宁，他们首先是政治人物，我们首先要从社会和政治角度来考虑。希特勒的个人品质也许比大多数人更无可挑剔，但不能依此评价说他的生活是良好生活。反过来，你也不能单单根据这种人物的某些个人品质缺陷来否定他。他在一个广大的范围内行动，我们就得在这个范围里评价他。一场革命，一场战争，伤害了不少无辜，这当然不是好事，但我们显然不能只依据这个事实就否定这场战争或革命；可像我这样一个教书匠，害了一个人就不得了，我没有救过任何一个人，还害了一个人，那当然要否定。

问：黑塞有一本书叫作《纳尔齐斯与歌尔德蒙》，这两个人是好朋友，纳尔齐斯在修道院里生活，但他认为歌尔德蒙不是那种在修道院里生活的人，要到修道院之外去体验生活。此后，纳尔齐斯在修道院里一直按照教导的那些规则来生活，符合大家的道德规范，什么是好，什么是不好，而歌尔德蒙他过的那种生活是危险的，有很多很多经历，经历到死亡、爱情，或者是奇遇，整个过程都是在力行。按我们正常的生活标准来讲，歌尔德蒙的生活有很恶的那一面。在经历所有之后，书的结尾这两人又聚到修道院里，纳尔齐斯已经成为主教了。他们俩讨论，什么样的生活是有意义的？书最后讲，歌尔德蒙快死了，死前，他对纳尔齐斯说，你一辈子在修道院里其实没有经过生活，你不懂得爱，不懂得爱你又怎么能够理解生活？我有时候会联想到歌德所写的《浮士德》，浮士德和梅菲斯特。这两个角色，怎么来评价呢？

答：不同生活道路的是非高低，是要用这样一部具体的小说才写得出来。这个话题也的确是近代文学作品的一个主题——一个人该走哪条道路，尤其是跟传统社会相比，现在正统的、按部就班的生活道路受到广泛质疑。但道路是一步步走出来的，两个人，同样都反正统，却可能一个让你佩服，另一个却是混蛋。也有各式各样的东西体现在其中，两个人都反正统，区别体现在他们两个一步一步的走法中。有点儿像常有人问我他该选择什么样的生活道路，我能提出什么好建议？你需要很多很多细节。熟人之间有时能提出一些有意义的建议。当然，也有读者说读了我的书，帮了他很大忙，这我也可以信——那是他从自己的具体生活出发领会了一些一般的道理，怎么帮上忙了，我无法知道。

哲学家列举道德规范，造出有轨电车悖论，这些充其量是些一般道理。用一般道理来讨论这样的小说有点儿迂腐。不过，为了凑趣，我来迂腐一下。这本小说表现出来的，歌尔德蒙的生活比纳尔齐斯的生活更有意义，虽然他作恶，但他有爱；另一本小说可能相反，写一个人，爱得很深，但陷入了疯狂的作恶，我忽然想起聚斯金德的《香水》，对香气的极度感受。我们每个人都只能过一种生活，区别在于，你是不是封闭在这种生活里，不封闭的一层意思是，你知道人家的生活也蛮好的，而你还是要过你这样的生活。修道士的艰苦生活就是这样的，他要是不知道别样的生活蛮舒服的，那他就不是修道士了，他就是受虐狂了。这么说，纳尔齐斯也许生活得更深，因为他理解歌尔德蒙更甚于歌尔德蒙对他的理解。这都是迂腐之见，提示一下事情有好多方面。

走出唯一真理观①

一、少年

这听起来像是在讲我一生的故事。我写过一篇带有点回忆录性质的文章,叫《初识哲学》,讲我怎么走上哲学这条道路,以及后面几年的变化。要是从更早的时间说起,我小时候就像所有爱学习的好奇的孩子一样,喜欢读书,各种书都读,读小说,读古典小说,读科学的书。我们那时候有一套《十万个为什么》,还有《趣味数学》,诸如此类。

我没有受到精英的少年教育,就是一个普通孩子,出身普通家庭,当时也没有什么精英教育。学习的进度很慢,学到的东西很少,不过呢,就我个人来说,也没觉得有特别的缺憾,因为你一直就在那里,当然主要是玩,玩之余读各种各样的书。而且我碰巧有两个哥哥,一个长我两岁,一个长我四岁。哥哥带着你学东西可能是最好的——这是个小小的优势——他们学物理,学俄语,在你面前显摆,教给你一点儿,你会好奇,跟他们学到一点儿,然后自己闷头

---

① 本文为2016年12月14日为"总学馆"所作学术自述。

再学一点儿。实际上我从小就跟我这两个哥哥和他们班里的同学玩得更多，聊得更多，跟自己的同龄人、同班的同学，聊得反而要少一点。

到上了初中的时候，就像当时大多数所谓学习好的学生一样，兴趣基本上完全被数理化吸引住了，开始读那些科普的书，什么直尺圆规作图，什么量子力学、相对论。很浅的，给中学生读的，但是非常有兴趣，然后就希望自己能够成为一个数学家或者物理学家。课堂上没学到很多，成绩也不一定很拔尖，但那点儿功课你肯定一学就会了嘛，就想知道更多，就去读我哥哥的教科书。中学一共上了两年，初二快结束的时候闹"文化大革命"，就失学了。这两年里，我把高一高二的数理化都读完了，就觉得挺好玩的，小孩如饥似渴地吸收知识。这都是史前史了。

然后就来了"文化大革命"，关于"文化大革命"当然有非常多可说的，对于我个人尤其如此。1966年5月16号被认作是"文化大革命"正式开始的时间，对于我个人来说，是6月1号，就是《人民日报》发表第一篇社论叫《横扫一切牛鬼蛇神》，早上醒来的时候，家里的收音机、外面的大喇叭都在用那种义正词严、慷慨激扬的语调宣读这么一篇让人吃惊的社论。对我来说，"文化大革命"是从那天开始的，我相信对很多人也是。从那一天之后，很长的一段时间，day by day（一天接一天）我都记得，记得6月1号、6月2号、6月3号都发生了些什么，大概几个月的时间，每一天都出了什么事情。我不细说了，因为不是今天的主题。但是从心灵的变化来说，那肯定是一个很关键的时点。我当时马上就要满十四岁，我想一个少年，本来就在心灵转变的时期，有这样一个巨大的事件发生，必定会对整个的心路历程产生重大影响。

"文化大革命"开始两个月的时候，8月5号，我父母被当作黑帮揪斗，然后上劳改队，对我们儿女当然是更进一步的刺激。另一方面，现在回想起来，也可以说，在心理上，在各方面，让我们成熟得很快。我要看我女儿现在，跟我当时正差不多大，她还完完全全是个小孩子。但是我们当时就好像已经开始在心理上需要给父母某种支持了，他们被莫名其妙地打成黑帮，突然去过他们完全没有想到的那种劳改队的日子。

我哥哥陈嘉曜，他也不知道为什么是个思想非常独特的人，至少在当时是这样。他早在6月中的时候，6月15日，红卫兵运动刚刚开始的时候，他就提出质疑。7月底的时候，他被打成了我们学校的六大右派之一。当时我在师院附中，师院附中也是一个红卫兵运动闹得很凶的地方，可以说压力非常之大。这个压力包括人身迫害，包括死亡威胁，全都有的。所以，我们在那样一个年龄，我十四岁，嘉曜十六岁，就经历到一些特殊的处境。同时，当然也会思考很多。

到了9月初的时候，虽然家里面是那个样子，但我们还是忍不住随着大串联的浪潮，开始跑向全国各地。一个十四五岁的年轻人，忽然有机会可以免费跑到任何你想去的地方，这个诱惑绝对是没有办法抗拒的。一开始还有一点革命的想法，去了解外地的文化革命，把自己的想法付诸实践。不过其实，我当时没什么想法，基本上嘉曜有什么思想我就有什么思想。我说了，在当时，嘉曜的思想非常活跃，在这一点上我是沾了很多的光。

第一次是三个人到北京站，人山人海，上车后，发现那个同伴挤丢了，结果在上海、杭州转了一圈就回来了。再出去，另外的一个念头压过了投身革命的念头,那就是去游历更多的地方,去看看祖国的大好山河。这个念头让我们做出了不失为明智的决定,就是到祖国最遥远的地方去,比如说到新疆去,到云南去。当时看来,绝大多数的人,恐怕都不大有机会离开自己的村子或者县城,我们北京人当然要好一点,但是谁将来还有机会到新疆、云南去玩啊。当时可想不到以后还有机会去美国去北欧,就想到这样的机会绝对不可错失。这样断断续续往外跑了七八趟,最后一次串联是1967年6月回来的,之后就没有再出去。

到1967年的3、4月份,在北京的中学生里面又兴起了一场大辩论,当时叫做四三派、四四派和老红卫兵这么三大主流。我也算参与其中,仍然是作为嘉曜的跟屁虫,他什么主张,我就什么主张——但你以为是自己在思考。可就在这段时间,现在回过头来看,能看出其实我跟嘉曜的性情并不太一样。4月份有一次我到学校去,进校门之前,两边的墙上贴着各种各样的大字报,像平常一样,我停下来看大字报,赞赏这个观点,认为那是错的,诸如此类的。就这样看了半个钟头,一个钟头,完全无可理喻地,就突然觉得非常无聊,觉得这些讨论、这些辩论都非常空疏。这是个忽然莫名其妙涌上来的感觉,一下子就失去了兴趣。然后我调转车头——当然是调转自行车的车头——就骑车回家了。

从此以后我就基本上没有再回过学校。那年秋天,1967年秋天,复课闹革命了,同学们又回到学校去了,我也没回去——回学校复课闹革命是个要求,但并没有人能管你回不回。反正,从那年四月份以后,我就开始了自己独立的读书生活。当时家里堆了很多很多的书,这些书主要来自我另外一个哥哥嘉明的同学,他们前几个月去抄家，抄出来很多书，《杜工部全集》《李太白全集》《资治通鉴》《史记》《静静的顿河》《安娜·卡列尼娜》，古今中外的这些书吧。我说了我小时候就跟嘉明的同学和嘉曜的同学很熟，他们都知道有那么一个小弟弟，爱读书，他们抄这些书对他们来说没有什么意义，就送到我这儿来。那么这时候，我就开始了我的读书生涯。各种书都读，手里有什么就读什么，当然也读《鲁迅全集》、读毛泽东。鲁迅的书有很强的吸引力，《鲁迅全集》，我记得是十卷，不敢说翻来覆去地读，但是肯定读了不止一遍，在当时能够读到的中国人的书里，大概只有鲁迅能给一个年轻人这样的一种诱惑吧。

总的说起来，我当时的兴趣在今天如果分类的话是在文学方面。也会读一点历史等，但是不很多。尤其读得少的，是理论书。我叫做理论书或者哲学的，在当时主要是马恩列斯毛，我也会去读，因为人人都在读。但觉得这些书太高大上了，深入不进去，我不在那个等级上。嘉曜读这些书，这就增加了我对嘉曜的钦佩之情，但我自己到不了那儿。

那个时候，好多人还在学校里面所谓进行"文化大革命"，也有不少到处乱逛乱玩的，我呢，住在一间单独的小屋子里面，从早到晚就是读书，或者思考——如果有思考的话。对，同时也写作。十五岁上下吧，我想那样大的孩子是，只要读哪方面的书，就有自己也写点儿什么的冲动，读小说就想写小说，读诗就想写诗。

二、插队

这样的日子过了一年多，当然还玩，还做别的，但是咱们不是说读书吗？一年多，到了 1968 年夏秋之际，开始了上山下乡运动。此前有少数朋友去参军。夏秋开始，我们这些中学生就开始被分配了，去工厂矿山，上山下乡，去建设兵团。内蒙古突泉县的人到学校来宣讲，介绍那边的情况，我去听了，听到在草原上放马，没有电灯，我觉得挺来劲的。当时，很多人想方设法留城里，不得已下乡，很痛苦，我个人不是那样，我从来不是很懂这个世界是什么样子的，我听了插队，一个社员平均四十亩地，海阔天空的，我觉得挺好，那种生活有吸引力。所以，我还挺主动地就报名去呼伦贝尔盟的突泉县。

当时，我两个哥哥都有污点，嘉明是老红卫兵，这是个污点，被审查，嘉曜反红卫兵，也是个污点，所以都没有被正常分配。但若去插队，可以走。他们两个也跟着报名到突泉去。我们家兄弟姐妹一大堆，但我们三个好像是核心，我们三个总在一起玩，结果，插队我们也就一起去了，这是 1968 年 9 月 20 号。

插队呢，当然生活很苦。我从小也没过过饫甘食肥的日子，但是也没过过太苦的日子——没肉吃，甚至好长时间没菜吃，拿北京带来的辣椒面干烤大葱下苞米糁子。经历过一点儿小危险，但不是这种日复一日的辛苦，从早到晚的，大太阳下锄地、割谷子、割苞米、掰苞米，没这么干过。不过我那时候不怎么在意过苦日子，因为当时我们志向高远，想的是要把自己锻炼成杰出人物，将来有一番作为。那时候对自己有很高的要求，这些要求中也包括能够过艰苦的生活。所以，别看生活已经挺艰苦，我们还会找更艰苦的事儿去做，比如说冬天到井台上去洗冰水澡，夏天下暴雨的时候去登山，想着牛虻啊、拉赫美托夫啊什么的，想把自己锻炼成将来无所不能的这么一个人。

当时我们读书的热情在很大程度也跟这种心智状态有关,跟当时的志向有关,就是你将来要有一番作为,得饱读诗书。这当然是个糊涂想法,我们都知道刘项原来不读书,可是还是以为要有一番大的作为就得读好多书。跟现在相比,那时很难弄到很多书。不过,也够你读的。我从北京带去一些书。另外,很快你就会知道周边几十里都谁是读书人。你会去那里,聊一阵,他会把他的书箱打开,你就会挑你要读的书背走,下次他会到你这里来,在你书箱中挑他要读的书带回去。这是当时爱书青年的交往方式,互相借书,读完了讨论,争论。

说起读书,有一个变化,我开始读哲学书或者说理论书了。怎么开始的,我在《初识哲学》里写过。读起来就一发不可收,可能是我的性情中有某种东西跟这东西还挺投合的。从马克思、恩格斯读到黑格尔,从黑格尔读到康德,从康德一直读到柏拉图、亚里士多德。前几天有个比我小上一二十岁的朋友,我们闲聊,他这几年读哲学,着迷,他一向读书甚多,而且很有想法,他以前更多读的是法学、经济学、文学和历史,哲学他也读一点,但是最近几年,越来越迷哲学,跟我说,这几年,觉得其他的书意思都有点不够,读哲学最过瘾。这个呢,肯定是见仁见智的事,但是我跟哲学看来是有点缘分,当时没有任何需要,也没有任何激励,就是被吸引进去了,难解难分。那是1969年,十七岁吧,到现在六十七不到,但是也算半个世纪了。

本来,你是在琢磨怎样能过得幸福,或者怎样让你女儿过上幸福生活。想着想着,你开始琢磨什么才叫幸福生活。哲学关心的,大致说来，就是何为幸福、何为正义、何为智慧这一类问题，一般说来什么是幸福，而不是具体地问朝鲜人幸福还是美国人幸福——显然是前者喽。不是具体去琢磨怎么让我女儿过得幸福，就此而言，没什么很实际的用处。一般人也会去想何为幸福这样的问题，但浅尝辄止，他有更实际的事情要操心。我想让我的女儿过得幸福，这时候，似乎我已经知道"何为幸福"。

但哲学问题是从这样的具体问题来的，你希望女儿嫁个有钱人，这样比较幸福，可她偏要嫁个穷学者，她觉得那样她才幸福，你跟女儿各说各的道理，这时候难免要引到究竟什么算是幸福这样的考虑，是一些确定的条件保障了幸福呢还是依着自己的性子去做才算幸福？这样的思考常被称作"概念分析""概念考察"，更少误导的说法是"概念层面上的反思"。更少误导，但有点儿绕。

可以说哲学问题是一般问题，比较抽象。但这么说也容易误导。人们说到哲学的一般性，往往是这样的意思：哲学家谈论幸福，不是这个人那个人的幸福，而是对所有人都有效的幸福。你不是想追求幸福吗？我教给你追求幸福的一般方法，不管你是谁，不管你是男人女人老人青年，做IT的还是捡垃圾的，我教的是获得幸福的普遍方法。这种抽象普遍性很容易会混同于概念考察的普遍性，好多人心目中的哲学，就是这种东西，在我看，这种东西最无聊，差不多可以说是骗人的。

哲学家琢磨这样一般的问题，平常人不大去想这些，他有他自己的想法，不用去思考，他认定了自己所认的幸福就是幸福。但有哲学倾向的人，比如我，就对这些一般的问题特别着迷，有点像有些人碰到数学问题就特别着迷，有的人碰到数学问题就闪了。

哲学而外,我也学好多别的东西。数学、物理、化学、天文学、经济学、中国历史、外国历史。文学自然还读,读不少。还有外语。先学俄语,我初中学过两年俄语,有一点基础。对俄国文学,对托尔斯泰、陀思妥耶夫斯基、契诃夫这些人的著作非常喜欢,后来还买到他们的全集,俄文全集,其中比如说有陀思妥耶夫斯基的《群魔》,这本书当时还从来没有翻译成中文。希望能够用原文去读这些书,那么就学俄语。不久又开始学德语,对哲学的热情越来越高涨,当时心目中最高的哲学就是德国古典哲学,从康德到黑格尔,于是希望能够用原文去阅读他们的著作。也不止他们,我对歌德和席勒也特别着迷。我学德语学的是哑巴德语。1972年在北京的时候,一位德语老师对着音标把基本的读音教了一遍,接着我就带着一套教科书、一本语法书和一本词典跑回农村,把一本词典从第一个词背到最后一个词,把语法书从第一页读到最后一页,然后就拿出歌德开始阅读。外语不该这么学的,应该从好好发音开始。但是有什么办法呢?自己编造了一套似是而非的德语发音,因为背单词的时候你总要读出来才记得住。单词后面注有音标,老师当时教过音标,但你没有录音设备,只是记在脑子里,一来二去就走样了,我读出来的德文,是全世界只有我一个人听得懂的德语。当时也无所谓,因为当时根本没去想今后可能会跟一个德国人说德语,念出来,唯一的作用就是能够让你记住单词而已。学外语,当时只想到一个用处,就是阅读原著。再后来学英语,差不多也是这样,后来在美国待了八年,仍然说不了很好的英语,也写不了很好的英语,但我学了不久就能相当流利地阅读了。

年轻,没到删繁就简三秋树那种境界,学得越多越好。由于无知，起点低，学东西就显得特别快，读了一本世界史，一下子了解了好多新事情，这让人很兴奋，也特给人信心，好像自己在突飞猛进。其实只因为先前啥都不懂，这种兴奋，这种信心，现在看起来挺可笑的，但当时的确是鼓励青年的心灵不断向上的动力。当时要是像现在这样，知道天下的学问你就是花一辈子也学不到一星半点，可能就没那么大激情了。还有一种动力大概是虚荣吧。你想年轻人嘛，要跟别人比，比别人多知道一点。回北京度假的时候，各地回来的同龄人聚到一起，谈天说地，谁知道的更多，也怪让人得意的是吧。

三、回京与北大

到了1975年、1976年，"文化大革命"还没有结束，但人们对"文革"的态度已经大不一样，至少在北京青年当中，很多年轻人对现状高度不满，觉得一定要有所改变。在1976年，这应该说是优秀青年的共识——年轻人中间，差不多就是拿这种见识来评判一个人是不是足够优秀。

从历史看，1976年是个根本的转折点，这个大家都知道，我简略说一下。1月8号，周恩来逝世，天安门所谓十里长街，老百姓在寒风中目送灵车开过去。7月底，唐山大地震，朱德逝世，9月，毛泽东逝世。毛刘周朱（毛泽东、刘少奇、周恩来、朱德）中的三个是在1976年死的。毛去世后，华国锋把"四人帮"抓起来了。事件发生的密集度有点超乎寻常。我那个时候二十四岁，是对世界相当敏感的年龄，眼前的转变不亚于1966年那样的转变，不同的是，1966

年我还懵懵懂懂的，而这个时候，我对中国对世界已经有明确的看法。

在那之前，我们插队的地方几乎所有的同学都已经走了，去当兵的、去当工人的、去当教师的、病退回北京的，等等，我们青年点只剩下我一个人了。另外我一个好朋友于洋的青年点只剩下他一个人了。我们在农村已经待了八年，跟当地的乡土社会或者说当地的豪强社会已经相处得非常之好，因此生活过得在那个时代应该说是非常好了。你跟老百姓关系好，跟官员的关系好，你跟粮站的人关系好，大米白面，你要他们就提供给你。我和于洋都在中学教书，不用下地干活。你有一帮学生，学生喜欢你，甚至崇拜你，是个很好的环境。我跟于洋本来不想回北京，但周恩来逝世后，听到老百姓在长安街送灵的景况，我们觉得中国要发生剧烈的改变，觉得这个时候我们在塞北这么一个偏远的地方过着这种安逸的日子，似乎有点不太对头。我们就商量回北京，办了手续。那时候想回北京已经不太难了，你说你是高度近视，无法种地，县里的医生跟你熟，你说你一千度就一千度。各级政府也不刁难你，你只要有个证明他就给你办了。那么我们就办理了病退手续，回北京了，1976年后来发生的事情，我在北京，都经历了。

那一年发生了很多大事，那一年的情绪像过山车一样，一时高涨，一时沮丧，但我尽量把握住自己，不间断自己手头的事情。我有个想法：天下滔滔，时局动乱，但自己要沉得住气，不能不断兴奋，荒疏了自己的学业。每一场运动都像一场大潮，把很多人卷进来，往往，海潮退去，满地不过一些瓦砾而已。

在1976年、1977年的时候，可以说整个社会有个共识：事情不能再这样下去了，这个制度不能再这样继续下去了。上到中央最上层，中到所有的干部、知识分子、爱思考的工人，都有改变现状的强烈冲动。这是一种能量极大的共识。剧烈的改变是完全无法避免的，虽然在具体的改变上，会因为你在冲破一个体制，还是会有延迟，有阻碍，等等，但是，中国这个大钟摆摆到了一个尽头，它往回摆的总体的势能确定无疑，别说我现在回顾，就是在当时这一点也已经相当确定。

下一年，1977年，对我们这代人来说，最大的事情是恢复高考。这件事改变了整整一代人的命运。那真是天下英雄尽入彀中了——不是这个意思，但是有这个效果。大学的恢复，第一批就是我们所谓的77级、78级，这给了有为青年一个十分现实的施展抱负的进路。大家都想有所作为，但是作为啥呢？那时候没有商业，你不可能去开个公司做个企业。当然，你可能当个车间主任，当个小学校长，或者在农村做个大队会计，但是一般来说这些人的抱负要高于这种预期。他们期望到更高的位置上，到更高的层次上去做事。进大学开放出了这么一个非常清晰的路线图。至少对77级、78级来说，无论是他们自己，还是当时的决策层，显然不只是把他们当作普通大学生招进学校，多多少少类似像黄埔那种设想吧，要把精英青年拢集起来，学点儿这个那个，然后投入社会去建设一个人们还不知道怎么应付的新的时代。

旧的时代是要过去了，但是新的时代是什么样，要干什么，都不知道。在大的方面，大家可以说心思是在往一个方向使劲，我说大家指的是从青年到老年，从党内到党外。但是很快就显现出一些差异，这些差异当时还不是那么对抗，但是已经看出来，最简单的说就是有的思想更激进。各种分歧已经开始了，但总的来说，当时的矛盾还没到要把我们民族的整个方向分离开来这样一个程度。

回来说我们大学生。我说了，其中很大一部分人是有为青年，本来就读书上进，但这个读书跟后来所讲的做学术还离得很远，读书往往更多跟做一番事业连在一起。学经济的非常典型，他一边如饥似渴地学习那些在中国被中断了几十年的知识，一边非常关心具体的经济政策。当时的决策层也求贤若渴，希望这批年轻人尽快学成，来为经济建设出力，哪怕还没有学成就要他们来献计献策。学理科的、工科的，也有很多后来去做企业了，去从政了。

我是77级的，考的是北大西语系，我当时想象没什么人会德语，人家一看居然有这么个会德语的，赶紧招进来吧。但是我已经说了，我只会书面，不会说，差点没考上。不管了，最后人家还是收了我。1978年2月份进校，不久恢复了研究生招生，我就去应考，进了北大外哲所。我二十五岁了，自己挣生活费八年了，当大学生回过头来依靠老爹老娘养活，不太好意思，考上研究生，是领工资的。北大外哲所的所长王老师从哪儿听说有那么一个人读点哲学书，辗转托人找到我，鼓励我去考他的研究生。其实我跟王老师的各种看法都不一样，但那个时候，上一代的这些先生真是惜才，我们这代人回忆这段时期，讲到入学，讲到第一篇小说的发表，或诸如此类的，差不多都会讲到哪位伯乐费心费力提携后生。

到外哲所之后，根据所里建议，我没有跟王老师读苏联马克思主义，而是跟熊伟读海德格尔。熊伟先生很少跟我谈哲学，我们常见面，听他讲他求学的经历，他对一些事情的看法。对我的学业，他提供一般的指导，让我去读《存在与时间》。这本书难读，我一边读,一边用中文做摘要,变成汉语之后感受来得更直接,用德文来理解总觉得还隔了一层。这本书,熊先生已经翻译出其中最重要的章节,全书83节,他翻译出大概12节,这12节是最关键的。我做的中文笔记多半沿用熊先生的译名,有时候也会根据自己的感受和理解另创译名。熊先生读到或者听到,他就会说,这个译名不错,比我那个译名好,或者,不说比他的好吧,但至少可以一试,诸如此类的。熊伟先生对我很宽容,总是鼓励。

到这个时候,就是1978年、1979年的时候,我读哲学也快十年了,但谈不上什么学术。要说学术,坦率说,我们这一代人先天不足。我们年轻的时候,谈不上有任何学术环境。我好学努力,但仅此不足以造就学术家。我们这一代人很少有谁敢自称自己的学术做得如何的好,像李零那种成就是个异数。能把学术做好的,应该是比我们年轻至少十岁到二十岁的。但也分领域,在哲学思辨这个领域里,我不觉得单单做学术有多大的意思,有人可能觉得有意思,但我个人没这个兴趣,实际上,我觉得当今的学院哲学在向更无聊的方向发展。不仅在中国,外国的学院哲学也是如此,只不过,它再无趣,它还是在它那个传统中汲取问题,但我们再去捡人家的残渣,当然就更无趣了。

我就是为己之学,这书有意思,我就读,读了有收获,我就高兴。也自我膨胀,写书,写自己的思想,但也没打算发表。反正,就是民哲,野路子。要把它当作学术道路来说,那可以说走的是弯路和歧路,我走了十年,走正规学术道路的年轻人可能两三年也会比我强。当然,野路子有野路子的乐趣,有它的心得,反正我就这么走过来了,改也改不过来了。

到后来，我发现我也不完全是民哲。区别在哪儿呢？我琢磨了好多年，最后我想，这跟翻译《存在与时间》有关系，那是个磨人的活儿。民哲读书，只为引发自己的思想，读得对不对他无所谓，可你做翻译，实实在在的，得先把别人弄懂。

要说做学术就是发表专业论文，成为一个什么教授，那我并没有打算做学术，这本非我的初志，不是我的兴趣所在。但是，自然而然这个要求就来了，你读了硕士要写个硕士论文吧，论文得有脚注吧，引文得规范吧。你可以随意读哲学书，你说我大致读懂了，可这还不是太够。你要能够把你弄懂的东西写出来，比如写一篇关于海德格尔的论文，这跟聊天侃山不太一样——我读了海德格尔往这儿一坐跟你们侃，我读过你们没读过，当然我说什么是什么，但是，写一篇文章，你要落地，印出来，这东西有案可查的，你每落笔是不是还得小心一点，这里那里还得再查查、再想想。我开头得太晚了，但进了学院，还是要满足学术的最低最低的要求。

我们这一代人，幸或不幸，经历了不少事情。人类的生活形式本来就转变得越来越剧烈了。我的思考从来没有完全地脱离我所身处的这个世界，无论是世界格局的变化，还是我身边人的沉浮生死，就此而言，我作为一个爱思考的也只会思考的人，我觉得还是蛮幸运的。

读研究生那几年，没怎么上过课，但有一个收获，就是结识了不少非常优秀的同代人。比如哲学系的研究生胡平，我们很谈得来，无论是在政治观点上，在问学上，都有很多共同语言。1980年，大学里开展了民选人民代表的活动，涌现出了一批有抱负的品质也相当高的年轻人，好些人都是那个时候认识的。

三年很快过去，写了个硕士论文，注解不规范，论文没通过，后来修改之后，第二年过的，这些不说。毕业后，我留北大，是熊伟他特别希望我留在北大外哲所。我呢，在这些事情上，一向无可无不可的，留就留了。毕业不久，去西安参加一次现代哲学讨论会，结识了赵越胜、徐友渔、苏国勋等一批朋友，他们多数还没毕业，还在读研究生。回到北京以后，这些朋友经常到我家里聚会。那时我已经结婚了，住在黑山扈，在颐和园北边，这间住房本来是一个小学的教室，大概二十一二平米，在当时住家里算很大了，把床板立起来之后，能够容纳下二三十个人喝酒聊天。有些是每次都来的，有些，如我的研究生同学岳长岭他们，有时也来。除了漫无边际的议论，年轻人在一起，肯定也想做点事。当时已经开始有了《走向未来》丛书，金观涛他们做的，还有汤一介他们做的国学的研究也是一块。我们这些人，当时主要的兴趣是在西方哲学这一块，也想做点类似的事情。但是，一直到我出国，基本上还停留在议论的阶段，我出国之后，他们在甘阳的主导下办起了《文化：中国与世界》这么一套丛书，还办了个相关杂志。这群人里头，甘阳最有执行力，对学术潮流也最有洞察力。

四、留学美国

1983年秋天，11月下旬，我到美国去了。此前，熊先生去参加一个国际会议，认识了一位美国教授，叫作 Joseph Kockelmans（约瑟夫·科克尔曼斯），科克尔曼斯特别迷海德格尔，他听说中国居然有一个年轻人在翻译海德格尔，高兴极了，邀请我到美国去跟他读博士。当时大家都很想出国,给我这机会我就去了,到 Penn State University(宾州州立大学)投在科克尔曼斯门下。

到美国后第一件事是要把你的知识从中文转到英文。我原先也读一些英文原著,但主要还是读翻译的东西。到了那里,写 paper* 或者参加讨论,当然都要用英语。我的英语当时还算是比较好的,但还是比较烂,跟现在的年轻人比,完全不能比。那么,提高英文,把哲学史知识什么的转化为能够用英语表达,这个占了一大块时间。

然后是听课。我在北大读研究生的时候,没怎么上过课,当时在北大讲的这些课,大多数还是非常老套的,基本上学不到什么东西。这里不同。Penn State 虽然不是顶级大学,可也有几个著名教授,科克尔曼斯是一个,还有 Stanley Rosen(斯坦利·罗森),还有 Alphonso Lingis(阿尔方索·林格斯),都是在美国很有影响的哲学家。他们开的课对我来说很新,比如罗森讲柏拉图,走的是细读文本的路子,Leo Strauss(列奥·施特劳斯)那个路子,列奥·施特劳斯现在大家都很熟悉了,罗森是他的学生。我们以前讲柏拉图,讲讲理念论啊什么的,他讲柏拉图不是这种讲法,他拿着文本一句一句讲,把希腊的生活、希腊的思想背景连到一起来讲,一个学期可能只讲了几页的那种。柏拉图我读过,但是对我当时来说,这完全是一种新颖的读法。林格斯是做法国哲学的,讲拉康、德里达、福柯,这些对我来说几乎是陌生的名字,他已经研究有年,这些后现代的思想,对我当时来说,显得非常之古怪——我们好容易从我们

---

* paper,论文。——编者

的那个时代走出来,读了西方正统的哲学,现在这些稀奇古怪的观念突然涌现出来,实在是有点不知所以。因此,这些课程我都蛮感兴趣的。福柯的《知识考古学》好像刚刚翻译成英文,同学们就在一起读。

一边有这些事情,一边继续翻译《存在与时间》。到美国前已经翻译了一半,到美国后继续翻译。译好的稿子复印后寄到国内,我的师弟王庆节、王炜提修改意见。从一开始他们就跟我一起讨论译名,讨论一些句子的译法。

到美国一年多,要考 Comprehensives 了,就是博士资格考。可能大家也知道,美国的博士资格考是个挺严厉的考验。我的博士资格考是在1985年夏天,到美国也就一年半的时间。准备博士资格考这段时间,我主要是读维特根斯坦。维特根斯坦早就读过一点儿,但就像几乎所有初读维特根斯坦的人一样,一方面几乎是一句也读不懂,另一方面就觉得里面有东西,被他吸引。这次有点儿读懂了,于是更放不下手,也不管它备考不备考了。好在哲学史我本来比较熟,这时候也大致能用英文来表述了。

考过 Comprehensives 之后,按道理说,应该开始写博士论文了。可这时候,接到国内朋友的请求,要我写一本海德格尔研究。那时候,甘阳他们已经做起了《文化:中国与世界》。你们大概知道,甘阳一直有这个雄心,就是做中国的文化领路人。现在有了《文化:中国与世界》这么一个实实在在的平台,那是他施展抱负的一个很好的平台。我说甘阳,实际上他当然是跟赵越胜、苏国勋、徐友渔、周国平这些人一起做,不过我相信甘阳是主要的动力,在大方向上他也起主导作用。甘阳他非常有学术眼光,他读书有时候读一读就知其大意，不一定读得很透，但是对大的局面、大的结构，他有一种敏感。这是文化领袖应当具备的一种能力吧。

他们——或者说，我们——我也是《文化：中国与世界》的主要编委之一，反正，大家看到，中国引进西学，整个架构是扭曲的。整个脉络好像是从马克思倒述，倒述到黑格尔、费尔巴哈，然后是康德和费希特、谢林他们。我们都知道费尔巴哈是个无足轻重的角色，可是在这样的框架里他成了重要的一环。甘阳他们的一个设想是引进一些被忽视的重要著作，最后能向中国学人整体呈现西学的真实面貌。这事儿主要得靠刚踏上学坛的青年学者来做，把这些青年学者纳入麾下，带领他们崭露头角，同时也将改变中国学界的结构和面貌。

在这样一个背景下，他们寄厚望于《存在与时间》。当时的年轻人能拿出一部有说服力的译作还不多，《存在与时间》的分量又特别重，在二十世纪的思想史上占有很重要的地位。这本书是我翻译的，但是这本书的出版完全是靠甘阳、王庆节、赵越胜他们的努力。我们今天可能觉得无非就是出本译作而已，但是在当时，大家的观念还比较保守，这样一本重要著作的出版，出版社挺谨慎的。甘阳他们邀请了熊伟、王玖兴、贺麟等一批老学者看译本，座谈，有他们的支持，这本书才印出来。书是1987年年底出版的，正赶上了八十年代的文化热，首印就五万多册，影响非常大。我今天见到谁，他仍然会说，陈老师，我年轻的时候就读你的书，我问哪本书？《存在与时间》。我不得不纠正说，那不是我的书，是海德格尔的。

甘阳他们当时有宏图大略，要整体上建设中国的思想学术，分三步：第一步是翻译一批重要著作，第二步要写出有分量的论述性的著作,第三步,五年、十年以后,要写出我们这代人自己的著作。到那时候,中国学界就有了自己的东西,在我们的指导下成形了。

我个人没有领袖群伦的雄心,但是朋友们做,当然我也会支持。于是就开始写《海德格尔哲学概论》。全面阐论一位重头的哲学家,写得不是太偏太离谱,当时,我们这代学人里面,现成的也不多。相对来说,我算积累得比较厚的,所处的环境也有优势,我在美国,海德格尔的书,论海德格尔的书,都能找到。我们的编委会对这本书可说寄予厚望,希望它能为《文化:中国与世界》的第二阶段开个好局。

我就这样开始写《海德格哲学概论》。从1986年夏末开始写,1988年春天完成,写了将近两年。写这本书,对我在美国的学业安排来说挺不利的。我是在写博士论文的阶段,而这种概论性质的书当然不适合作为博士论文。写这个《海德格尔哲学概论》耽误了博士论文的写作。不过,当时没把一个人自己的学术道路看得那么重,大家还把它当作一个多多少少共同的事业在做。

顺便说说这本书的命运。1988年写成之后,寄到国内,他们就开始排版校订,结果赶上了咱们1989年,一时间想不到出书的事儿,事过之后,你们知道,这书也不能出了。当时比较可怜,没有那么多电子件什么的,一份复印件在出版社,自己手里有一份手写的稿子,可搬来搬去,走南闯北,稿子也没了。谁都没这书了。一直到我1993年回国之后,三联哪位编辑见到这么一个稿子,有这么个叫陈嘉映的人写了这本书,拿出来请他们信得过的学者看,那位学者看了说书很好呀,应该出。时隔六年之后,书出版了。

五、博士论文与所谓学术转向

完成《海德格哲学概论》之后,我是断然不打算论文写海德格尔了。I was fed up with him,够了。我去找我的导师科克尔曼斯,说我要换一个题目来写,我说了,科克尔曼斯迷海德格尔,他把我弄到美国,为的是要培养海德格尔一系的苗子。他听了这个话,唯一的一次对我发脾气了。发脾气之后,当然,后来就过去了,他是个非常老派的善良的 gentleman*,他说我不拦着你,但是你不做海德格尔,我就没有办法带你了,你要另找一个导师。

我想写语言哲学方面的论文,可是我们系没有哪位教授做这方面。我就去找林格斯。林格斯是个很开明的教授,他说我来带,你不就需要一个导师吗?最后我的博士论文导师是林格斯。我跟林格斯很熟,常在一起玩,聊得比较多。他不大把我当作一个博士生,更多把我当作一个青年哲学工作者来看待。他不怎么指导我,他本来也不是做这方面的,是做后现代的,但他读书超多,这个领域他了解的不少,给我推荐了一些书去读。

这时候,1988年夏天,我母亲诊断出胃癌,我就回国来陪母亲,一直待到1989年5月份,我的签证要过期了,我才回的美国。1989年的事情,我大半在国内经历了。在国内的大半年里,读了不少材料,一回美国就想赶紧完成博士论文。我觉得读博士的时间有点偏长了,急于想结束学业。匆匆忙忙的,几个月,把论文写完了。

---

* gentleman,绅士。——编者

结果，一读没通过，像我的硕士论文一样，也是隔了一年之后经过修改才通过的。论文的确写得不好，前面说到，我在读博期间，译完了《存在与时间》，写了本《海德格尔哲学概论》，用在准备论文上的时间太少，用英语写作我也费劲。但我当时实在无心恋战，一心想把这个博士论文交差，交了之后，不管是不是拿到 Ph.D，该去做别的事情了。不过，几位答辩导师认为论文通过是没问题的，只有一个*，the Second Reader，拉赫特曼（Lachterman），他投了否决票，其他几位导师说你就按他建议的改一改，他说要改，你也改了，就完了。我做了不多的修改，几个月后再次答辩，就通过了。

常有人问我是怎么从海德格尔转向维特根斯坦或者转向分析哲学的。在我自己看，谈不上这样的一个转向。我一开始读海德格尔，没准备去做海德格尔的学术，像我的导师科克尔曼斯那样，成为海德格尔专家。我只是觉得他的思想博大精深，有感召力，我可以从他那里学到很多很多东西。我学无专攻，并没有特别想做哪个流派的哲学，我也从来没有自称是现象学学者或者分析哲学家，我就是对一般的哲学问题感兴趣。我已经说到了，我花好多年读海德格尔，这本身有点偶然，至少不是一开始我有这样的学术计划。我在北大外哲所精读海德格尔，是因为我在跟熊先生读研究生，精读细读，深受吸引，就读进去了。既然读他，何不好好读？不仅如此，学院环境也要求你在一个阶段里比较集中攻读某个哲学家——你得拿出"研究成果"，至少要把硕士论文写出来吧。接下来翻译《存在与时间》，再接下来写本讲海德格尔的书，那就得继续读海德格

---

* the Second Reader，类似于答辩组副组长。——编者

尔。那可不就越读越多。不夸张,我是把海德格尔当时出版的所有的著作都读了,论述海德格尔的二手著作不敢说都读了,但是都翻过吧,重要章节还都是读了一下,大概是这么一个工作量吧。读懂海德格尔也的确得花个几年时间。一来二去,差不多十年,一直到1988年,反复读海德格尔,成了半个海德格尔专家。这之前和这之间,我自己有很多想法,我觉得跟海德格尔的很多想法相通,读海德格尔颇有助于我把自己的一些想法成形。对我来说,我就只想弄清楚一些问题,至于读谁,通过谁去弄清楚它,一开始在你读之前,不是一个至关紧要的问题。但是你一旦读进去之后,你难免就会深深地受到这些思想家的影响。在这个意义上,你不由自主地选择了一个路径。

要不是这些工作,我想我不会读海德格尔一读就读十年。我个人是觉得人生有限,还有那么多好东西要学呢,黑格尔、康德、柏拉图、亚里士多德……人生没那么多个十年。我以前读鲁迅,鲁迅全集,也许加在一起也没超过一两年。我没打算一辈子研究海德格尔,或别的谁。一旦把《海德格尔哲学概论》写完,我就赶紧去干点我好几年想做而没来得及做的事情,尤其是读维特根斯坦。可以说,这个愿望一再推迟。维特根斯坦我早就很想精读,但像上面说的,我的实际工作进程没给我留下大块的时间,现在有了点儿空闲,我就去攻读维特根斯坦。要读维特根斯坦,必定要读一点儿一般的分析哲学和语言哲学。这样就显得是在学术志趣上有个转变。别人也许觉得我有个转变,我自己不这么看,不觉得那是学术志趣的转变,我本来也没有什么学术规划,只是跟着问题走。我的思考发生过哪些变化,这个我自己不大知道,应该是别人看得更清楚。我自己一直追索自己的问题,"一条道走到黑",但别人也许会判断说我的想法变了,内容、重心、方式发生了变化什么的。海德格尔和维特根斯坦读得多,因为他们对我最有吸引力。在读海德格尔的时候,读维特根斯坦的时候,有很深的共鸣,能够更真切地感知到他们的思想内容。斗胆说一句吧,跟他们形成了一种对话关系,自己的思想在跟他们对话中展开。我也会说,这两位是二十世纪最重要的哲学家,不过这个见仁见智。而且,谁更重要,这事儿本身并不那么重要,重要的是你学到了些什么。

六、走出普遍主义

总之,对我自己来说,无所谓从海德格尔转向分析哲学。要说转变,思想的总体倾向倒是有转变。是什么呢?简单说,是走出普遍主义。我一开始读哲学,是读黑格尔,后来一直读到柏拉图,不管读得深浅,但是大致是在这样一个思想框架和精神框架下思考的。简单说,有一套终极的真理或者唯一的理念,其他的都是这样的一个一的分殊。可以说是普遍主义的或绝对主义的。后来我渐渐离开了这种普遍主义。我不知道这个转变是啥时候发生的,也说不上是在哪一位的影响下发生了这种转变。1975年之后,我读杜威、威廉·詹姆士,读罗素,后来读海德格尔,读维特根斯坦,渐渐地,离开了唯一真理的想法。有不同的道,从前有不同的道,现在有不同的道,将来还有不同的道。重要的问题不是找到唯一的道,而是这些不同的道之间怎样呼应,怎样交流,怎样斗争。你要是坚持说,哲学要的就是唯一的真理体系,那我不得不说,哲学已经死了。不是我说的,二十世纪好多哲学家这么说,比如海德格尔,他晚年有篇文章就叫做《哲学的终结与思的任务》①。

我认为在西方哲学史上,一直到德国古典哲学,一直到马克思,普遍主义是主流,我认为到尼采之后,到这个世纪比较有代表性的思想家,像海德格尔、维特根斯坦,开始松动真理唯一性的传统。这样的思想家也许仍然是少数,但这第二类思想已经有了丰富的思想资源。当然了,这种思想资源远远超出二十世纪,你可以一直回溯到古希腊——这个思想资源一直在那里,但它不是主流。

海德格尔说,永恒真理是基督教思想的残余,我们也蛮可以这样说唯一真理体系的观念。年轻时读观念史,都说比起多神论,一神论是一种进步,后来我越来越不明白了,一神论在什么意义上是种进步?近世以来,唯一真理的观念又有科学真理观的影响。科学追求唯一的真理,而人们由此认为,要么只有科学能提供真理,要么其他真理也都像科学真理那样是唯一的。这两种主张我都不同意。

我从普遍主义转开,这可能跟我的政治思想也有点儿联系,在政治观上,我也不再信从唯一真理。我年轻时候对专制政体深恶痛绝,对民主宪政无限憧憬,认为民主宪政就是人类的目标——无论要经历多少艰难困苦、挫折和倒退,人类社会最后要归于民主宪政。但八十年代之后,我不再认为历史有一个必然的目标。我个人始终向往民主宪政,进入近代以来,我看不到什么别的政治体制能够比

---

① 可参见〔德〕海德格尔:《面向思的事情》,陈小文、孙周兴译,商务印书馆2014年版,第80—105页。

民主宪政制度更优越，想不出如果没有民主宪政，近代世界会是一个什么样的世界。民主宪政带来的远远不止于经济增长上的成就，还有文化艺术方面的成就，还有人与人的关系的成就。就此而言，我的想法没什么改变。但我不再认为无论哪个国家，无论处境如何，都应该采纳这种制度。民主宪政是不是人类政治制度的最后归宿，我也不那么肯定了。民主宪政制度是十六、十七世纪以来在西方生长起来的，那时候，西方开始主导整个世界的走向，二战之后形成的世界格局大致和平繁荣。但这个格局我个人认为正在扭转当中，由西方主导世界的局面将一去不再复返。这个转折是全方位的，经济的、政治的、文化的。二战结束的时候，美国一国的经济总量占全世界的一半。苏联解体的时候，自由主义似乎完胜，福山甚至认为历史已经终结。这简直成了笑话，看看这二三十年以来世界的政治经济变化吧，民主宪政制度还说不上在衰败，但它的生命力远不像从前那么强大了。会不会有另外的制度更适合新的社会状况？会不会有一种新的政治形式或多种政治形式代替民主宪政，成为将来的主流，或者干脆就没有主流，这些可能性我现在觉得都是有的。这些可能性也许来，也许不来，我不知道。

我说代替，并不是说新的可能性一定更好。我不是进步论者。适应性不一定是好的，适应性在一个意义上当然是好的，但在另一个意义上不一定是好的，蟑螂比熊猫更适应地球的环境。你要是站在公元前后的罗马展望此后的一千年，你不见得会为将来欢欣鼓舞，你倒可能感到挺焦虑的。

我倒也不是悲观绝望。乐观和悲观，其实都跟长程历史没多大关系。这也是我的想法的一个转变。刚才说到，我们一代人的抱负，总跟社会有关，跟政治有关，希望能够对社会有益处，最后实实在在改变这个社会，使这个社会向我们所认为更可欲的方向发展。刚才也讲到，最初，我会认为社会的发展有一个确定的目标，就像黑格尔或马克思所设想的那样，无论什么道路，逐渐会归聚汇到这样的一个目标上来。我们个人的追求要跟历史的发展相应，历史会往这个方向发展，我们个人就往这个方向去推动历史的发展。但是，后面，八十年代之后，我的想法不同了，大概意思是说，历史并没有这样的一个终极的目标，历史会沿着意想不到的道路去发展。历史的远景我们看不清楚。技术发展会带来意想不到的社会变化，人工智能、基因编辑，它们的影响，你们年轻人比我感知的多。历史的远景我们看不清楚，不必投入太多的情绪。

实际上，小到个人的一生，大到世界的历程，不一直是这样吗？让我们憧憬，让我们焦虑，让我们的一些希望失望了，让我们的一些恐惧成真了，也让一些我们意想不到的美好事物产生了。我觉得我们的行动，我们做什么，我们怎么做，不能够过多依赖我们对世界大势的判断，这些判断几乎从来都是错的——大势的走向倒不一定跟我们判断的相反，但世界总是提供了很多我们事先没想到的可能性。

从前，我可能倾向于把自己的政治理想投射成人类发展的方向，现在，我不是这样来思考政治和历史。没有像柏拉图理念那样的一种政治理想，更需要了解的是实际的历史进程，我们眼下的实际社会状况。我们并不是看到了历史的最终走向，把所有的努力归拢到一起来促进历史发展——即使真有这个走向，它还可能是我不喜欢的走向呢。引用长程历史走向来为政治行为作证都是伪证，几十年里发生的事情就够我们用来做判断了。我有时候会跟周濂交换这方面的看法,我们有很多共同语言,要说不同之处,可以说,周濂更多关注政治哲学、政治理念,我更多关注政治史和实际的历史吧。

但这样一来,个人跟历史还有什么关系呢?如果你说的是长程历史,那我干脆说,没谁能看清他跟历史发展的关系。所以,我们不要把我们要做的事情过多地跟历史的大趋势联系在一起。我们要把我们做的事情拉近到你大致看得明白的地方来——你知道这是好的,你不知道它终极是好的。你知道它是好的,你知道这是你应该做的。它不是什么千秋功业,但它是实实在在的思考和行动。

我希望我这么说不是完全胡言乱语。我针对的是过去的那种历史观,把我们个人的所作所为融入到那种整体的历史发展中去。历史往哪里发展,一千年后的事,我们真的不知道,但眼下有些可能性,我们能看到一点儿,我们就我们所能看到的去做一点儿。我们的认知十分有限,我们努力放开自己的视野,但我们仍然不知道太远的远景是什么样子的。历史也许有些大趋势,例如,技术越来越发达,成指数进步。例如,近几个世纪,整个世界向平民化发展。但这跟你要做什么没啥关系。我想说,不管你的政治立场是什么,你的历史观点是什么,更多的从那种大的历史观拉回来,拉到一个你比较有把握的认知中,以此来塑造和调节你个人的生活和事业。

这并不是说,历史就这样发生了。如果历史就这样发生了,我们还去阅读和研究历史干吗?最多只是满足好奇心而已。我们读历史,因为历史拓宽了我们看待现实的视野。我们读千年的历史,并不是为了看清历史的总体走向。在人类的整体发展中给自己找个位置,这只能是幻觉。历史教给我们更具体而微的东西,让我们更真切地了解我们自己的处境。

七、回国与写书

我是1993年回国的,那时候,中国的文科衰落到了底点,大家都知道的。哲学系招生,门庭冷落,回想恢复高考那几年,很多精英青年争着进哲学系,那几年招收的哲学生里,后来出了不少人物。当时文科特别悲观,悲凉之雾遍被华林。我个人倒觉得事情不会一直这样下去,文化热是过去了,但中国那么大,林子大了什么鸟都有,这话本来是骂世的,但你也可以反过来说这句话,那么多人,哪怕百分之一、千分之一、万分之一,还是会有好多人热心哲学。

实际上,我回国的时候,已经开始了思想上一个小小的小阳春,很多人出国了,散到商界去了,但还是有些人,人还在,心不死。朋友们又在想办法办杂志,努力恢复一点儿八十年代的那种思想气氛。朱正琳、梁晓燕他们在办《东方》杂志,找我写文章。过去的写手不少人流落国外,或者转行做别的去了,新的写手还没长成。那几年我写了一些小文章,还写书评什么的,写得比后来多,后来写的更像学术性的。我大概不是那么要成为作家,更爱做点儿钻研,一个问题想好多年那种,主要是写笔记,不是写文章。

回国不久,王炜张罗我回北大教书。讲讲海德格尔,讲讲维特根斯坦,讲讲语言哲学。有些学生常来听课,张华、周濂、陈岸瑛、陆丁、刘畅、李旭……他们小我二十岁,但在一起蛮谈得来,亦学生亦友。

后面没什么可讲的了，就是教书，读书，写点儿东西。我曾经说，中年以前人有故事，中年以后就是干活。华师大的郁振华读过我的不少东西，独独对这句话印象最为深刻。人到中年，要做的是一项一项地干活。九十年代，前面说了，先把《海德格尔哲学概论》出版了，在系里领了个任务，写了本《语言哲学》。讲维特根斯坦的时候，顺便把《哲学研究》译出来了。接着出了一本《哲学·科学·常识》。后来又出了几本书，《说理》《何为良好生活》，还有什么。

这些书，有人说这本比较专业，那本比较通俗，也许是这样，但是对于我自己来说，区别不大，都是有一些让我自己困惑的问题，经年累月思考，自觉有了比较连贯的思路，就写出来了。这跟报章杂志上的文章不一样，你不仅需要这里那里有一点心得，你要能够把这些想法联系到一起，这就要求你对一个问题或一套问题沉浸较长时间，系统阅读，长期思考。刚才说到，这些多半是概念层面上的困惑，何为正义，何为美，何为知识，何为生，何为死。大多数人在这个层面上思考得少一点。

比较起讨论热点问题，我更偏向于这种坐冷板凳的活计。朋友们在做更重要的事情，从商的、从政的、做媒体的，各种事情。很多重要的事情在发生，重要的事情需要人去做，但坐冷板凳的事好像也需要人来做。做这种事情，碰巧我还算适合，我比较坐得住，而且我碰巧就已经在做着了。坐冷板凳的人还有一些，有的人在做近代史，像杨奎松、沈志华，有的人，像李零，做古文献。这些人做的工作我佩服得不得了，他们的书我特别喜欢，他们的书我说不定全读过。我做的这一块，我没有见到很多人在做，我碰巧做这一块，为什么不好好去做呢？

我算相对认真的，但这些书每一本都写得不太好，每一本，刚写成就觉得应该重新写过，比如说《语言哲学》，我一直想改写，后来终于从头到尾改写了。也许每一本都不该急着出版，还不够成熟就出版，有种种原因，从我自己这方面说，一个题目，一时也就做到这里了，想放下，想把在另一个领域里的思考整理出来。这些不同领域有内在理路上的联系，比如说，语言领域的工作，哪些属于思辨，哪些是要去实证的，这背后是哲学和科学分野的大问题。再比如，思考伦理问题，人生问题，这些思考有真理性吗？抑或你只不过是把你所钟爱的一些价值用似是而非的论证来作装饰？这就要去考虑说理和论证的一般性质。你是在说理呢抑或各自在为自己的价值观鼓呼？一个问题引向另一个问题，我在一个领域工作一段时间，放下了，又到下一个领域做一点儿。那些领域还没有人去做，荒芜着，或者，做了，但做得相当差，比我还差很多，甚至完全不得要领，我坦率说是这样。所以，虽然我对自己做的工作从来都不满意，但我也没有觉得那么后悔，我早就知道一个人的能力很有限，能做的事情是非常有限的，大概也只能做成这个样子。说起来一晃也差不多二十年了吧。

我的基本看法是，关于人生社会问题的思考，跟科学的思考有根本的不同。科学的思考在一个很简单的意义上是有真理性的。一道数学题，最简单地说，我们承认有一个标准答案或者类似标准的答案，关于人生问题，社会的问题，对我来说很显然，没有一套标准答案。另一方面，并不因为没有一套标准答案，这里就完全没有真理性，而无非是我喜欢这样你喜欢那样，各是其所是非其所非就完了。这里仍然有实质性的讨论、对话、争论，我们可能实质性地被说服，获得更富真理性的见地。要把这里的真理性说清楚，殊非易事。一条思考路径是，去弄清科学如何成其为科学的，它为什么会得到它所得到的那类真理，弄清了这个，你岂不就明白了人生问题的思考为什么不能够达到那种真理性，以及为什么不应该达到？岂不就对怎样去思考人生社会问题有个更牢靠的自我意识？我写了几本书，大致是在这个思想框架下写的。

哲学思考并不会提供终极答案，这一点，有些人听来觉得怪绝望的，但不一定，有点儿像维特根斯坦说的，他说哲学问题是这样一些问题，是些你随时可以把它放下的问题。至少到我这把年纪，我没那么勉强自己，能做点最好，因为我喜欢工作，不工作就觉得没好好过日子。但是，做不动了或做不好了，我就不做，我跟我的学生说，等到什么时候我在课堂上像一些老先生那样，不断重复自己过去讲过的，说上一遍又一遍，我说你们如果真爱你们的老师，你们就要好好告诉他，您该好好回家吃点喝点，过你的日子。油干灯尽，啥都不做了，我觉得 fine*。年轻人接着做，用新的方式来做。

眼下说，我还会接着走一段，但大概不会沿用从前那种工作方式了。写一本书，把你在一个领域的思想整理出来，曾经被认为是天经地义的方式。我现在对这种方式抱有很深的怀疑，时代变了，传播和交流的方式变了。我不知道下面还会怎么做，大概不会是再写一本书，比如政治哲学方面的书，可能更愿意就一本别人的书，做comments（评述）来阐述我在政治哲学方面的一些思考。我读过一

---

* fine，好的。——编者

本书，这本书不太流行，叫作《弑君者》，判查理一世死刑的那个律师约翰·库克的传记。读那本书我挺有感觉的，你可以从中看到在中国和西方这两种不同政治传统中，碰到这种政治危机时刻，这种重大的历史转变时刻，人们的不同的思考方式，不同的反应。要是沿着这样一个事件去讲中西方政治思考和政治处理方式的不同，比起在政治哲学层面上来讲中西政治哲学差异，我觉得更落实得多。

八、放弃唯一性，坚持真理性

这就到了最后了，来说说你们要我说的，对年轻人说几句话，提点儿希望什么的。说的是打算从事哲学的年轻人吧？我刚才提到哲学已死这话，愿意做哲学的年轻人听来，这怪丧气的。我个人理解，哲学的终结大概是这个意思——哲学是求真的思考，目标是无所不包的唯一的真理体系。简单说，两个方面，一个是真理性，一个是唯一性。很多人，包括我，不再接受真理的唯一性。非把两者连在一起，有些人就干脆放弃了真理性。我的想法不是这样，我认为，一方面要放弃唯一性，另一方面要坚持真理性。这是有点儿难的，但难的才有意思。

放弃唯一真理这个想法，并不是要引来粗俗的相对主义结论。尼采提倡"视角观"，用后来的话说，他不接受上帝之眼。各有各的视角，这的确可以导致相对主义，但相对主义是绝对主义的一种变体，把自己的视角视作无法调整的。其实，我们在对话中时时都在调整自己的视角。能对话就不是相对主义。我一直说，我们不能靠把一切都归拢到一个绝对的观点之下来克服相对主义，真能消除相对主义的，相反是这样一种东西：你要深入到自身之中，了解你真正相信的是什么。你实实在在相信一些什么，你为自己相信的东西做点儿什么。这时候，你的信念和行动是实实在在的。但并不因此，此外的一切都是虚幻的虚假的。跟你不同的人，跟你冲突的人，他有他的实在。在具体的思考和行动中跟其他的生活理想对话、互动。是的，他有虚假的虚幻的东西，因此你要与他一争，但这个过程是双方的，你也有你的虚假和虚幻，你也要在这种争执中变得越来越实在。

如果我想的对头，那么，可做的事情还多得很。叫不叫它哲学？哲学死了也没有什么关系，思想还远远不会死。愿意思考的年轻人，一代一代都会涌现。跟我们相比，年轻人有优势。单说外语，他们明显比我们这代人强很多。他们受到更正规的学术训练。但我希望他们不要把眼光拘囿在学院范围之内，要把学术上的问题跟他自己人生的问题，跟他时代的问题连到一起。即使说到表述方式，也不要完全限制在学院论文体上。实际上，我很怀疑像从前那样做哲学还有多大意义，需要更诚实地面对我们的真实处境来思考。

图书在版编目(CIP)数据

个殊者相应和/陈嘉映著.—北京:商务印书馆,2023
(陈嘉映著译作品集;第11卷)
ISBN 978-7-100-21272-4

Ⅰ.①个… Ⅱ.①陈… Ⅲ.①哲学—随笔—文集 Ⅳ.①B-53

中国版本图书馆 CIP 数据核字(2022)第 095787 号

权利保留,侵权必究。

陈嘉映著译作品集
第11卷
个殊者相应和
陈嘉映 著

商 务 印 书 馆 出 版
(北京王府井大街36号 邮政编码100710)
商 务 印 书 馆 发 行
北京市十月印刷有限公司印刷
ISBN 978-7-100-21272-4

2023年6月第1版　　开本 710×1000　1/16
2023年6月北京第1次印刷　印张 28¼
定价:148.00元

陈嘉映著译作品集

第 1 卷　海德格尔哲学概论
第 2 卷　《存在与时间》述略
第 3 卷　简明语言哲学
第 4 卷　哲学·科学·常识
第 5 卷　说理
第 6 卷　何为良好生活：行之于途而应于心
第 7 卷　少年行
第 8 卷　思远道
第 9 卷　语言深处
第 10 卷　行止于象之间
第 11 卷　个殊者相应和
第 12 卷　穷于为薪
第 13 卷　存在与时间
第 14 卷　哲学研究
第 15 卷　维特根斯坦选读
第 16 卷　哲学中的语言学
第 17 卷　感觉与可感物
第 18 卷　伦理学与哲学的限度